U0896215

CHINA
FORESTRY
AND GRASSLAND
STATISTICAL
YEARBOOK

林业和草原统计年鉴

2020

国家林业和草原局 ◎ 编

中国林业出版社
CHINA FORESTRY PUBLISHING HOUSE

图书在版编目(CIP)数据

中国林业和草原统计年鉴．2020／国家林业和草原局编．—北京：中国林业出版社，2021.10

ISBN 978-7-5219-1382-8

Ⅰ.①中… Ⅱ.①国… Ⅲ.①林业经济-统计资料-中国-2020-年鉴 ②草原资源-统计资料-中国-2020-年鉴 Ⅳ.①F326.2-66 ②S812.8-66

中国版本图书馆 CIP 数据核字(2021)第 205414 号

翻　　译： 张坤　唐肖彬

中国林业和草原统计年鉴 2020

作者：国家林业和草原局

地址：北京市东城区和平里东街 18 号

电话：010-83143580

E-mail：luckyhr@163.com

出版：中国林业出版社(100009　北京市西城区德内大街刘海胡同 7 号)

发行：新华书店北京发行所

印刷：北京中科印刷有限公司

版次：2021 年 11 月第 1 版

印次：2021 年 11 月第 1 次

开本：880mm×1230mm　1/16

印张：21.75

字数：1100 千字

定价：258.00 元

中国林业和草原统计年鉴2020

CHINA

FORESTRY AND GRASSLAND STATISTICAL YEARBOOK 2020

一、为了适应改革开放的需要，便于国内外各界了解中国林业建设与发展情况，我们编辑的《中国林业统计年鉴》从 1987 年开始公开出版，每年出版一册，供广大读者作为资料性的工具书使用。自 2018 年开始，草原管理职能调至国家林业和草原局，相关数据编入年鉴，《中国林业年鉴》更名为《中国林业和草原统计年鉴》。

二、本书系根据各省、自治区、直辖市林业草原管理部门以及国家林业和草原局相关司局、直属单位上报的 2019 年林业草原统计年报和其他有关资料编辑而成。全书分为：林草资源、国土绿化、产业发展、从业人员和劳动报酬、林草投资、林草教育 6 个部分及东北、内蒙古重点国有林区森工企业主要统计指标、林业工作站和乡村林场基本情况、林草主要灾害情况、全国分县造林情况、全国历年主要统计指标完成情况、主要林草产品进出口情况、野生动植物进出口情况和世界主要国家林业情况 8 个附录。

三、本书中内蒙古集团、吉林集团、长白山集团、龙江集团、伊春集团和大兴安岭指内蒙古森工集团、吉林森工集团、长白山森工集团、龙江森工集团、伊春森工集团和大兴安岭林业集团。本书数据除特别标注外不包括香港特别行政区、澳门特别行政区以及台湾省。

四、“—”表示数据不足本表最小单位数、不详或无该项数据。

五、为了不断提高年鉴质量，竭诚欢迎广大读者提出改进意见。

编　者

2021 年 6 月

Preface

China Forestry Statistical Yearbook has been annually published since 1987. The yearbook, as a reference tool, is used to help people from all walks of life at home and abroad to understand forestry construction and development in China. Since the grassland administration was combined into former State Forestry Administration, the yearbook is renamed as *China Forestry and Grassland Statistical Yearbook.*

China Forestry and Grassland Statistical Yearbook 2020 is edited on the basis of some relevant information and the statistics submitted by the competent forestry and grassland departments of provinces, autonomous regions, municipalities directly under the Central Government , relevant departments and bureaus of National Forestry and Grassland Administration. The yearbook is composed of six components including forest and grass resources, land greening, industrial development, employment and remuneration, investment in forestry and grassland, education of forestry and grassland. It also contains 8 appendices of major statistical data of forest industry enterprises in the key state-owned forest areas of the Northeast region and Inner Mongolia, forestry working stations and rural forest farms, major forest and grassland disasters, afforestation in counties, main forestry statistical indicators over years, import and export of primary forest and grassland products, import and export of wild fauna and flora and forestry in major countries of the world.

In the yearbook, Inner Mongolia Group, Jilin Group, Changbai Mountain Group, Longjiang Group, Yichun Group and Daxinganling refer to Inner Mongolia Forest Industry Group, Jilin Forest Industry Group, Changbai Mountain Forest Industry Group, Longjiang Forest Industry Group and Daxinganling Forestry Group.

The yearbook (in case there areno specific notes) does not include the data of Hong Kong Special Administrative Region, Macao Special Administrative Region and Taiwan Province.

"—" indicates that the figure is not large enough to be measured with the smallest unit in the table or the data are not available.

In order to improve the quality of the yearbook, readers' suggestions and comments are warmly welcomed.

Editor

June, 2021

CONTENTS

一、林草资源

Forestry and Grassland Resources

二、国土绿化

National Land Greening

三、产业发展

Forest Industrial Development

四、从业人员和劳动报酬

Employment and Remuneration

五、林草投资

Investment in Forestry and Grassland

六、林草教育

Education on Forestry and Grassland

附录一：东北、内蒙古重点国有林区

Annex I Forest Industry Enterprises in the Key State-owned Forest Areas of the Northeast Region and Inner Mongolia by Enterprise

附录二：林业工作站和乡村林场

Annex II Forestry Working Stations and Rural Forest Farms

附录三：林草主要灾害

Annex III Major Forest and Grassland Disasters

附录四：分县造林

Annex IV National Afforestation by County

附录五：历年主要统计指标

Annex V Main Statistical Indicators in Calendar Years

附录六：主要林草产品进出口

Annex VI Import and Export of Major Forest and Grass Products

附录七：野生动植物进出口

Annex VII Import and Export of Wild Fauna and Flora

附录八：世界主要国家林业情况

Annex VIII Forestry in Major Countries in the World

1

林草资源

FORESTRY AND GRASSLAND RESOURCES

全国森林

地区	森林覆盖率(%)	森林面积(万公顷)					
		乔木林			竹林		
		合计	天然	人工	合计	天然	人工
全国合计	**22.96**	**17988.85**	**12276.18**	**5712.67**	**641.16**	**390.38**	**250.78**
北　京	43.77	62.16	28.22	33.94	0.00	0.00	0.00
天　津	12.07	10.26	0.66	9.60	0.00	0.00	0.00
河　北	26.78	365.40	179.71	185.69	0.00	0.00	0.00
山　西	20.50	244.37	140.30	104.07	0.00	0.00	0.00
内蒙古	22.10	1756.22	1420.60	335.62	0.00	0.00	0.00
辽　宁	39.24	425.56	217.37	208.19	0.00	0.00	0.00
吉　林	41.49	774.64	607.22	167.42	0.00	0.00	0.00
黑龙江	43.78	1984.40	1742.42	241.98	0.00	0.00	0.00
上　海	14.04	7.23	0.00	7.23	0.31	0.00	0.31
江　苏	15.20	126.77	5.16	121.61	3.13	0.00	3.13
浙　江	59.43	426.88	311.96	114.92	90.06	48.38	41.68
安　徽	28.65	308.67	153.86	154.81	38.80	8.96	29.84
福　建	66.80	621.35	326.20	295.15	113.96	99.79	14.17
江　西	61.16	808.48	520.43	288.05	105.65	103.73	1.92
山　东	17.51	152.66	10.40	142.26	0.00	0.00	0.00
河　南	24.14	348.27	156.92	191.35	2.26	0.00	2.26
湖　北	39.61	606.67	471.01	135.66	17.92	15.04	2.88
湖　南	49.69	798.92	436.43	362.49	82.31	64.04	18.27
广　东	53.52	780.98	297.39	483.59	44.62	11.99	32.63
广　西	60.17	1050.10	457.79	592.31	36.02	7.20	28.82
海　南	57.36	173.38	53.73	119.65	1.68	0.36	1.32
重　庆	43.11	245.85	176.89	68.96	15.39	6.58	8.81
四　川	38.03	1332.41	956.49	375.92	59.28	14.07	45.21
贵　州	43.77	585.44	332.43	253.01	16.01	3.84	12.17
云　南	55.04	1862.87	1452.10	410.77	11.52	4.80	6.72
西　藏	12.14	883.67	877.91	5.76	0.00	0.00	0.00
陕　西	43.06	707.10	560.32	146.78	2.24	1.60	0.64
甘　肃	11.33	263.89	177.78	86.11	0.00	0.00	0.00
青　海	5.82	42.14	34.82	7.32	0.00	0.00	0.00
宁　夏	12.63	17.31	6.16	11.15	0.00	0.00	0.00
新　疆	4.87	214.80	163.50	51.30	0.00	0.00	0.00

说明:1. 森林资源数据来源为第九次全国森林资源清查结果;

2. 全国数据除森林覆盖率外,其他数据均不含台湾省和香港、澳门特别行政区;

3. 全国天然特殊灌木林面积为3524.47万公顷,其中2323.26万公顷未计入全国森林面积。

资源情况

			森林蓄积量(万立方米)			
特灌林			乔木林			其他林木
合计	天然	人工	合计	天然	人工	
3192.04	**1201.21**	**1990.83**	**1705819.59**	**1367059.63**	**338759.96**	**144690.21**
9.66	0.12	9.54	2437.36	1092.18	1345.18	563.45
3.38	0.00	3.38	460.27	32.14	428.13	160.29
137.29	59.44	77.85	13737.98	6474.82	7263.16	2182.36
76.72	13.16	63.56	12923.37	8838.06	4085.31	1855.28
858.63	594.24	264.39	152704.12	138796.24	13907.88	13567.86
146.27	39.14	107.13	29749.18	18262.95	11486.23	1139.35
10.23	1.71	8.52	101295.77	89573.66	11722.11	4072.68
6.06	4.78	1.28	184704.09	164338.44	20365.65	15295.32
1.36	0.00	1.36	449.59	0.00	449.59	214.73
26.09	0.00	26.09	7044.48	229.66	6814.82	2565.14
88.05	0.00	88.05	28114.67	19772.51	8342.16	3270.19
48.38	0.12	48.26	22186.55	10499.91	11686.64	3958.55
76.27	0.00	76.27	72937.63	42979.88	29957.75	6773.66
106.89	28.16	78.73	50665.83	36772.18	13893.65	6898.46
113.85	0.00	113.85	9161.49	305.97	8855.52	3879.00
52.65	0.48	52.17	20719.12	9336.94	11382.18	5845.36
111.68	52.80	58.88	36507.91	28670.93	7836.98	3071.91
171.35	50.60	120.75	40715.73	22650.91	18064.82	5425.30
120.38	21.09	99.29	46755.09	25137.74	21617.35	3308.40
343.53	231.13	112.40	67752.45	33236.33	34516.12	6680.79
19.43	0.00	19.43	15340.15	7691.04	7649.11	1006.99
93.73	75.57	18.16	20678.18	15390.65	5287.53	3733.99
448.08	366.99	81.09	186099.00	160652.53	25446.47	11102.77
169.58	119.31	50.27	39182.90	22596.63	16586.27	5281.67
231.77	141.58	90.19	197265.84	175619.57	21646.27	15979.15
607.32	605.24	2.08	228254.42	228012.36	242.06	2264.73
177.50	14.39	163.11	47866.70	43453.48	4413.22	3156.72
245.84	205.39	40.45	25188.89	20874.90	4313.99	3197.99
377.61	365.83	11.78	4864.15	4288.94	575.21	692.71
48.29	15.89	32.40	835.18	384.42	450.76	275.96
587.43	517.31	70.12	39221.50	31093.66	8127.84	7269.45

全国草原综合植被盖度

地　区	草原综合植被盖度(%)	地　区	草原综合植被盖度(%)
全国合计	56.10	河南	78.00
北京	—	湖北	86.50
天津	—	湖南	87.00
河北	73.10	广东	—
山西	73.00	广西	82.00
内蒙古	45.00	海南	—
辽宁	66.10	重庆	86.00
吉林	72.00	四川	85.80
黑龙江	76.90	贵州	87.30
上海	—	云南	87.90
江苏	—	西藏	47.10
浙江	—	陕西	60.00
安徽	83.20	甘肃	53.00
福建	—	青海	57.40
江西	86.50	宁夏	56.50
山东	78.00	新疆	40.70

全国湿地资源和荒漠化防治情况

地　区	湿地面积（万公顷）	湿地保护率（%）	沙化土地面积（平方千米）	防沙治沙任务完成面积（万公顷）
全国合计	**5342.06**	**52.65**	**17211.75**	**209.64**
北　京	4.81	55.64	2.76	2.85
天　津	29.56	59.14	1.39	0.03
河　北	94.19	42.66	210.34	5.84
山　西	15.19	64.30	58.02	7.65
内蒙古	601.06	31.89	4078.79	85.20
辽　宁	139.48	40.30	51.07	14.32
吉　林	99.76	47.05	70.44	1.27
黑龙江	514.34	48.90	47.40	0.83
上　海	46.46	50.45	—	—
江　苏	282.28	44.60	52.59	—
浙　江	111.01	52.31	0.00	—
安　徽	104.18	51.20	17.11	0.21
福　建	87.10	20.48	3.51	—
江　西	91.01	61.99	6.40	0.64
山　东	173.75	60.54	68.18	—
河　南	62.79	52.19	59.68	2.00
湖　北	144.50	52.62	18.97	1.38
湖　南	101.97	75.77	5.87	—
广　东	175.34	49.26	5.38	—
广　西	75.43	34.39	18.66	—
海　南	32.00	37.55	5.50	—
重　庆	20.72	60.20	0.13	—
四　川	174.78	57.00	86.31	0.61
贵　州	20.97	53.61	0.26	—
云　南	56.35	55.27	2.94	0.44
西　藏	652.90	68.75	2158.36	13.70
陕　西	30.85	39.61	135.39	7.14
甘　肃	169.39	54.52	1217.02	15.34
青　海	814.36	64.32	1246.17	12.87
宁　夏	20.72	55.50	112.46	7.08
新　疆	394.82	51.29	7470.64	30.25

说明：湿地面积数据来源为第二次全国湿地资源调查（2009—2013年）结果。

国家公园情况

单位：万公顷

试点区名称	国家公园体制试点区面积
合　计	**2231.87**
东北虎豹国家公园体制试点	146.12
祁连山国家公园体制试点	502.34
大熊猫国家公园体制试点	271.34
三江源国家公园体制试点	1231.41
海南热带雨林国家公园体制试点	44.03
武夷山国家公园体制试点	10.01
神农架国家公园体制试点	11.70
香格里拉普达措国家公园体制试点	6.02
钱江源国家公园体制试点	2.53
南山国家公园体制试点	6.36

说明：国家公园体制试点区面积来源于 2020 年各国家公园当年现行总体规划。

国家级自然保护区和自然公园情况

地区	国家级自然保护区		国家级自然公园	
	数量(个)	面积(万公顷)	数量(个)	面积(万公顷)
全国总计	**474**	**9821**	**2522**	**3362**
北　京	2	3	24	19
天　津	3	3	8	5
河　北	14	27	76	87
山　西	8	14	73	79
内蒙古	29	435	119	205
辽　宁	19	90	78	66
吉　林	24	123	68	66
黑龙江	49	389	149	349
上　海	2	7	7	2
江　苏	3	30	61	26
浙　江	11	15	91	92
安　徽	8	14	90	54
福　建	17	23	80	37
江　西	16	26	115	90
山　东	7	22	162	94
河　南	13	44	92	57
湖　北	22	55	124	100
湖　南	23	61	183	114
广　东	15	34	82	37
广　西	23	37	65	93
海　南	10	16	21	15
重　庆	7	26	64	49
四　川	32	305	108	380
贵　州	11	29	100	79
云　南	21	152	81	190
西　藏	11	3712	38	263
陕　西	26	63	97	40
甘　肃	21	672	61	82
青　海	7	2116	46	210
宁　夏	9	47	26	10
新　疆	15	1232	133	374

说明：长江上游珍稀鱼类国家级自然保护区，跨云南、贵州、四川、重庆。天津古海岸湿地国家级自然保护区，跨天津、河北。广西儒艮国家级自然保护区，跨广西、广东。

国家重点保护主要陆生野生动物资源情况

中文名	拉丁名	数量（只/条）	分布省份
大熊猫	*Ailuropoda melanoleuca*	1864	四川、陕西、甘肃
海南长臂猿	*Nomascus hainanus*	33	海南
亚洲象	*Elephas maximus*	293	云南
绿孔雀	*Pavo muticus*	555~600	云南
朱鹮	*Nipponia nippon*	>5000	陕西、河南、浙江
白鹤	*Grus leucogeranus*	>4500	东部省份
藏羚羊	*Pantholops hodgsonii*	>300000	西藏、青海、新疆
野骆驼	*Camelus ferus*	约 600	新疆、甘肃
普氏原羚	*Procapra przewalskii*	约 2700	青海
白头叶猴	*Trachypithecus leucocephalus*	>1300	广西
滇金丝猴	*Rhinopithecus bieti*	>4100	云南、西藏
麋鹿	*Elaphurus davidianus*	约 9000	江苏、江西、湖北
鳄蜥	*Shinisaurus crocodilurus*	1080~1248	广西、广东
莽山烙铁头	*Protobothrops mangshanensis*	430~502	湖南、广东

国家重点保护主要陆生野生植物资源情况

中文名	拉丁名	数量（株）	所处群落面积（公顷）
光叶蕨	*Cystopteris chinensis*	103	0. 01
对开蕨	*Asplenium komarovii*	242	21. 12
巨柏	*Cupressus gigantea*	99413	2244. 42
梵净山冷杉	*Abies fanjingshanensis*	3233	80
元宝山冷杉	*Abies yuanbaoshanensis*	301	79. 44
银杉	*Cathaya argyrophylla*	1935	18. 94
巧家五针松	*Pinus squamata*	27	0. 79
长白松	*Pinus sylvestris* var. *sylvestriformis*	136070	1161. 92
水松	*Glyptostrobus pensilis*	912	54. 49
水杉	*Metasequoia glyptostroboides*	5446	25769
伯乐树	*Bretschneidera sinensis*	10161	1169. 58
萼翅藤	*Getonia floribunda*	34452	41. 8
东京龙脑香	*Dipterocarpus retusus*	430	21. 89
坡垒	*Hopea hainanensis*	31695	8334. 26
望天树	*Parashorea chinensis*	379701	954. 68
银缕梅	*Parrotia subaequalis*	12132	50. 07
长蕊木兰	*Alcimandra cathcartii*	320951	10448. 68
焕镛木(单性木兰)	*Woonyoungia septentrionalis*	13583	84. 66
华盖木	*Pachylarnax sinica*	38	24. 39
峨眉拟单性木兰	*Parakmeria omeiensis*	46	7. 11
珙桐	*Davidia involucrata*	1203781	10751. 99
广西火桐	*Erythropsis kwangsiensis*	1029	28. 75

2

国土绿化

NATIONAL LAND GREENING

全国营造林生产主要指标

指 标 名 称	单位	2020 年
一、造林面积	**公顷**	**6933696**
1. 人工造林面积	公顷	3000060
2. 飞播造林面积	公顷	151496
3. 封山育林面积	公顷	1774608
4. 退化林修复面积	公顷	1619648
5. 人工更新面积	公顷	387884
二、森林抚育面积	**公顷**	**9115824**
三、林木种苗		
1. 林木种子采集量	吨	24868
2. 当年苗木产量	万株	6112954
3. 育苗面积	公顷	1395291

2020 年与 2019 年比较

2019 年	2020 年比 2019 年增减 （%）
7390294	**-6.18**
3458315	-13.25
125565	20.65
1898314	-6.52
1537877	5.32
370223	4.77
8477587	**7.53**
22767	9.23
6320374	-3.28
1415566	-1.43

各地区造林和

地区	造林			
	总计	人工造林	飞播造林	合计
全国合计	**6933696**	**3000060**	**151496**	**1774608**
北　京	41762	14909	—	26733
天　津	2535	1878	—	—
河　北	446772	241999	36732	149635
山　西	272071	201658	—	46666
内蒙古	649981	301516	28665	129869
内蒙古集团	34879	12522	—	—
辽　宁	158008	30152	13334	55334
吉　林	123892	37573	—	—
吉林集团	31110	60	—	—
长白山集团	37521	220	—	—
黑龙江	121280	53725	—	20268
龙江集团	20383	5057	—	—
伊春集团	7115	667	—	—
上　海	5444	5444	—	—
江　苏	51644	46336	—	—
浙　江	119926	41759	—	2489
安　徽	151465	59639	—	42144
福　建	204315	4895	—	134855
江　西	270736	72022	—	75779
山　东	141753	102830	—	—
河　南	211209	171883	17951	14959
湖　北	258160	111910	—	85225
湖　南	574010	129184	—	236244
广　东	264967	29625	—	103327
广　西	211006	20998	—	20124
海　南	15162	2467	—	—
重　庆	303153	78633	—	78922
四　川	343922	118658	—	100578
贵　州	280039	220402	—	—
云　南	334084	254181	—	53854
西　藏	96986	38453	14533	44000
陕　西	324453	148897	20281	84979
甘　肃	341959	240723	—	67598
青　海	294308	38169	20000	153879
宁　夏	87032	58190	—	5500
新　疆	204196	119219	—	41647
新疆兵团	18461	9050	—	5313
大兴安岭	27466	2133	—	—

森林抚育情况

单位:公顷

面积					森林抚育面积
封山育林			退化林修复	人工更新	
无林地和疏林地新封山育林	有林地和灌木林地新封山育林	新造幼林地封山育林			
1025026	**680500**	**69082**	**1619648**	**387884**	**9115824**
3067	23666	—	—	120	87759
—	—	—	10	647	53630
126419	18549	4667	13306	5100	300876
46666	—	—	23747	—	80326
102501	16367	11001	183933	5998	650830
—	—	—	22024	333	367449
38368	16966	—	51659	7529	46665
—	—	—	77117	9202	438322
—	—	—	30972	78	137929
—	—	—	36731	570	216734
20268	—	—	47287	—	635716
—	—	—	15326	—	314847
—	—	—	6448	—	202869
—	—	—	—	—	24553
—	—	—	115	5193	86291
1499	990	—	70341	5337	92569
795	40815	534	48433	1249	559572
—	128943	5912	17408	47157	269541
34664	39015	2100	119307	3628	427675
—	—	—	10938	27985	219143
14959	—	—	6416	—	304379
47528	24783	12914	52433	8592	393385
125653	95217	15374	208049	533	495457
31918	61323	10086	66180	65835	513426
3890	16234	—	6487	163397	917079
—	—	—	—	12695	39174
30867	48055	—	145598	—	164467
33095	67483	—	112064	12622	282296
—	—	—	59637	—	400003
13316	40376	162	25844	205	66264
44000	—	—	—	—	50500
74940	8439	1600	70296	—	244100
37100	25766	4732	33638	—	142084
153879	—	—	82260	—	63740
5500	—	—	23342	—	38496
34134	7513	—	38470	4860	796906
1000	4313	—	1782	2316	221886
—	—	—	25333	—	230600

林业重点生态

指　标	单位	总计	天然林资源保护工程	退耕还林工程	京津风沙源治理工程	石漠化治理工程
一、造林面积	**公顷**	**2418600**	**477695**	**668863**	**204558**	**130728**
1. 人工造林	公顷	1223663	80729	667444	99624	26091
2. 飞播造林	公顷	69346	36947	—	7333	—
3. 新封山育林	公顷	713919	217699	868	87335	104300
4. 退化林修复	公顷	387693	140837	467	10266	308
5. 人工更新	公顷	23979	1483	84	—	29
二、森林抚育面积	**公顷**	**1846724**	**1641371**	**81962**	**—**	**1472**
三、全部林业投资完成额	**万元**	**2729406**	**704392**	**854710**	**174633**	**81314**
其中：中央投资	万元	1480769	649045	473726	42	13474
地方投资	万元	322851	37946	53101	48936	8389

工程建设情况

三北及长江流域等防护林体系工程							国家储备林建设工程
合计	三北防护林工程	长江流域防护林体系工程		沿海防护林体系工程	珠江流域防护林体系工程	太行山绿化工程	
		小计	其中:林业血防				
879204	**560150**	**228302**	**1933**	**21460**	**33567**	**35725**	**57552**
337342	209519	83089	1933	15608	10458	18668	12433
25066	24666	—	—	—	—	400	—
303717	196043	79464	—	1478	14867	11865	—
207373	128939	63632	—	2995	7015	4792	28442
5706	983	2117	—	1379	1227	—	16677
75613	**50083**	**4309**	**—**	**16268**	**4553**	**400**	**46306**
779272	**508516**	**168392**	**2960**	**61371**	**17439**	**23554**	**135085**
318989	290494	22999	200	2952	1734	810	25493
161878	95673	23921	280	35491	2759	4034	12601

各地区林业重点生态工程造林面积

单位:公顷

地　区	全部造林面积	重点生态工程造林面积							其他造林面积
		合计	天然林资源保护工程	退耕还林工程	京津风沙源治理工程	石漠化治理工程	三北及长江流域等重点防护林体系工程	国家储备林建设工程	
全国合计	**6933696**	**2418600**	**477695**	**668863**	**204558**	**130728**	**879204**	**57552**	**4515096**
北　京	41762	27532	—	—	27399	—	133	—	14230
天　津	2535	133	—	—	—	—	—	133	2402
河　北	446772	130335	—	—	56379	—	73220	736	316437
山　西	272071	160971	35701	44601	28158	—	52511	—	111100
内蒙古	649981	309463	77301	54001	82589	—	95572	—	340518
内蒙古集团	34879	34546	22024	12522	—	—	—	—	333
辽　宁	158008	54513	—	—	—	—	54513	—	103495
吉　林	123892	82845	68376	—	—	—	13402	1067	41047
吉林集团	31110	30909	29842	—	—	—	—	1067	201
长白山集团	37521	33398	33398	—	—	—	—	—	4123
黑龙江	121280	89359	16912	78	—	—	46935	25434	31921
龙江集团	20383	9797	9797	—	—	—	—	—	10586
伊春集团	7115	7115	7115	—	—	—	—	—	—
上　海	5444	—	—	—	—	—	—	—	5444
江　苏	51644	2779	—	—	—	—	2779	—	48865
浙　江	119926	—	—	—	—	—	—	—	119926
安　徽	151465	43769	—	—	—	—	43769	—	107696
福　建	204315	2961	—	—	—	—	2724	237	201354
江　西	270736	64472	—	—	—	—	62594	1878	206264
山　东	141753	4326	—	—	—	—	4326	—	137427
河　南	211209	27703	2126	—	—	—	25577	—	183506
湖　北	258160	80238	13129	7453	—	33008	25980	668	177922
湖　南	574010	61226	—	708	—	14765	44077	1676	512784
广　东	264967	12228	5399	—	—	—	6776	53	252739
广　西	211006	42429	—	—	—	20879	5280	16270	168577
海　南	15162	343	—	—	—	—	8	335	14819
重　庆	303153	95780	34666	35567	—	6762	11452	7333	207373
四　川	343922	60384	34570	14283	—	5932	5466	133	283538
贵　州	280039	218702	—	218702	—	—	—	—	61337
云　南	334084	253453	15615	171317	—	49382	16207	932	80631
西　藏	96986	11872	1072	—	—	—	10800	—	85114
陕　西	324453	181801	83144	31348	10033	—	56609	667	142652
甘　肃	341959	96821	8518	17407	—	—	70896	—	245138
青　海	294308	78459	44291	—	—	—	34168	—	215849
宁　夏	87032	33487	8668	—	—	—	24819	—	53545
新　疆	204196	162750	741	73398	—	—	88611	—	41446
新疆兵团	18461	7753	—	184	—	—	7569	—	10708
大兴安岭	27466	27466	27466	—	—	—	—	—	—

草原保护修复情况

指标名称	单位	本年实际
一、种草面积	**公顷**	**1187056**
1. 建设人工草地	公顷	628969
2. 补播种草	公顷	558087
二、草原改良面积	**公顷**	**2038652**
三、草原管护面积	**公顷**	**258374767**
1. 禁牧	公顷	81299323
2. 草畜平衡	公顷	177075444

各地区草原保护修复情况

单位:公顷

地区	种草面积			草原改良面积	草原管护面积		
	合计	建设人工草地	补播种草		合计	禁牧	草畜平衡
全国合计	**1187056**	**628969**	**558087**	**2038652**	**258374767**	**81299323**	**177075444**
北　京	1067	1067	—	—	—	—	—
天　津	—	—	—	—	—	—	—
河　北	31698	1201	30497	44427	1420629	1400629	20000
山　西	1102	549	553	16757	494367	120098	374269
内蒙古	378281	311836	66445	240755	65565384	26040468	39524916
内蒙古集团	—	—	—	—	—	—	—
辽　宁	20840	4867	15973	19039	1022795	1022795	—
吉　林	9450	4976	4474	15858	346108	346108	—
吉林集团	—	—	—	—	—	—	—
长白山集团	—	—	—	—	—	—	—
黑龙江	13991	3748	10243	13309	1021647	993024	28623
龙江集团	—	—	—	—	—	—	—
伊春集团	—	—	—	—	—	—	—
上　海	—	—	—	—	—	—	—
江　苏	—	—	—	—	—	—	—
浙　江	—	—	—	—	—	—	—
安　徽	150	150	—	—	—	—	—
福　建	—	—	—	—	—	—	—
江　西	—	—	—	—	—	—	—
山　东	—	—	—	—	—	—	—
河　南	—	—	—	—	—	—	—
湖　北	117	117	—	—	—	—	—
湖　南	—	—	—	—	—	—	—
广　东	—	—	—	—	—	—	—
广　西	—	—	—	—	4000	—	4000
海　南	—	—	—	—	—	—	—
重　庆	60	60	—	30	—	—	—
四　川	105296	52964	52332	143862	14133129	4666667	9466462
贵　州	1648	1648	—	—	147308	24053	123255
云　南	88901	61060	27841	12402	8605521	1130178	7475343
西　藏	68110	29977	38133	448667	68370653	8625333	59745320
陕　西	18766	16633	2133	1333	1480166	1477766	2400
甘　肃	89937	51904	38033	162707	16172590	6666666	9505924
青　海	174165	40816	133349	241639	31596619	16364669	15231950
宁　夏	10933	—	10933	20033	2126272	2126272	—
新　疆	172544	45396	127148	657834	45867579	10294597	35572982
新疆兵团	15020	861	14159	3392	1345247	374260	970987
大兴安岭	—	—	—	—	—	—	—

林草种苗生产情况

指标	单位	本年实际
一、种子生产		
1. 林木种子产量	吨	24868
其中:良种	吨	8731
2. 穗条产量	万条(根)	233774
3. 草种产量	吨	29964
二、苗木生产		
1. 育苗面积	公顷	1395291
其中:新育	公顷	137282
2. 苗木产量	万株	6112954
其中:良种	万株	1233845
三、良种使用率	**%**	**65**

各地区林草种苗生产情况

地区	林木种子产量(吨)		穗条产量[万条(根)]	草种产量(吨)	育苗面积(公顷)		苗木产量(万株)		良种使用率(%)
	合计	其中:良种			合计	其中:新育	合计	其中:良种	
全国合计	**24868**	**8731**	**233774**	**29964**	**1395291**	**137282**	**6112954**	**1233845**	**65.00**
北　京	—	—	6	—	16068	1445	8542	10	50.86
天　津	—	—	—	—	10119	764	23752	22493	99.78
河　北	1195	282	19268	22	98257	16476	399749	46465	61.65
山　西	1842	457	992	—	74875	15787	506211	72849	67.80
内蒙古	1066	245	1765	1717	40691	2530	212804	17549	50.26
辽　宁	2928	119	2185	—	24527	3341	224334	13688	65.00
吉　林	383	178	20777	—	12834	1247	212491	112433	73.11
黑龙江	265	167	5351	2	9333	1398	128980	35752	46.15
上　海	—	—	—	—	7502	64	4546	126	—
江　苏	4533	3924	5152	—	210781	13021	975750	52501	58.30
浙　江	44	2	8385	—	136777	6060	494477	15327	61.02
安　徽	231	50	12221	—	99271	5294	94310	36533	73.51
福　建	10	6	7121	—	808	143	12172	7590	82.90
江　西	84	5	4428	—	102417	3213	193921	36046	63.13
山　东	1126	733	22314	2	159938	16061	305350	162510	83.80
河　南	1604	449	8831	25	64588	17647	235196	105571	72.31
湖　北	174	6	3551	—	46904	553	150545	31873	72.47
湖　南	311	6	45160	123	1914	778	67763	36642	89.53
广　东	19	6	94	—	2382	713	37589	9933	59.90
广　西	282	21	12786	—	8206	1429	91482	39711	79.02
海　南	2026	22	282	51	931	378	8350	370	51.90
重　庆	97	36	2157	—	18969	1615	92120	35882	67.60
四　川	202	31	7122	750	20639	3278	133245	16094	68.01
贵　州	232	4	22833	181	6284	2538	171675	28269	57.00
云　南	1143	25	3756	1	4067	1547	83066	13721	62.30
西　藏	43	25	12	733	3635	320	4577	579	—
陕　西	1820	349	2315	3	102776	6901	355375	27309	54.60
甘　肃	2045	816	3720	16575	43486	6447	518291	131198	52.11
青　海	125	2	516	9560	9027	825	93256	7047	42.00
宁　夏	764	545	5881	206	22382	1313	133473	28219	58.91
新　疆	274	219	4793	15	34783	4140	133053	89532	88.61
大兴安岭	—	—	—	—	118	14	6508	22	—

3

产业发展

FOREST INDUSTRIAL DEVELOPMENT

林草产业总产值(一)

(按现行价格计算)　　单位:万元

指　　标	总产值
总产值	**817191418**
林业产业总产值	**811763644**
一、第一产业	**263021121**
(一)涉林产业	249505229
1. 林木育种和育苗	23424473
(1)林木育种	1889809
(2)林木育苗	21534664
2. 营造林	21323031
3. 木材和竹材采运	12704968
(1)木材采运	9089055
(2)竹材采运	3615913
4. 经济林产品的种植与采集	161113805
(1)水果、坚果、含油果和香料作物种植	105322658
(2)茶及其他饮料作物的种植	17740065
(3)森林药材、食品种植	23974751
(4)林产品采集	14076331
5. 花卉及其他观赏植物种植	27698369
6. 陆生野生动物繁育与利用	3240583
(二)林业系统非林产业	13515892
二、第二产业	**364331594**
(一)涉林产业	356472422
1. 木材加工和木、竹、藤、棕、苇制品制造	136023710
(1)木材加工	27523746
(2)人造板制造	70657714
(3)木制品制造	26347924
(4)竹、藤、棕、苇制品制造	11494326
2. 木、竹、藤家具制造	65600196

林草产业总产值(二)

(按现行价格计算)　　　单位:万元

指　　标	总产值
3. 木、竹、苇浆造纸和纸制品	69824380
(1)木、竹、苇浆制造	6671005
(2)造纸	37881919
(3)纸制品制造	25271456
4. 林产化学产品制造	5713592
5. 木质工艺品和木质文教体育用品制造	10577048
6. 非木质林产品加工制造	58599717
(1)木本油料、果蔬、茶饮料等加工制造	43643149
(2)森林药材加工制造	10094855
(3)其他	4861713
7. 其他	10133779
(二)林业系统非林产业	7859172
三、第三产业	**184410929**
(一)涉林产业	172523422
1. 林业生产服务	8015448
2. 林业旅游与休闲服务	142739048
3. 林业生态服务	10981168
4. 林业专业技术服务	3180934
5. 林业公共管理及其他组织服务	7606824
(二)林业系统非林产业	11887507
草原产业总产值	**5427774**
一、种草、修复和管护	**3770871**
二、割草、草产品加工	**1122857**
三、草原旅游、休闲与服务	**534046**
补充资料:竹产业产值	**32179802**
林下经济产值	**108259873**

各地区林草

（按现行

地　区	总产值	林业产业					
		林业产业总产值	合计	小计	林木育种和育苗		
					计	林木育种	林木育苗
全国合计	**817191418**	**811763644**	**263021121**	**249505229**	**23424473**	**1889809**	**21534664**
北　京	2993070	2992137	2208738	2206003	114910	3520	111390
天　津	284832	284832	284427	284427	2967	—	2967
河　北	14047576	14017661	6758735	6744805	582923	121388	461535
山　西	5294304	5279411	4166788	4158464	669090	1890	667200
内蒙古	5477765	4520266	1937852	1768874	362655	4658	357997
内蒙古集团	685120	685120	281748	281748	4435	242	4193
辽　宁	8832256	8761203	5324582	5273335	449175	264068	185107
吉　林	8598048	8564229	3144713	3004860	246522	6823	239699
吉林集团	708091	708091	271224	265004	3412	767	2645
长白山集团	703523	703523	215120	194994	7473	1266	6207
黑龙江	12169749	12096820	5991717	4240273	182641	25770	156871
龙江集团	2487864	2487864	1067516	421603	2143	—	2143
伊春集团	706271	706271	320463	191409	1692	—	1692
上　海	2831723	2831723	370593	370593	3981	—	3981
江　苏	50408639	50408639	11365879	11072163	2559497	136585	2422912
浙　江	49851180	49851180	10868783	10859960	2340688	916	2339772
安　徽	47052601	47021577	13543929	13038782	1628291	135500	1492791
福　建	66598648	66598648	11146465	11145764	110752	21627	89125
江　西	53065436	53065436	12428073	11482065	1061292	82632	978660
山　东	62110775	62092394	22305937	22154018	4967137	2387	4964750
河　南	21653950	21653700	10278657	10038653	709057	153042	556015
湖　北	38424910	38302525	13709862	12642500	921019	124801	796218
湖　南	50990033	50932267	17162775	16050104	1457084	476764	980320
广　东	82122006	82122006	12639884	12543228	122423	13302	109121
广　西	76616073	75207493	22339801	18697554	445157	46190	398967
海　南	6845838	6845838	3450071	3449015	55595	938	54657
重　庆	15058378	15042557	6362135	6234791	334380	62086	272294
四　川	40961290	40717295	15181991	13880527	586403	70113	516290
贵　州	33787007	33780012	9656864	8410763	738689	30768	707921
云　南	27708323	27225628	15614829	15256715	507041	30082	476959
西　藏	524908	445685	297009	297009	20749	68	20681
陕　西	14774535	14727599	11605975	11540952	1221135	59777	1161358
甘　肃	5230331	4866118	4140758	4016061	463460	2764	460696
青　海	1382322	648066	497287	497287	23963	1009	22954
宁　夏	1877057	1830628	715493	715297	132035	23	132012
新　疆	9083675	8495891	7218649	7209119	399450	10318	389132
新疆兵团	2216190	2075402	1974031	1972343	13540	3431	10109
大兴安岭	534180	534180	301870	221268	4312	—	4312

产业总产值(一)

价格计算)

单位:万元

总产值						
第一产业						
涉林产业						
营造林	木材和竹材采运			经济林产品的种植与采集		
	计	木材采运	竹材采运	计	水果、坚果、含油果和香料作物种植	茶及其他饮料作物的种植
21323031	**12704968**	**9089055**	**3615913**	**161113805**	**105322658**	**17740065**
1611022	10186	10186	—	364772	364747	—
94161	17524	17524	—	152518	152518	—
1100690	78697	78697	—	4584197	4283501	300
959458	13088	13088	—	2464919	2197646	69328
847930	54200	54200	—	450285	308854	2805
237421	1200	1200	—	18321	68	—
202700	80469	80469	—	4037351	2856566	61142
341472	156988	156988	—	1875559	335440	7084
174561	23006	23006	—	59053	4786	—
80244	4533	4533	—	77973	17294	—
273187	69170	69170	—	3407057	346324	6813
132069	3161	3161	—	278444	5683	—
40643	—	—	—	149074	—	—
148616	48	48	—	145667	145045	—
871990	255864	232060	23804	4734212	3518792	318946
320376	403844	113997	289847	7167593	3385929	1589661
1541664	896494	659917	236577	7160987	3261413	1947598
384657	1557603	631748	925855	6769586	2841782	1262326
862633	728269	388376	339893	6785377	3375350	866514
620535	470659	470659	—	13720511	12812480	736975
964315	236741	230950	5791	5546600	3436726	793124
975508	228657	176950	51707	8652817	4399977	1767060
2198563	829408	464436	364972	9077824	6057922	1070719
660652	1355369	1044962	310407	7815485	5423986	726458
1069136	3142772	2768811	373961	11767068	8559205	550278
62313	139636	137638	1998	2803522	2346214	4268
834536	113326	51622	61704	4398781	3397966	324846
823123	752106	279915	472191	9694896	6319503	1223047
610354	313506	287993	25513	6351546	3080304	1883850
742470	730474	608284	122190	11839834	5769051	1587444
217388	2428	2428	—	55524	39973	13022
713606	33045	23715	9330	9027711	7254665	899106
564485	4335	4162	173	2947519	2516318	25548
109763	3670	3670	—	357217	13934	600
99156	—	—	—	462188	146404	—
325779	26392	26392	—	6454452	6367712	1203
78504	5247	5247	—	1872356	1847778	1203
170793	—	—	—	40230	6411	—

各地区林草

（按现行

地区	林业产业				
	第一产业				
	涉林产业				林业系统非林产业
	经济林产品的种植与采集		花卉及其他观赏植物种植	陆生野生动物繁育与利用	
	森林药材、食品种植	林产品采集			
全国合计	**23974751**	**14076331**	**27698369**	**3240583**	**13515892**
北　京	25	—	94230	10883	2735
天　津	—	—	17137	120	—
河　北	232195	68201	291845	106453	13930
山　西	188576	9369	46276	5633	8324
内蒙古	109802	28824	9515	44289	168978
内蒙古集团	8910	9343	4	20367	—
辽　宁	894105	225538	133212	370428	51247
吉　林	1389611	143424	51247	333072	139853
吉林集团	32732	21535	597	4375	6220
长白山集团	45865	14814	—	24771	20126
黑龙江	1975206	1078714	17712	290506	1751444
龙江集团	217184	55577	61	5725	645913
伊春集团	81296	67778	—	—	129054
上　海	122	500	72281	—	—
江　苏	367736	528738	2620621	29979	293716
浙　江	2020926	171077	470184	157275	8823
安　徽	1307720	644256	1639286	172060	505147
福　建	1457876	1207602	2225521	97645	701
江　西	1439617	1103896	1967749	76745	946008
山　东	146045	25011	2232841	142335	151919
河　南	1012255	304495	2366080	215860	240004
湖　北	1967486	518294	1749536	114963	1067362
湖　南	1472590	476593	2320860	166365	1112671
广　东	573032	1092009	2544403	44896	96656
广　西	833780	1823805	1908696	364725	3642247
海　南	34319	418721	355521	32428	1056
重　庆	570652	105317	527594	26174	127344
四　川	1247148	905198	1894731	129268	1301464
贵　州	1050721	336671	333371	63297	1246101
云　南	2018232	2465107	1278144	158752	358114
西　藏	430	2099	920	—	—
陕　西	600735	273205	475834	69621	65023
甘　肃	376479	29174	28472	7790	124697
青　海	342683	—	90	2584	—
宁　夏	303773	12011	21565	353	196
新　疆	31848	53689	2755	291	9530
新疆兵团	6938	16437	2445	251	1688
大兴安岭	9026	24793	140	5793	80602

产业总产值(二)

价格计算)

单位:万元

总产值						
	第二产业					
合计	涉林产业					
	小计	木材加工和木、竹、藤、棕、苇制品制造				
		计	木材加工	人造板制造	木制品制造	竹、藤、棕、苇制品制造
364331594	**356472422**	**136023710**	**27523746**	**70657714**	**26347924**	**11494326**
—	—	—	—	—	—	—
—	—	—	—	—	—	—
6268609	6267760	3593799	475716	3096608	21475	—
517722	493872	33481	23545	9438	498	—
1080463	937721	818735	778404	40031	—	300
142137	665	—	—	—	—	—
2376173	2343349	947358	334722	170006	408330	34300
3934164	3777400	1277015	182370	678735	415910	—
250438	240201	168663	939	84978	82746	—
99094	46872	34482	—	4895	29587	—
3325377	2313732	978365	653879	107595	211044	5847
442543	132914	90179	30201	4246	49885	5847
51805	39383	1565	—	324	1241	—
2408360	2408360	417600	—	417600	—	—
32288570	30732758	19447077	1807177	13280576	3918060	441264
26337686	26334086	6923422	800031	1480557	3544538	1098296
21153568	20717894	12285511	2151845	7438764	1491406	1203496
46250084	45854645	14715445	1771455	2684461	5457317	4802212
24167306	23249957	3970930	861537	1298210	1468670	342513
35296784	35237514	22198571	3345140	17800360	933472	119599
7758429	7722155	3370277	924244	2055758	336024	54251
11983829	11337874	3209691	584811	1519552	963464	141864
17262327	16324090	5981310	1422233	1150544	1503410	1905123
51770223	51746504	5917652	915394	2120039	2448441	433778
35646494	34989468	23337506	8233904	12811165	1891206	401231
3057573	3057299	240010	126831	99591	13588	—
4368846	4307341	944537	283710	388864	211247	60716
10942557	10653474	2582931	764116	1142395	362356	314064
5385254	5277673	945487	369926	280748	205649	89164
7495304	7315409	1650616	638598	486302	490828	34888
2149	2149	1300	1300	—	—	—
1605640	1580138	187023	58987	74567	42429	11040
285547	267872	8989	1064	7535	10	380
63990	63990	4339	624	3715	—	—
339326	339326	2070	—	2070	—	—
792031	790758	24783	12183	11928	672	—
94912	94870	5253	4985	268	—	—
167209	27854	7880	—	—	7880	—

各地区林草

（按现行

地 区	林业产业 第二 涉林 木、竹、藤家具制造	木、竹、苇浆造纸和纸制品 计	木、竹、苇浆制造	造纸	纸制品制造	林产化学产品制造
全国合计	**65600196**	**69824380**	**6671005**	**37881919**	**25271456**	**5713592**
北 京	—	—	—	—	—	—
天 津	—	—	—	—	—	—
河 北	716430	34606	1387	30017	3202	2392
山 西	26933	655	—	35	620	220
内蒙古	2161	29064	—	—	29064	—
内蒙古集团	—	—	—	—	—	—
辽 宁	611009	268369	27124	140893	100352	—
吉 林	194147	332767	19687	257477	55603	2047
吉林集团	1010	—	—	—	—	—
长白山集团	1869	—	—	—	—	—
黑龙江	301347	236890	1157	217930	17803	7770
龙江集团	988	8138	—	8138	—	5460
伊春集团	16220	—	—	—	—	—
上 海	830760	1160000	—	1160000	—	—
江 苏	2467982	4762874	292803	2328532	2141539	1206489
浙 江	5086274	9544227	237594	5658827	3647806	141678
安 徽	2451341	788467	149498	515000	123969	150353
福 建	5874386	10175700	909746	4653893	4612061	1336201
江 西	15405635	479498	56168	331601	91729	644610
山 东	2319776	4537822	104420	4313163	120239	—
河 南	1308319	902920	439611	290729	172580	24132
湖 北	2053272	2214853	842264	1141237	231352	16908
湖 南	2028261	2361211	355308	1896999	108904	192984
广 东	16947190	22293816	1229253	10275027	10789536	296760
广 西	2391793	3158208	348664	1898464	911080	922093
海 南	28635	2540150	500150	1710000	330000	3003
重 庆	1076838	1291548	107305	393643	790600	5595
四 川	2924499	1918158	776273	466268	675617	180550
贵 州	250485	421127	129627	78481	213019	79418
云 南	229443	343365	142921	101273	99171	495595
西 藏	800	45	45	—	—	—
陕 西	67691	26022	—	22430	3592	—
甘 肃	4739	—	—	—	—	—
青 海	—	—	—	—	—	—
宁 夏	—	—	—	—	—	—
新 疆	50	2018	—	—	2018	—
新疆兵团	—	—	—	—	—	—
大兴安岭	—	—	—	—	—	4794

产业总产值(三)

价格计算)

单位:万元

总产值						
产业						
产业						
木质工艺品和木质文教体育用品制造	非木质林产品加工制造				其他	林业系统非林产业
	计	木本油料、果蔬、茶饮料等加工制造	森林药材加工制造	其他		
10577048	**58599717**	**43643149**	**10094855**	**4861713**	**10133779**	**7859172**
—	—	—	—	—	—	—
—	—	—	—	—	—	—
8822	1847855	1184529	616720	46606	63856	849
6939	369419	359758	4580	5081	56225	23850
40	54616	27375	675	26566	33105	142742
—	665	—	—	665	—	141472
6725	468414	114379	293702	60333	41474	32824
27582	1873056	481409	1295510	96137	70786	156764
—	69340	57927	2164	9249	1188	10237
—	148	124	—	24	10373	52222
76692	578481	403485	40541	134455	134187	1011645
384	5390	1748	3155	487	22375	309629
—	5807	1246	860	3701	15791	12422
—	—	—	—	—	—	—
250393	1912008	1011171	363656	537181	685935	1555812
2096185	2365005	1756448	389135	219422	177295	3600
560660	4100343	3510777	453685	135881	381219	435674
3767820	7492044	6192040	663033	636971	2493049	395439
403340	2057544	1890286	124519	42739	288400	917349
1722024	4272738	3706146	99336	467256	186583	59270
172028	1595925	895576	658213	42136	348554	36274
94313	3064721	2222849	447332	394540	684116	645955
418007	4433493	3815394	490486	127613	908824	938237
256088	5346692	4467813	813843	65036	688306	23719
264750	3508237	1608148	1094225	805864	1406881	657026
362	245029	51029	—	194000	110	274
139710	578074	310450	183368	84256	271039	61505
59341	2334382	1761087	271541	301754	653613	289083
193065	3154334	2219340	827756	107238	233757	107581
49383	4369263	3719813	380729	268721	177744	179895
—	4	4	—	—	—	—
2669	1150953	892240	202515	56198	145780	25502
110	252266	243293	8578	395	1768	17675
—	59551	15044	44482	25	100	—
—	336710	16145	320565	—	546	—
—	763756	763745	—	11	151	1273
—	89617	89617	—	—	—	42
—	14804	3376	6130	5298	376	139355

各地区林草

（按现行

地 区	林业产业总产值						
	第三产业						
	合计	涉林产业					
		小计	林业生产服务	林业旅游与休闲服务	林业生态服务	林业专业技术服务	林业公共管理及其他组织服务
全国合计	**184410929**	**172523422**	**8015448**	**142739048**	**10981168**	**3180934**	**7606824**
北 京	783399	777051	10265	375587	81261	24000	285938
天 津	405	405	—	405	—	—	—
河 北	990317	971086	70073	724687	34202	27855	114269
山 西	594901	570687	109086	262472	80300	8430	110399
内蒙古	1501951	1244631	72773	971675	96138	26971	77074
内蒙古集团	261235	17697	—	1096	7840	8761	—
辽 宁	1060448	1019741	26065	826441	104631	6830	55774
吉 林	1485352	1040942	82686	704865	116420	24160	112811
吉林集团	186429	65765	9437	2806	49359	743	3420
长白山集团	389309	105158	23105	21645	15514	1227	43667
黑龙江	2779726	1678280	50960	821373	112399	17479	676069
龙江集团	977805	135839	12527	58977	9419	1611	53305
伊春集团	334003	282313	6813	32180	6056	—	237264
上 海	52770	52770	—	52770	—	—	—
江 苏	6754190	6300798	752752	4278214	548751	256697	464384
浙 江	12644711	12597821	98780	11379878	317458	140398	661307
安 徽	12324080	12024951	550190	8881576	1441550	325563	826072
福 建	9202099	9120224	107752	8442679	405679	49129	114985
江 西	16470057	13842095	364694	10923888	1972544	181278	399691
山 东	4489673	4267799	271629	3095806	354485	271764	274115
河 南	3616614	3580827	208515	2478631	665551	72415	155715
湖 北	12608834	12184228	1813822	8122539	1385460	372593	489814
湖 南	16507165	15399957	1300153	11244407	1507359	648653	699385
广 东	17711899	17529920	279340	16666111	262025	45855	276589
广 西	17221198	16056694	609284	14682700	134560	244405	385745
海 南	338194	337911	5593	258401	7999	4606	61312
重 庆	4311576	4225303	154286	3505547	290758	105605	169107
四 川	14592747	12780243	299268	11921793	352268	139176	67738
贵 州	18737894	18329884	244594	17593403	230504	68812	192571
云 南	4115495	3198318	329638	2236924	254138	46363	331255
西 藏	146527	146527	—	130352	—	—	16175
陕 西	1515984	1432600	57894	1119303	120812	35542	99049
甘 肃	439813	408386	26314	55523	70721	12172	243656
青 海	86789	86789	—	35192	872	—	50725
宁 夏	775809	775199	81703	639602	1330	388	52176
新 疆	485211	484870	9102	303686	24635	22145	125302
新疆兵团	6459	6309	2090	3120	212	698	189
大兴安岭	65101	56485	28237	2618	6358	1650	17622

产业总产值(四)

价格计算)

单位:万元

	草原产业总产值				补充资料	
林业系统非林产业	合计	种草、修复和管护	割草、草产品加工	草原旅游、休闲与服务	竹产业产值	林下经济产值
11887507	**5427774**	**3770871**	**1122857**	**534046**	**32179802**	**108259873**
6348	933	800	—	133	—	15735
—	—	—	—	—	—	—
19231	29915	17490	3320	9105	—	201507
24214	14893	13223	390	1280	—	8432
257320	957499	491143	351246	115110	—	383072
243538	—	—	—	—	—	38360
40707	71053	19642	28630	22781	—	240123
444410	33819	24094	7310	2415	—	764853
120664	—	—	—	—	—	59053
284151	—	—	—	—	—	115281
1101446	72929	29693	40322	2914	—	4095214
841966	—	—	—	—	—	789562
51690	—	—	—	—	—	—
—	—	—	—	—	—	282
453392	—	—	—	—	78082	1023082
46890	—	—	—	—	5317295	34350706
299129	31024	15200	800	15024	2007045	3374057
81875	—	—	—	—	7851663	5207683
2627962	—	—	—	—	2912526	21016806
221874	18381	—	—	18381	—	1271644
35787	250	—	250	—	5113	1819032
424606	122385	817	384	121184	679567	5691589
1107208	57766	203	—	57563	3439275	3571634
181979	—	—	—	—	141053	1772191
1164504	1408580	1400850	200	7530	384772	12354173
283	—	—	—	—	3382	230377
86273	15821	510	81	15230	847520	780086
1812504	243995	158087	67423	18485	7215943	3191959
408010	6995	2895	3700	400	947515	4085274
917177	482695	265023	182113	35559	346883	1898437
—	79223	72201	—	7022	—	23978
83384	46936	10731	19372	16833	2168	404211
31427	364213	248603	105902	9708	—	389097
—	734256	694169	9250	30837	—	10
610	46429	46429	—	—	—	21356
341	587784	259068	302164	26552	—	12559
150	140788	112595	27890	303	—	84
8616	—	—	—	—	—	60714

全国主要林产工业产品产量 2020 年与 2019 年比较

主要指标	单位	2020 年	2019 年	2020 年比 2019 年增减(%)
木材产量	万立方米	10257	10046	2.10
1. 原木	万立方米	9182	9021	1.79
2. 薪材	万立方米	1075	1025	4.86
竹材产量	万根	324265	314480	3.11
锯材产量	万立方米	7593	6745	12.56
人造板产量	万立方米	32545	30859	5.46
1. 胶合板	万立方米	19796	18006	9.95
2. 纤维板	万立方米	6226	6200	0.43
3. 刨花板	万立方米	3002	2980	0.74
4. 其他人造板	万立方米	3520	3674	-4.19
木竹地板产量	万平方米	77257	81805	-5.56
松香类产品产量	吨	1033344	1438582	-28.17
栲胶类产品产量	吨	7731	2348	229.26
紫胶类产品产量	吨	3642	6549	-44.39

全国主要木材、竹材产品产量

指标名称	单位	全部产量
一、木材	**万立方米**	**10257**
1. 原木	万立方米	9182
2. 薪材	万立方米	1075
二、竹材	—	—
(一)大径竹	万根	324265
1. 毛竹	万根	188927
2. 其他	万根	135339
(二)小杂竹	万吨	3063

说明:大径竹一般指直径在 5 厘米以上,以根为计量单位的竹材。

各地区主要木材、竹材产品产量

地区	木材(万立方米)			竹材			
				大径竹(万根)			小杂竹(万吨)
	合计	原木	薪材	合计	毛竹	其他	
全国合计	**10257**	**9182**	**1075**	**324265**	**188927**	**135339**	**3063**
北　京	23	21	2	—	—	—	—
天　津	25	25	—	—	—	—	—
河　北	115	101	13	—	—	—	—
山　西	28	20	7	—	—	—	—
内蒙古	88	87	2	—	—	—	—
内蒙古集团	3	3	—	—	—	—	—
辽　宁	118	101	17	—	—	—	—
吉　林	228	227	2	—	—	—	—
吉林集团	29	29	—	—	—	—	—
长白山集团	6	6	—	—	—	—	—
黑龙江	124	106	18	—	—	—	—
龙江集团	7	7	—	—	—	—	—
伊春集团	—	—	—	—	—	—	—
上　海	—	—	—	—	—	—	—
江　苏	214	194	20	592	457	135	—
浙　江	102	100	2	22084	21187	897	49
安　徽	536	425	111	20132	17188	2944	235
福　建	576	529	47	95706	62921	32785	137
江　西	302	284	18	23652	22281	1370	259
山　东	507	431	76	—	—	—	—
河　南	267	224	44	110	108	2	5
湖　北	232	186	46	3269	2455	814	9
湖　南	377	328	49	24250	21435	2815	270
广　东	1017	894	123	25734	8530	17203	337
广　西	3600	3392	209	68830	16546	52284	53
海　南	234	231	4	405	210	194	—
重　庆	50	43	7	5621	1653	3968	165
四　川	223	203	20	17372	4826	12546	578
贵　州	319	290	29	1974	1610	364	87
云　南	846	660	186	13517	6519	6998	878
西　藏	2	1	2	—	—	—	—
陕　西	26	10	17	1018	999	19	—
甘　肃	9	7	2	—	—	—	2
青　海	2	2	—	—	—	—	—
宁　夏	—	—	—	—	—	—	—
新　疆	65	63	2	—	—	—	—
新疆兵团	17	17	—	—	—	—	—
大兴安岭	—	—	—	—	—	—	—

全国主要林产工业产品产量(一)

指标名称	单位	产量
木竹加工产品		
一、锯材	**万立方米**	**7592.57**
1. 普通锯材	万立方米	7442.52
2. 特种锯材	万立方米	150.05
二、人造板	**万立方米**	**32544.65**
1. 胶合板	万立方米	19796.50
其中:竹胶合板	万立方米	1715.69
2. 纤维板	万立方米	6226.33
(1)木质纤维板	万立方米	5935.88
其中:中密度纤维板	万立方米	5070.81
(2)非木质纤维板	万立方米	290.44
3. 刨花板	万立方米	3001.65
4. 其他人造板	万立方米	3520.18
其中:细木工板	万立方米	1538.81

全国主要林产工业产品产量(二)

指标名称	单位	产量
三、木竹地板	**万平方米**	**77256.62**
1. 实木地板	万平方米	8612.43
2. 实木复合木地板	万平方米	16434.91
3. 浸渍纸层压木质地板(强化木地板)	万平方米	21597.22
4. 竹地板(含竹木复合地板)	万平方米	6783.25
5. 其他木地板(含软木地板、集成材地板等)	万平方米	23828.81
林产化工产品		
一、松香类产品	**吨**	**1033344**
1. 松香	吨	791745
2. 松香深加工产品	吨	241599
二、栲胶类产品	**吨**	**7731**
1. 栲胶	吨	7731
2. 栲胶深加工产品	吨	—
三、紫胶类产品	**吨**	**3642**
1. 紫胶	吨	2862
2. 紫胶深加工产品	吨	780

各地区主要木竹

地区	锯材(万立方米)			
	总计	普通锯材	特种锯材	总计
全国合计	**7592.57**	**7442.52**	**150.05**	**32544.65**
北京	—	—	—	—
天津	—	—	—	—
河北	314.96	314.94	0.02	1840.18
山西	11.89	11.89	—	5.89
内蒙古	525.29	525.29	—	29.96
内蒙古集团	—	—	—	—
辽宁	126.70	123.38	3.32	107.45
吉林	71.43	71.42	0.02	1703.24
吉林集团	0.15	0.15	—	58.09
长白山集团	—	—	—	1.58
黑龙江	372.39	371.78	0.62	78.05
龙江集团	4.40	4.36	0.04	2.63
伊春集团	—	—	—	0.23
上海	—	—	—	—
江苏	624.45	623.74	0.71	5866.45
浙江	394.32	361.84	32.48	543.36
安徽	574.80	560.63	14.17	3023.14
福建	185.94	181.36	4.58	977.67
江西	343.31	339.73	3.58	530.24
山东	989.12	965.60	23.52	7718.82
河南	177.41	177.41	—	1466.09
湖北	251.41	229.32	22.10	681.80
湖南	364.40	347.46	16.95	585.79
广东	274.18	273.69	0.49	1059.46
广西	1282.89	1259.68	23.21	5034.16
海南	59.80	59.02	0.78	64.26
重庆	130.12	129.06	1.06	163.96
四川	202.93	202.71	0.22	593.71
贵州	133.07	133.07	—	118.03
云南	163.66	162.01	1.64	287.89
西藏	0.09	0.09	—	—
陕西	4.94	4.94	—	45.75
甘肃	0.45	0.45	—	6.09
青海	0.04	0.04	—	—
宁夏	—	—	—	1.71
新疆	12.58	11.98	0.60	11.51
新疆兵团	0.68	0.68	—	0.27
大兴安岭	—	—	—	—

加工产品产量(一)

人造板(万立方米)					
胶合板		纤维板			
			木质纤维板		
合计	其中:竹胶合板	合计	小计	其中:中密度纤维板	非木质纤维板
19796.50	**1715.69**	**6226.33**	**5935.88**	**5070.81**	**290.44**
—	—	—	—	—	—
—	—	—	—	—	—
666.56	0.04	571.27	571.27	532.76	—
2.28	0.42	0.02	0.02	0.02	—
24.36	0.02	1.37	1.37	—	—
—	—	—	—	—	—
32.71	—	28.28	28.28	24.79	—
1604.37	—	53.28	53.28	52.26	—
—	—	52.26	52.26	52.26	—
1.58	—	—	—	—	—
29.18	—	3.54	3.54	3.54	—
0.08	—	—	—	—	—
0.08	—	—	—	—	—
—	—	—	—	—	—
3715.41	1207.78	887.99	887.99	750.90	—
223.10	83.54	92.64	92.50	74.24	0.14
2174.98	89.04	415.92	415.92	334.66	—
603.07	121.18	88.62	88.42	39.14	0.20
202.77	66.79	133.58	132.83	125.77	0.75
5254.08	—	1439.63	1164.16	1104.80	275.47
597.91	—	422.45	422.45	372.98	—
293.75	18.47	324.32	324.19	282.39	0.14
286.54	62.19	71.07	68.97	25.96	2.10
218.10	0.89	501.61	499.38	281.98	2.23
3454.95	18.87	689.83	689.83	596.61	—
45.19	—	3.09	3.09	3.09	—
59.04	12.32	59.37	57.44	56.96	1.93
109.02	33.45	315.97	308.71	299.18	7.26
44.80	0.63	13.03	12.86	12.43	0.17
125.71	0.06	80.48	80.42	67.92	0.06
—	—	—	—	—	—
17.58	—	22.55	22.55	22.55	—
4.31	—	0.78	0.78	0.24	—
—	—	—	—	—	—
1.71	—	—	—	—	—
4.99	—	5.63	5.63	5.63	—
—	—	—	—	—	—
—	—	—	—	—	—

各地区主要木竹

地　区	人造板(万立方米)			
	刨花板	其他人造板		总计
		合计	其中:细木工板	
全国合计	**3001.65**	**3520.18**	**1538.81**	**77256.62**
北　京	—	—	—	—
天　津	—	—	—	—
河　北	287.35	315.00	190.90	20.27
山　西	0.10	3.48	1.70	1.52
内蒙古	—	4.23	0.83	—
内蒙古集团	—	—	—	—
辽　宁	6.92	39.54	1.97	743.87
吉　林	7.02	38.57	18.35	2298.86
吉林集团	5.83	—	—	346.21
长白山集团	—	—	—	216.59
黑龙江	5.17	40.16	10.45	226.22
龙江集团	1.74	0.81	0.29	17.15
伊春集团	—	0.15	0.15	0.01
上　海	—	—	—	—
江　苏	941.90	321.15	88.06	39090.49
浙　江	11.30	216.32	198.70	8312.73
安　徽	216.52	215.71	122.97	8754.61
福　建	62.87	223.10	164.78	3402.80
江　西	45.51	148.37	81.55	3780.63
山　东	568.35	456.76	167.54	2074.05
河　南	107.38	338.35	26.28	191.37
湖　北	44.79	18.93	15.55	2791.39
湖　南	39.39	188.78	166.11	1109.93
广　东	215.12	124.64	9.75	2826.08
广　西	302.58	586.81	220.73	1240.43
海　南	4.06	11.92	—	17.08
重　庆	40.42	5.13	0.24	28.61
四　川	40.84	127.87	17.95	129.35
贵　州	8.82	51.38	28.28	52.52
云　南	42.76	38.94	4.68	163.37
西　藏	—	—	—	—
陕　西	2.21	3.42	0.30	0.27
甘　肃	—	0.99	0.65	—
青　海	—	—	—	—
宁　夏	—	—	—	—
新　疆	0.27	0.61	0.50	0.18
新疆兵团	0.27	—	—	—
大兴安岭	—	—	—	—

加工产品产量(二)

木竹地板(万平方米)				
实木地板	实木复合木地板	浸渍纸层压木质地板(强化木地板)	竹地板(含竹木复合地板)	其他木地板(含软木地板、集成材地板等)
8612.43	**16434.91**	**21597.22**	**6783.25**	**23828.81**
—	—	—	—	—
—	—	—	—	—
19.30	0.10	0.60	—	0.27
0.15	—	—	—	1.37
—	—	—	—	—
—	—	—	—	—
283.94	459.93	—	—	—
457.53	1839.35	—	—	1.98
—	346.21	—	—	—
—	216.59	—	—	—
119.99	96.40	1.00	—	8.83
2.35	13.00	1.00	—	0.80
0.01	—	—	—	—
—	—	—	—	—
2902.94	5568.31	7686.64	823.37	22109.22
1821.85	3008.16	2701.60	760.81	20.30
729.82	733.29	6632.67	483.06	175.77
387.00	360.66	—	2633.05	22.09
625.91	609.62	913.85	1495.88	135.36
208.02	669.76	1195.90	—	0.36
60.47	69.12	60.20	0.01	1.56
170.69	664.61	1755.21	132.68	68.21
251.64	312.39	32.83	354.71	158.35
159.01	1481.94	61.24	13.93	1109.96
199.51	533.22	500.00	6.50	1.20
3.30	10.20	—	—	3.58
9.51	2.05	4.62	5.02	7.41
51.82	14.27	24.02	39.24	—
12.94	0.69	26.84	10.01	2.05
136.90	0.78	—	24.78	0.90
—	—	—	—	—
0.01	0.05	0.01	0.21	0.01
—	—	—	—	—
—	—	—	—	—
—	—	—	—	—
0.18	—	—	—	—
—	—	—	—	—
—	—	—	—	—

各地区主要林产化工产品产量

单位:吨

地区	松香类产品			栲胶类产品			紫胶类产品		
	合计	松香	松香深加工产品	合计	栲胶	栲胶深加工产品	合计	紫胶	紫胶深加工产品
全国合计	**1033344**	**791745**	**241599**	**7731**	**7731**	**—**	**3642**	**2862**	**780**
北　京	—	—	—	—	—	—	—	—	—
天　津	—	—	—	—	—	—	—	—	—
河　北	—	—	—	1196	1196	—	—	—	—
山　西	—	—	—	—	—	—	—	—	—
内蒙古	—	—	—	—	—	—	—	—	—
内蒙古集团	—	—	—	—	—	—	—	—	—
辽　宁	—	—	—	—	—	—	—	—	—
吉　林	—	—	—	—	—	—	—	—	—
吉林集团	—	—	—	—	—	—	—	—	—
长白山集团	—	—	—	—	—	—	—	—	—
黑龙江	—	—	—	—	—	—	—	—	—
龙江集团	—	—	—	—	—	—	—	—	—
伊春集团	—	—	—	—	—	—	—	—	—
上　海	—	—	—	—	—	—	—	—	—
江　苏	8500	8500	—	—	—	—	—	—	—
浙　江	18300	1800	16500	—	—	—	—	—	—
安　徽	36502	36102	400	—	—	—	—	—	—
福　建	131209	116689	14520	—	—	—	—	—	—
江　西	151461	110684	40777	—	—	—	—	—	—
山　东	—	—	—	—	—	—	—	—	—
河　南	—	—	—	150	150	—	—	—	—
湖　北	10946	10027	919	—	—	—	—	—	—
湖　南	25882	14342	11540	—	—	—	—	—	—
广　东	188730	122125	66605	—	—	—	636	636	—
广　西	268797	231835	36962	2860	2860	—	—	—	—
海　南	1020	956	64	—	—	—	—	—	—
重　庆	1263	1263	—	—	—	—	—	—	—
四　川	—	—	—	—	—	—	—	—	—
贵　州	7573	6778	795	—	—	—	—	—	—
云　南	183161	130644	52517	3525	3525	—	3006	2226	780
西　藏	—	—	—	—	—	—	—	—	—
陕　西	—	—	—	—	—	—	—	—	—
甘　肃	—	—	—	—	—	—	—	—	—
青　海	—	—	—	—	—	—	—	—	—
宁　夏	—	—	—	—	—	—	—	—	—
新　疆	—	—	—	—	—	—	—	—	—
新疆兵团	—	—	—	—	—	—	—	—	—
大兴安岭	—	—	—	—	—	—	—	—	—

全国主要经济林产品生产情况

单位:吨

指　标	产量
各类经济林产品总计	**199701233**
一、水果	**163459469**
二、干果	**12534889**
其中:板栗	2252578
枣(干重)	5169741
榛子	147741
松子	149433
三、林产饮料产品(干重)	**2476506**
四、林产调料产品(干重)	**807919**
五、森林食品	**4694238**
其中:竹笋干	967320
六、森林药材	**3954431**
其中:杜仲	237087
七、木本油料	**8521903**
1. 油茶籽	3141620
2. 核桃(干重)	4795939
3. 油橄榄	58420
4. 油用牡丹籽	44947
5. 其他木本油料	480977
八、林产工业原料	**3251878**
其中:紫胶(原胶)	3642

各地区主要经济林

地区	各类经济林						
	合计	水果	干果				
			小计	板栗	枣(干重)	榛子	松子
全国合计	**199701233**	**163459469**	**12534889**	**2252578**	**5169741**	**147741**	**149433**
北　京	543725	495468	37764	22985	1407	—	—
天　津	271416	265336	1977	1977	—	—	—
河　北	10377469	9250786	863401	374113	329494	12593	27
山　西	6203526	4482946	1338184	2753	838088	25	680
内蒙古	992675	582080	123246	—	1116	11704	—
内蒙古集团	6234	44	—	—	—	—	—
辽　宁	6106246	5389000	523281	171868	137900	97973	41347
吉　林	584195	360787	42604	479	—	9089	23399
吉林集团	14367	538	8277	—	—	60	5816
长白山集团	13516	241	5222	—	—	2	5133
黑龙江	800774	279135	32987	—	—	7996	23242
龙江集团	36094	1602	2596	—	—	238	2256
伊春集团	43667	228	3421	—	—	388	2780
上　海	253260	253260	—	—	—	—	—
江　苏	3380059	3208674	42296	10082	2156	9	—
浙　江	5424108	4760997	86192	61267	1586	—	—
安　徽	4938065	4149682	140891	99645	13439	198	—
福　建	8108821	6161495	341135	91200	3518	1601	—
江　西	6173017	4796760	25911	21090	942	60	122
山　东	20083033	18857182	808154	256595	162400	3936	—
河　南	7732315	6692404	321114	108235	88330	18	155
湖　北	8469725	6784899	419149	380797	11745	—	288
湖　南	8632054	6245112	150675	103515	27875	—	72
广　东	12404111	11466068	91387	46006	80	—	—
广　西	21400652	19697989	129357	97090	4986	—	—
海　南	5468320	2842884	2491203	—	—	—	—
重　庆	5082869	4483374	35639	18234	3414	—	660
四　川	10300065	8597537	98701	55709	12505	29	10005
贵　州	5112449	3526387	121435	87036	193	—	10255
云　南	11854005	7546725	252287	157018	4043	—	23536
西　藏	11774	10058	—	—	—	—	—
陕　西	12525066	10758753	811759	84318	522636	2235	3905
甘　肃	4478431	3609022	502553	566	468092	15	8637
青　海	136932	29080	—	—	—	—	—
宁　夏	400289	261886	46845	—	12968	169	—
新　疆	11443381	7613703	2651571	—	2520828	3	—
新疆兵团	2966301	2008896	908039	—	907023	3	—
大兴安岭	8406	—	3191	—	—	88	3103

产品生产情况(一)

单位:吨

产品总量					
林产饮料产品(干重)	林产调料产品(干重)	森林食品		森林药材	
		小计	其中:竹笋干	小计	其中:杜仲
2476506	**807919**	**4694238**	**967320**	**3954431**	**237087**
—	—	20	—	—	—
—	—	—	—	—	—
234	3252	25603	—	72487	51
130	19787	49615	—	152962	10
6250	—	26479	—	14465	—
—	—	6006	—	184	—
9500	—	104385	—	36645	2
1384	—	72273	289	100049	—
—	—	3199	—	2353	—
—	—	7146	—	907	—
1466	—	358954	—	127700	—
386	—	25524	—	5776	—
—	—	22025	—	17863	—
—	—	—	—	—	—
9161	80	48779	850	60171	65
182037	—	249136	195355	18111	137
129740	952	130050	43010	194482	1212
287748	—	811067	232479	105321	76
48217	325	458090	44161	178155	6374
148639	30986	59235	—	15858	23
18632	29985	165351	1162	234877	17105
326222	2982	286485	19896	272947	14241
131860	4435	161394	72347	435971	137815
63346	67747	88013	55591	117600	—
79313	169962	102655	44184	245755	3677
1011	4535	337	337	5905	—
32594	125164	91544	31910	253278	8524
248684	91226	262089	107357	316284	30259
220157	22827	802197	7846	214358	6351
427410	128146	261981	105950	271659	1172
—	7	56	—	23	—
81811	50358	72488	4592	174197	9993
2465	54957	1295	4	133495	—
38	6	4	—	106484	—
14907	200	—	—	74372	—
3550	—	—	—	20268	—
—	—	—	—	5036	—
—	—	4663	—	552	—

各地区主要经济林产品生产情况(二)

单位:吨

地区	各类经济林产品总量							
	木本油料						林产工业原料	
	小计	油茶籽	核桃(干重)	油橄榄	油用牡丹籽	其他木本油料	小计	其中:紫胶(原胶)
全国合计	**8521903**	**3141620**	**4795939**	**58420**	**44947**	**480977**	**3251878**	**3642**
北京	10473	—	10447	—	26	—	—	—
天津	4103	—	4103	—	—	—	—	—
河北	160510	—	159673	—	239	598	1196	—
山西	159902	—	158311	—	1330	261	—	—
内蒙古	155	—	—	—	—	155	240000	—
内蒙古集团	—	—	—	—	—	—	—	—
辽宁	43435	—	11710	—	1500	30225	—	—
吉林	7098	—	7068	—	—	30	—	—
吉林集团	—	—	—	—	—	—	—	—
长白山集团	—	—	—	—	—	—	—	—
黑龙江	532	—	532	—	—	—	—	—
龙江集团	210	—	210	—	—	—	—	—
伊春集团	130	—	130	—	—	—	—	—
上海	—	—	—	—	—	—	—	—
江苏	1898	150	1120	—	417	211	9000	—
浙江	109041	81759	27221	—	—	61	18594	—
安徽	147338	110180	27561	—	8333	1264	44930	—
福建	157833	151962	—	55	—	5816	244222	—
江西	488094	482520	159	—	—	5415	177465	—
山东	162979	—	149786	—	10504	2689	—	—
河南	229488	53736	164077	—	4977	6698	40464	—
湖北	330977	221790	104242	144	2448	2353	46064	—
湖南	1419322	1373445	7398	5	248	38226	83285	—
广东	206291	201423	—	—	—	4868	303659	636
广西	340921	298693	4295	—	—	37933	634700	—
海南	14200	11316	—	—	—	2884	108245	—
重庆	54638	14639	30883	1818	490	6808	6638	—
四川	681198	25059	605797	26220	223	23899	4346	—
贵州	174732	77788	87892	35	240	8777	30356	—
云南	1711912	25060	1502706	723	4	183419	1253885	3006
西藏	1630	1	1629	—	—	—	—	—
陕西	571123	12099	443457	40	13745	101782	4577	—
甘肃	174392	—	128433	29380	79	16500	252	—
青海	1320	—	1300	—	—	20	—	—
宁夏	2079	—	2025	—	54	—	—	—
新疆	1154289	—	1154114	—	90	85	—	—
新疆兵团	44330	—	44160	—	90	80	—	—
大兴安岭	—	—	—	—	—	—	—	—

全国油茶产业发展情况

指　标	单位	产量
一、年末实有油茶林面积	**公顷**	**4451130**
其中:当年新造面积	公顷	129678
当年低改面积	公顷	200470
二、定点苗圃个数	**个**	**636**
三、定点苗圃面积	**公顷**	**6529**
四、苗木产量	**万株**	**120308**
其中:一年生苗木产量	万株	61190
二年以上(含二年)留床苗木产量	万株	48440
五、油茶籽产量	**吨**	**3141620**
六、茶油产量	**吨**	**719987**
七、规模以上油茶加工企业	**个**	**554**
八、油茶产业产值	**万元**	**15288363**

各地区油茶产业发展情况(一)

地 区	年末实有油茶林面积(公顷)			定点苗圃	
	合计	当年新造面积	当年低改面积	个数(个)	面积(公顷)
全国合计	**4451130**	**129678**	**200470**	**636**	**6529**
北 京	—	—	—	—	—
天 津	—	—	—	—	—
河 北	—	—	—	—	—
山 西	—	—	—	—	—
内蒙古	—	—	—	—	—
内蒙古集团	—	—	—	—	—
辽 宁	—	—	—	—	—
吉 林	—	—	—	—	—
吉林集团	—	—	—	—	—
长白山集团	—	—	—	—	—
黑龙江	—	—	—	—	—
龙江集团	—	—	—	—	—
伊春集团	—	—	—	—	—
上 海	—	—	—	—	—
江 苏	80	—	—	—	—
浙 江	159555	2114	7184	11	86
安 徽	156771	2816	690	14	193
福 建	164230	398	5825	12	184
江 西	990384	24427	15567	91	1352
山 东	—	—	—	—	—
河 南	66459	3760	1733	9	36
湖 北	287982	8268	16768	34	264
湖 南	1440922	41552	79476	115	1156
广 东	175759	197	12358	11	143
广 西	547330	12175	22697	89	1751
海 南	4827	55	—	50	501
重 庆	64902	6061	125	10	101
四 川	37785	1191	1333	5	11
贵 州	190783	22582	25254	49	365
云 南	137646	3456	1220	97	337
西 藏	190	—	—	—	—
陕 西	25525	626	10240	39	49
甘 肃	—	—	—	—	—
青 海	—	—	—	—	—
宁 夏	—	—	—	—	—
新 疆	—	—	—	—	—
新疆兵团	—	—	—	—	—
大兴安岭	—	—	—	—	—

各地区油茶产业发展情况(二)

地　区	苗木产量(万株)			油茶籽产量(吨)	茶油产量(吨)	规模以上油茶加工企业(个)	油茶产业产值(万元)
	合　计	其中:一年生苗木产量	其中:二年以上(含二年)留床苗木产量				
全国合计	**120308**	**61190**	**48440**	**3141620**	**719987**	**554**	**15288363**
北　京	—	—	—	—	—	—	—
天　津	—	—	—	—	—	—	—
河　北	—	—	—	—	—	—	—
山　西	—	—	—	—	—	—	—
内蒙古	—	—	—	—	—	—	—
内蒙古集团	—	—	—	—	—	—	—
辽　宁	—	—	—	—	—	—	—
吉　林	—	—	—	—	—	—	—
吉林集团	—	—	—	—	—	—	—
长白山集团	—	—	—	—	—	—	—
黑龙江	—	—	—	—	—	—	—
龙江集团	—	—	—	—	—	—	—
伊春集团	—	—	—	—	—	—	—
上　海	—	—	—	—	—	—	—
江　苏	—	—	—	150	—	—	—
浙　江	2275	655	1610	81759	21092	23	338348
安　徽	4025	1578	1363	110180	22732	20	455084
福　建	5138	1285	3586	151962	17311	64	464430
江　西	23429	11384	9138	482520	144637	108	3660206
山　东	—	—	—	—	—	—	—
河　南	1175	575	105	53736	10459	2	150055
湖　北	3850	1725	1582	221790	36733	51	738838
湖　南	25180	14120	10881	1373445	325146	184	5477216
广　东	508	244	216	201423	43043	15	350818
广　西	30175	15340	14378	298693	74700	37	3171200
海　南	493	190	49	11316	590	12	34143
重　庆	2957	1620	1337	14639	2532	6	46601
四　川	1910	983	524	25059	2433	—	54886
贵　州	12263	8278	3256	77788	11528	19	267357
云　南	3243	2860	342	25060	4170	7	64393
西　藏	1	—	—	1	—	—	4
陕　西	3686	353	73	12099	2881	6	14784
甘　肃	—	—	—	—	—	—	—
青　海	—	—	—	—	—	—	—
宁　夏	—	—	—	—	—	—	—
新　疆	—	—	—	—	—	—	—
新疆兵团	—	—	—	—	—	—	—
大兴安岭	—	—	—	—	—	—	—

全国核桃产业发展情况

指标名称	单位	本年实际
一、年末实有核桃种植面积	公顷	7822198
二、苗圃个数	个	2039
三、苗圃面积	公顷	25073
四、苗木产量	万株	132014
五、核桃产量(干重)	吨	4795939
六、核桃油产量	吨	33080
七、规模以上核桃油加工企业	个	74

各地区核桃产业发展情况

地　区	年末实有核桃种植面积(公顷)	苗圃个数(个)	苗圃面积(公顷)	苗木产量(万株)	核桃产量(干重)(吨)	核桃油产量(吨)	规模以上核桃油加工企业(个)
全国合计	**7822198**	**2039**	**25073**	**132014**	**4795939**	**33080**	**74**
北　京	14144	1	13	195	10447	—	—
天　津	2025	14	21	102	4103	—	—
河　北	151056	121	1000	2110	159673	4060	2
山　西	527575	178	576	9068	158311	310	8
内蒙古	—	—	—	—	—	—	—
内蒙古集团	—	—	—	—	—	—	—
辽　宁	21293	9	147	77	11710	25	—
吉　林	3565	8	109	69	7068	63	—
吉林集团	—	—	—	—	—	—	—
长白山集团	—	—	—	—	—	—	—
黑龙江	1650	8	1228	5	532	—	—
龙江集团	—	—	—	—	210	—	—
伊春集团	—	—	—	—	130	—	—
上　海	—	—	—	—	—	—	—
江　苏	5058	422	2220	1183	1120	1	1
浙　江	73324	15	128	335	27221	20	—
安　徽	90258	101	1427	1553	27561	26	—
福　建	171	—	—	—	—	—	—
江　西	232	2	11	6	159	—	2
山　东	128401	59	829	2273	149786	1020	—
河　南	221331	99	1648	1336	164077	5	—
湖　北	151892	19	180	414	104242	2732	4
湖　南	7399	72	8070	28	7398	613	4
广　东	—	10	17	100	—	—	—
广　西	147416	10	26	3	4295	—	—
海　南	—	—	—	—	—	—	—
重　庆	70879	111	1395	428	30883	1186	1
四　川	1237721	42	880	3852	605797	3657	9
贵　州	259989	36	387	838	87892	551	2
云　南	3233115	205	838	7040	1502706	13768	19
西　藏	6310	38	145	53	1629	1017	2
陕　西	762765	248	2297	12706	443457	3572	18
甘　肃	278975	80	589	86700	128433	—	—
青　海	9950	—	—	—	1300	—	—
宁　夏	2785	1	46	1	2025	—	—
新　疆	412919	130	846	1539	1154114	454	2
新疆兵团	11064	7	228	68	44160	—	—
大兴安岭	—	—	—	—	—	—	—

全国花卉产业发展情况

指　标	单位	本年实际
一、年末实有花卉种植面积	公顷	1472396
二、销售额	万元	20206098
三、出口额	万元	66343
四、观赏苗木面积	公顷	976099
五、切花切枝切叶产量	万支	2598521
六、盆栽植物产量	万盆	2964630
七、食用及工业用花卉面积	公顷	271062
八、花卉市场	个	3282
九、规模以上花卉企业	个	12472
十、设施化栽培面积	万平方米	102393
十一、花卉从业人员期末人数	人	6510067
其中：花农	户	2118716
具有工程师(含)职称以上从业人员	人	192214

各地区花卉产业发展情况(一)

地区	年末实有花卉种植面积（公顷）	销售额（万元）	出口额（万元）	观赏苗木面积（公顷）	切花切枝切叶产量（万支）	盆栽植物产量（万盆）
全国合计	**1472396**	**20206098**	**66343**	**976099**	**2598521**	**2964630**
北 京	2951	61042	219	703	2635	17238
天 津	502	20370	—	32	290	2462
河 北	45515	503975	600	29705	6374	4387
山 西	7775	301000	—	—	—	—
内蒙古	9006	46909	—	995	944	22836
辽 宁	11190	326259	200	6328	60329	17693
吉 林	1431	11982	11	2924	1331	405
黑龙江	23388	91920	—	12006	41447	8979
上 海	1661	85831	478	110	8722	13004
江 苏	151925	1787173	1492	127302	132120	115679
浙 江	156753	1723500	4845	136776	57500	25741
安 徽	26625	367237	22	41335	9248	4894
福 建	94762	2367930	10957	67260	202620	62835
江 西	61830	649037	—	49710	15478	19136
山 东	48242	1534917	2575	26402	64831	2173383
河 南	156805	1848937	4528	94915	45872	13293
湖 北	35614	479412	60	43724	858	2770
湖 南	90183	1046500	338	66816	6637	5233
广 东	89980	2341000	—	46069	337946	327895
广 西	83892	701844	—	33369	14520	5845
海 南	9611	272402	1450	3339	87068	867
重 庆	25300	280000	—	42000	3800	4100
四 川	112966	955520	—	82327	25040	19298
贵 州	11091	144528	5	15936	3357	1731
云 南	136161	1755958	34200	8196	1457593	71191
西 藏	16	750	—	8	—	—
陕 西	37917	257181	—	25815	3726	17113
甘 肃	9212	126416	4362	3314	6799	4997
青 海	218	23802	—	3645	335	452
宁 夏	1282	20404	—	226	999	400
新 疆	28592	72363	—	4812	101	772

各地区花卉产业发展情况(二)

地区	食用及工业用花卉面积(公顷)	花卉市场(个)	规模以上花卉企业(个)	设施化栽培面积(万平方米)	花卉从业人员期末人数		
					合计	其中:花农(户)	其中:具有工程师(含)职称以上从业人员(人)
全国合计	**271062**	**3282**	**12472**	**102393**	**6510067**	**2118716**	**192214**
北　京	578	12	77	660	8538	508	888
天　津	15	4	—	73	680	216	86
河　北	12582	147	99	265	216243	150479	2361
山　西	—	240	28	200	70000	2000	
内蒙古	3347	53	18	130	34392	16652	895
辽　宁	75	16		2748	22819	8072	670
吉　林	276	28	15	301	5172	632	105
黑龙江	8731	14	28	1669	194230	52972	1895
上　海	30	28	53	799	6313	196	594
江　苏	7270	130	837	13330	422470	100667	2798
浙　江	8600	96	671	8640	953200	210100	20000
安　徽	9597	192	136	406	191181	28268	1117
福　建	12799	77	1122	12534	249641	35726	21263
江　西	813	63	306	7270	204726	50436	2980
山　东	205	347	45	4950	327916	176582	22604
河　南	20811	210	75	559	950558	327060	1809
湖　北	3835	220	96	277	151859	50699	1040
湖　南	5606	138	134	665	415958	106911	3767
广　东	956	305	6490	10674	243313	74023	16653
广　西	43903	67	144	119	484382	96046	1372
海　南	223	30	79	995	68987	6814	2196
重　庆	80	64	1600	45	230000	48000	65000
四　川	12701	305	110	620	327734	316491	9073
贵　州	3456	143	42	607	72927	11464	296
云　南	80474	96	77	33079	361263	121265	10745
西　藏	—	16	—	3	96	23	3
陕　西	6606	113	115	186	43912	19564	579
甘　肃	3967	71	58	248	57386	35636	836
青　海	73	15	8	7	3670	508	51
宁　夏	676	9	8	229	2500	1881	427
新　疆	22776	33	1	106	188001	68825	111

全国主要林草产品销售实际平均价格

指　标	单位	本年实际		
		产品销售实际平均价格	产品销售收入（元）	产品销售量（立方米、根、平方米、吨）
一、木材	元/立方米	614	66947482379	109108867
二、竹材	元/根	10	23001413471	2404519446
三、锯材	元/立方米	1399	69605397205	49747583
四、木地板	元/平方米	121	76600215859	633946672
五、胶合板	元/立方米	1926	290567686318	150875898
六、硬质纤维板	元/立方米	1691	5484273629	3242395
七、中密度纤维板	元/立方米	1636	72312252530	44205552
八、刨花板	元/立方米	1517	26087773477	17193219
九、松香	元/吨	10633	6410311817	602858
十、栲胶	元/吨	12345	91734000	7431
十一、紫胶	元/吨	45102	137742000	3054
十二、天然草原干草	元/吨	665	7347931093	11050013
十三、苜蓿干草	元/吨	1387	6270463565	4522065
十四、羊草干草	元/吨	518	355606850	686261

各地区主要林草产品

地区	木材			竹材		
	产品销售实际平均价格（元/立方米）	产品销售收入（元）	产品销售量（立方米）	产品销售实际平均价格（元/根）	产品销售收入（元）	产品销售量（根）
全国合计	**614**	**66947482379**	**109108867**	**10**	**23001413471**	**2404519446**
北　京	549	31894418	58120	—	—	—
天　津	647	62603300	96808	—	—	—
河　北	666	685819750	1029560	—	—	—
山　西	390	98805198	253049	789	90000	114
内蒙古	537	402373710	749574	—	—	—
内蒙古集团	429	15500448	36126	—	—	—
辽　宁	622	599491824	963939	—	—	—
吉　林	615	1127760657	1835166	—	—	—
吉林集团	684	162760889	238083	—	—	—
长白山集团	793	52176974	65763	—	—	—
黑龙江	651	681776360	1046524	—	—	—
龙江集团	3408	143522219	42111	—	—	—
伊春集团	—	—	—	—	—	—
上　海	—	—	—	—	—	—
江　苏	775	1223376108	1578228	16	74803232	4745662
浙　江	932	952464108	1021842	11	2357575888	220376629
安　徽	836	2916967500	3487425	13	2150709622	170692783
福　建	987	3883147175	3936256	12	5545797304	464950597
江　西	1035	2752274969	2657983	13	2548079209	189917984
山　东	721	2675291638	3708714	—	—	—
河　南	729	1440157035	1976779	9	1980001	222000
湖　北	647	1011774268	1564339	14	298087703	20836263
湖　南	939	2052943767	2186227	16	2297414186	145845497
广　东	585	12909446525	22083453	11	1757847572	160476996
广　西	668	22369411288	33490974	5	2741804826	512112898
海　南	400	544066983	1359250	3	8696436	3448777
重　庆	858	356821865	415745	4	297021461	68805958
四　川	752	1580421538	2100611	9	1790033144	205081794
贵　州	850	2048702917	2409448	11	199200485	18822713
云　南	785	4186338346	5335320	4	896227541	203853186
西　藏	—	4062	13000000	—	—	—
陕　西	588	91120547	154967	12	34100141	2764625
甘　肃	702	42918606	61115	—	1944720	11564970
青　海	—	—	—	—	—	—
宁　夏	—	—	—	—	—	—
新　疆	401	219307917	547451	—	—	—
新疆兵团	276	40260782	146095	—	—	—
大兴安岭	—	—	—	—	—	—

销售实际平均价格(一)

锯材			木地板			胶合板		
产品销售实际平均价格(元/立方米)	产品销售收入(元)	产品销售量(立方米)	产品销售实际平均价格(元/平方米)	产品销售收入(元)	产品销售量(平方米)	产品销售实际平均价格(元/立方米)	产品销售收入(元)	产品销售量(立方米)
1399	**69605397205**	**49747583**	**121**	**76600215859**	**633946672**	**1926**	**290567686318**	**150875898**
—	—	—	—	—	—	—	—	—
—	—	—	—	—	—	—	—	—
1366	3437353120	2516510	—	—	—	2015	13133248250	6517279
567	52922000	93398	78	900000	11500	2278	76643680	33639
1349	1610166667	1193751	—	—	—	1394	322310581	231183
—	—	—	—	—	—	—	—	—
1608	1788554400	1112334	258	1409253670	5471420	1400	713150100	509405
2471	935523840	378602	141	1474586496	10471080	772	12391659947	16044151
2000	3000000	1500	154	535851194	3474902	—	—	—
2141	498843	233	81	176500051	2170676	6856	111053776	16198
1135	3563111952	3138095	203	285877220	1411204	1727	328363669	190085
2619	46480000	17747	136	6984200	51530	1670	7541200	4517
—	—	—	—	—	—	—	—	—
—	—	—	—	—	—	—	—	—
1345	6742944720	5015204	96	34050208970	352942950	1996	66631420634	33383834
1630	6444742321	3952904	183	16059247666	87727729	3322	7407179463	2229878
1479	7041888252	4761852	110	5924390777	53861943	2520	48577630511	19275887
2772	1178136577	424947	175	3224161706	18444590	2730	8707901697	3190201
1807	6054841200	3351340	257	4696472000	18268706	2226	4141125400	1860582
1435	6269443020	4367741	108	2179631275	20220374	1798	32482913953	18065385
922	793531222	860530	185	346160150	1875373	1315	5038414438	3830470
1238	1534298961	1239023	132	3068562375	23306838	1984	4330061997	2182494
1323	1904863731	1439642	377	1467435000	3894505	4197	7426286000	1769482
1268	1832237975	1445136	47	1466175200	31473639	1285	1579254901	1228905
1348	12552451440	9315058	167	336579595	2013151	1917	69613424370	36308537
871	374006148	429547	—	—	—	1151	484793321	421313
752	870722718	1157155	325	41130521	126743	2134	907440964	425172
1379	2001421050	1451541	241	265348550	1100949	2021	3112102895	1539563
1189	1357503964	1141899	222	114789380	518032	2560	893533750	349051
1392	1164621341	836687	235	189070308	805476	2029	2079160397	1024920
—	—	—	—	—	—	—	—	—
1274	35186000	27627	500	235000	470	774	128902900	166504
1201	2750000	2289	—	—	—	225	9700000	43095
—	—	—	—	—	—	—	—	—
—	—	—	—	—	—	—	—	—
656	62174586	94771	—	—	—	930	51062500	54883
574	946000	1647	—	—	—	—	—	—
—	—	—	—	—	—	—	—	—

各地区主要林草产品

地区	硬质纤维板			中密度纤维板		
	产品销售实际平均价格（元/立方米）	产品销售收入（元）	产品销售量（立方米）	产品销售实际平均价格（元/立方米）	产品销售收入（元）	产品销售量（立方米）
全国合计	**1691**	**5484273629**	**3242395**	**1636**	**72312252530**	**44205552**
北　京	—	—	—	—	—	—
天　津	—	—	—	—	—	—
河　北	508	25434000	50080	1537	8056327009	5243275
山　西	—	—	—	2696	620000	230
内蒙古	3237	47590900	14700	—	—	—
内蒙古集团	—	—	—	—	—	—
辽　宁	—	—	—	1014	254744600	251323
吉　林	613	18710682	30520	1471	778520000	529234
吉林集团	—	—	—	1471	778520000	529234
长白山集团	—	—	—	—	—	—
黑龙江	—	—	—	1200	420000	350
龙江集团	—	—	—	—	—	—
伊春集团	—	—	—	—	—	—
上　海	—	—	—	—	—	—
江　苏	1924	561080000	291600	1823	14044600600	7705350
浙　江	1499	245470900	163739	1060	787126565	742377
安　徽	2058	925007983	449522	1958	6229309215	3182035
福　建	1579	262757674	166408	1375	437768848	318344
江　西	2007	114610000	57100	1581	2026607000	1282075
山　东	1918	871934224	454509	1608	9868384775	6136864
河　南	1500	5834916	3889	1254	4060924057	3238178
湖　北	2130	158084454	74216	1796	3963932200	2206483
湖　南	1402	278707400	198765	1534	523824920	341377
广　东	1958	672312200	343448	1758	3996523045	2273543
广　西	1410	1121000000	795000	1676	10363998224	6185327
海　南	—	—	—	—	—	—
重　庆	2400	2400000	1000	1990	1141808400	573841
四　川	2181	22207040	10183	1449	4489564420	3098146
贵　州	1476	8828000	5980	1734	196376000	113280
云　南	2301	142290000	61831	1256	767017652	610498
西　藏	—	—	—	—	—	—
陕　西	—	13256	69905	2200	259430000	117922
甘　肃	—	—	—	—	—	—
青　海	—	—	—	—	—	—
宁　夏	—	—	—	—	—	—
新　疆	—	—	—	1161	64425000	55500
新疆兵团	—	—	—	—	—	—
大兴安岭	—	—	—	—	—	—

销售实际平均价格(二)

刨花板			松香			栲胶		
产品销售实际平均价格（元/立方米）	产品销售收入（元）	产品销售量（立方米）	产品销售实际平均价格（元/吨）	产品销售收入（元）	产品销售量（吨）	产品销售实际平均价格（元/吨）	产品销售收入（元）	产品销售量（吨）
1517	**26087773477**	**17193219**	**10633**	**6410311817**	**602858**	**12345**	**91734000**	**7431**
—	—	—	—	—	—	—	—	—
—	—	—	—	—	—	—	—	—
1482	3850185400	2597437	—	—	—	20000	23920000	1196
—	—	—	—	—	—	—	—	—
—	—	—	—	—	—	—	—	—
—	—	—	—	—	—	—	—	—
1393	32503000	23330	—	—	—	—	—	—
1315	108770000	82717	—	—	—	—	—	—
1228	86970000	70823	—	—	—	—	—	—
—	—	—	—	—	—	—	—	—
1690	75433802	44637	—	—	—	—	—	—
1200	20916000	17430	—	—	—	—	—	—
—	—	—	—	—	—	—	—	—
—	—	—	—	—	—	—	—	—
1682	4632107400	2754269	—	—	—	—	—	—
1506	170147150	113001	10000	18000000	1800	—	—	—
1799	3156713214	1754489	10009	94785430	9470	—	—	—
811	437943720	540025	15214	492098257	32346	—	—	—
1520	697910000	459147	12009	1183316400	98539	—	—	—
1971	3830235000	1943729	—	—	—	—	—	—
1199	529746292	441686	—	—	—	13310	1996500	150
2256	412208400	182677	10485	111234100	10609	—	—	—
634	244912440	386304	10393	319164400	30711	—	—	—
1246	1957709864	1570833	8529	738543247	86595	—	—	—
1309	3871058179	2956783	10334	2231235614	215921	10977	28100000	2560
—	—	—	13138	12560000	956	—	—	—
2278	949846800	416892	—	—	—	—	—	—
1135	447435470	394327	—	—	—	—	—	—
1252	115250500	92055	11888	60129300	5058	—	—	—
1272	531976846	418201	10367	1149245069	110853	10700	37717500	3525
—	—	—	—	—	—	—	—	—
1833	33000000	18000	—	—	—	—	—	—
—	—	—	—	—	—	—	—	—
—	—	—	—	—	—	—	—	—
—	—	—	—	—	—	—	—	—
1000	2680000	2680	—	—	—	—	—	—
1000	2680000	2680	—	—	—	—	—	—
—	—	—	—	—	—	—	—	—

各地区主要林草产品

地区	紫胶			天然草原干草		
	产品销售实际平均价格（元/吨）	产品销售收入（元）	产品销售量（吨）	产品销售实际平均价格（元/吨）	产品销售收入（元）	产品销售量（吨）
全国合计	**45102**	**137742000**	**3054**	**665**	**7347931093**	**11050013**
北　京	—	—	—	—	—	—
天　津	—	—	—	—	—	—
河　北	—	—	—	—	—	—
山　西	—	—	—	—	—	—
内蒙古	—	—	—	927	2855050751	3078818
内蒙古集团	—	—	—	—	—	—
辽　宁	—	—	—	—	—	—
吉　林	—	—	—	321	39879900	124164
吉林集团	—	—	—	—	—	—
长白山集团	—	—	—	—	—	—
黑龙江	—	—	—	619	394076242	636761
龙江集团	—	—	—	—	—	—
伊春集团	—	—	—	—	—	—
上　海	—	—	—	—	—	—
江　苏	—	—	—	—	—	—
浙　江	—	—	—	—	—	—
安　徽	—	—	—	—	—	—
福　建	—	—	—	—	—	—
江　西	—	—	—	—	—	—
山　东	—	—	—	—	—	—
河　南	—	—	—	—	—	—
湖　北	—	—	—	—	—	—
湖　南	—	—	—	—	—	—
广　东	14714	9270000	630	—	—	—
广　西	—	—	—	—	—	—
海　南	—	—	—	—	—	—
重　庆	—	—	—	—	—	—
四　川	—	—	—	506	193575950	382312
贵　州	—	—	—	—	—	—
云　南	53000	128472000	2424	244	998648150	4085789
西　藏	—	—	—	—	—	—
陕　西	—	—	—	800	8000000	10000
甘　肃	—	—	—	1000	2000000000	2000000
青　海	—	—	—	—	—	—
宁　夏	—	—	—	—	—	—
新　疆	—	—	—	1173	858700100	732169
新疆兵团	—	—	—	831	121646900	146425
大兴安岭	—	—	—	—	—	—

销售实际平均价格(三)

苜蓿干草			羊草干草		
产品销售实际平均价格(元/吨)	产品销售收入(元)	产品销售量(吨)	产品销售实际平均价格(元/吨)	产品销售收入(元)	产品销售量(吨)
1387	**6270463565**	**4522065**	**518**	**355606850**	**686261**
—	—	—	—	—	—
—	—	—	—	—	—
—	—	—	—	—	—
—	—	—	—	—	—
2132	535155139	250953	703	1490050	2120
—	—	—	—	—	—
—	—	—	—	—	—
2149	32451700	15100	994	129129800	129935
—	—	—	—	—	—
—	—	—	—	—	—
1163	29394000	25284	660	107846400	163333
—	—	—	—	—	—
—	—	—	—	—	—
—	—	—	—	—	—
—	—	—	—	—	—
—	—	—	—	—	—
—	—	—	—	—	—
—	—	—	—	—	—
—	—	—	—	—	—
—	—	—	—	—	—
—	—	—	—	—	—
—	—	—	—	—	—
—	—	—	—	—	—
—	—	—	—	—	—
—	—	—	—	—	—
—	—	—	—	—	—
—	—	—	3000	45000	15
—	—	—	500	10000000	20000
—	—	—	—	—	—
466	4795500	10301	260	91095600	350858
—	—	—	—	—	—
1290	5290000	4100	—	—	—
1311	5016045240	3826502	800	16000000	20000
—	—	—	—	—	—
1500	15915000	10610	—	—	—
1665	631416986	379215	—	—	—
1712	225824274	131886	—	—	—
—	—	—	—	—	—

各地区林草旅游与休闲产业发展情况

地区	旅游人数（人次）	旅游收入（万元）	人均花费（元）	直接带动的其他产业产值（万元）
全国合计	**3168492732**	**133187706**	**420**	**98988930**
北　京	130500251	374687	29	333646
天　津	139041	405	29	—
河　北	30010079	639084	213	696669
山　西	17359300	245284	141	85402
内蒙古	22821361	1072583	470	510528
内蒙古集团	95563	1096	115	537
辽　宁	29675452	731563	247	781855
吉　林	15421932	530570	344	263218
吉林集团	275007	2806	102	6139
长白山集团	409876	21645	528	41509
黑龙江	12803826	432956	338	520950
龙江集团	1024299	52972	517	48997
伊春集团	776289	32180	415	17300
上　海	6479804	52770	81	532
江　苏	124936486	4115619	329	3601287
浙　江	386186869	11379878	295	10674160
安　徽	179274971	8393157	468	8950191
福　建	157736161	8442679	535	7092764
江　西	198991402	10168662	511	19446705
山　东	98526042	2894254	294	3553219
河　南	103618902	2478631	239	1099983
湖　北	179505312	8243723	459	10006734
湖　南	149930237	10741693	716	5405536
广　东	200837040	14069891	701	1822503
广　西	146151401	14682700	1005	6425510
海　南	8024844	258077	322	295783
重　庆	120155879	3462620	288	1326521
四　川	350422789	10927089	312	6724636
贵　州	339711138	14958749	440	6731348
云　南	64403824	1941308	301	884860
西　藏	3236678	130352	403	22849
陕　西	53748619	951012	177	1265334
甘　肃	6585383	49338	75	40879
青　海	7287514	57737	79	8
宁　夏	13366067	436682	327	290755
新　疆	10468194	321335	307	133203
新疆兵团	209100	3305	158	1419
大兴安岭	175934	2618	149	1362

各地区森林公园建设与经营情况主要指标(一)

地　　区	森林公园总数（处）	森林公园总面积（公顷）	国家森林公园数量（处）	国家森林公园面积（公顷）	省级森林公园数量（处）	省级森林公园面积（公顷）	县级森林公园数量（处）	县级森林公园面积（公顷）
全国合计	**3571**	**18575500**	**906**	**12772627**	**1458**	**4377425**	**1207**	**1425448**
北　京	31	96260	15	68438	16	27822	—	—
天　津	1	2126	1	2126	—	—	—	—
河　北	101	514533	29	308819	72	205715	—	—
山　西	141	597272	25	420307	55	131744	61	45221
内蒙古	58	1307975	36	1096484	21	206120	1	5370
辽　宁	74	225742	32	145256	42	80486	—	—
吉　林	63	855337	35	392081	28	463256	—	—
黑龙江	108	2326868	68	2179829	40	147039	—	—
上　海	4	1830	4	1830	—	—	—	—
江　苏	106	180402	22	53414	43	39199	41	87790
浙　江	278	470745	44	230166	86	137879	148	102700
安　徽	81	164187	35	117775	46	46411	—	—
福　建	176	237803	30	128542	125	86006	21	23256
江　西	179	527446	50	388487	117	111168	12	27791
山　东	246	407574	49	210887	67	84496	130	112192
河　南	176	403429	33	139219	86	168399	57	95810
湖　北	95	428478	38	321316	57	107162	—	—
湖　南	144	545907	63	347322	58	144702	23	53883
广　东	712	1091410	28	157004	83	113148	601	821258
广　西	67	267428	23	225133	36	40905	8	1390
海　南	29	169770	9	119350	18	48728	2	1693
重　庆	89	186724	26	136303	58	49390	5	1030
四　川	140	2280145	44	1676133	66	593213	30	10799
贵　州	95	278139	28	178370	45	79238	22	20532
云　南	58	185413	33	150175	15	33627	10	1611
西　藏	9	1186760	9	1186760	—	—	—	—
陕　西	92	367690	37	206908	53	159783	2	999
甘　肃	91	890306	22	459553	69	430753	—	—
青　海	23	512422	7	293297	16	219125	—	—
宁　夏	37	48164	4	28587	7	9042	26	10535
新　疆	64	1661586	24	1247127	33	412870	7	1589
大兴安岭	3	155629	3	155629	—	—	—	—

各地区森林公园建设与

地　　区	森林公园旅游收入情况					
	收入总额（万元）	其中旅游收入				
		合计（万元）	门票收入·（万元）	食宿收入（万元）	娱乐收入（万元）	其他收入（万元）
全国合计	**6838831**	**5814667**	**1793489**	**1774505**	**386327**	**1860347**
北　京	36600	43049	9543	19459	2948	11099
天　津	201	201	164	10	19	9
河　北	152785	143546	31082	63809	27245	21411
山　西	77908	77908	32773	25454	8245	11436
内蒙古	15374	15371	8089	1180	3909	2193
辽　宁	18802	17607	10113	1533	2299	3662
吉　林	21350	21350	12444	4190	3374	1343
黑龙江	18793	18097	9229	4747	1427	2694
上　海	10118	3956	2501	123	434	898
江　苏	369520	332093	60321	131474	9711	130587
浙　江	2064949	1553030	124073	339714	35892	1053351
安　徽	109435	102509	20467	43126	19518	19399
福　建	110678	108307	19149	38354	17015	33789
江　西	1696574	1693218	960117	534627	75411	123063
山　东	86799	85455	41094	16232	7506	20623
河　南	53507	52736	25335	14462	5147	7792
湖　北	373949	156767	15038	81045	38291	22392
湖　南	484497	334401	149123	87808	23308	74164
广　东	157458	140059	34993	75591	5821	23654
广　西	71490	71490	18352	24154	7751	21233
海　南	40649	40649	10550	17193	2319	10589
重　庆	197040	161835	67603	67471	12389	14372
四　川	221539	216751	35495	76385	35236	69635
贵　州	213760	207143	29708	68426	7570	101439
云　南	23487	24153	5512	5918	2804	9919
西　藏	17451	17483	8686	8495	220	82
陕　西	139372	137496	39430	18679	25826	53561
甘　肃	25968	9508	5278	1807	236	2187
青　海	14596	14597	2311	295	1118	10872
宁　夏	6157	6127	2944	387	739	2056
新　疆	5744	5494	1840	863	2378	413
大兴安岭	2281	2281	131	1495	223	432

经营情况主要指标(二)

旅游接待人数		本年度投入资金				本年度生态建设情况		
旅游总人数(万人次)	海外旅游者(万人次)	合计(万元)	国家投资(万元)	自筹资金(万元)	招商引资(万元)	生态建设投资(万元)	植树造林(公顷)	改造林相(公顷)
74033	**488**	**3363759**	**914835**	**1843220**	**605704**	**431932**	**51864**	**131161**
1059	5	42100	21950	20150	—	12650	55	2941
8	—	17	—	17	—	20	—	—
1095	1	37866	170	24767	12929	12973	5905	5277
2091	11	30127	3191	23153	3783	5147	1836	3163
646	1	30841	12925	6667	11250	3424	1503	1042
577	1	28679	125	6609	21945	1381	626	228
359	—	129636	7363	20575	101698	3185	2223	969
349	1	27470	9982	16901	588	10929	4950	50328
387	1	10411	6141	4270	—	7390	1	111
4420	12	814959	93104	669684	52171	67401	945	1304
5854	15	142232	105415	25258	11558	16309	705	3765
2908	7	86393	39777	38523	8094	16086	777	4843
1980	87	69004	15729	52831	444	12839	557	1453
6981	47	530763	186204	238952	105607	33842	3540	6937
1957	2	55554	9328	35053	11173	16452	1361	4423
2474	35	105638	27873	62025	15740	18766	2938	3816
2303	—	195944	41766	65598	88580	31930	4355	5619
4260	12	198712	64903	90182	43628	42640	5126	11417
22319	104	293435	109127	151080	33228	52493	4011	8385
613	1	74411	15095	35365	23951	9646	333	238
332	—	9321	3879	5443	—	4072	4	40
2550	26	59374	26484	7391	25500	9198	985	2504
2373	1	175275	60947	110725	3603	13932	1797	3692
2679	4	27630	5265	22215	150	8058	1358	1175
596	2	47005	1110	25391	20504	1757	149	263
74	—	2254	885	1369	—	200	2	—
1322	106	80569	22510	48592	9467	4542	273	1994
542	1	24123	8986	15077	60	3222	1255	692
182	—	13269	1789	11440	40	3111	3632	4333
378	6	6494	5925	554	15	4203	562	184
329	—	13013	6775	6238	—	4134	101	25
37	—	1240	113	1126	—	—	—	—

各地区森林公园建设与经营情况主要指标(三)

地 区	从业人员现状		基础设施现状				社会旅游从业人员（人）
	职工总数（人）	导游人数（人）	车船总数（台/艘）	游步道总数（千米）	床位总数（张）	餐位总数（个）	
全国合计	**157784**	**11283**	**27017**	**70570**	**866721**	**1455930**	**665186**
北 京	1778	223	276	984	4460	17274	23300
天 津	64	2	11	5	81	100	—
河 北	11659	301	380	1050	163151	124277	66204
山 西	3956	490	767	2365	70459	99846	14472
内蒙古	2396	252	960	13399	7357	17320	10162
辽 宁	1982	135	1079	823	8135	15114	3410
吉 林	3053	146	561	1396	8970	19320	6928
黑龙江	4730	373	2563	2509	43620	58016	16231
上 海	315	13	80	110	206	700	364
江 苏	17854	722	2211	2561	38749	83781	24404
浙 江	14181	1327	1641	4228	98996	167271	61145
安 徽	4996	448	625	1651	57852	111113	98885
福 建	5415	532	633	2204	6342	21919	17238
江 西	7657	811	1739	6139	45414	100231	37745
山 东	9635	647	1332	3158	17988	39008	24218
河 南	7819	781	1251	2533	40404	61300	29527
湖 北	8598	701	740	3701	44850	80340	29355
湖 南	11637	645	1931	4895	40014	80720	45395
广 东	9701	414	2857	4442	31243	88868	32433
广 西	2546	186	572	701	13525	22214	5919
海 南	3207	127	235	115	3526	6100	691
重 庆	5821	522	904	2698	42383	89532	18902
四 川	5368	296	991	1273	36638	56475	22561
贵 州	3307	461	467	2684	14466	39076	12768
云 南	1840	149	435	396	2693	12690	3416
西 藏	362	18	94	298	2855	3339	1035
陕 西	4070	337	633	868	10200	15132	49645
甘 肃	2130	120	234	1167	3939	8701	3601
青 海	451	28	137	757	3440	6120	619
宁 夏	631	49	172	191	704	2201	359
新 疆	386	25	301	861	3410	3558	4229
大兴安岭	239	2	205	410	651	4274	25

4

从业人员和劳动报酬

EMPLOYMENT AND REMUNERATION

中国林业和草原统计年鉴 2020

林草系统从业人员和劳动报酬主要指标
2020 年与 2019 年比较

主要指标	单位	2020 年	2019 年	2020 年比 2019 年增减(%)
一、单位个数	个	**27921**	**40057**	**-30.30**
二、年末人数	人	**1034725**	**1123188**	**-7.88**
1. 从业人员	人	931884	1016726	-8.34
①在岗职工	人	853705	929969	-8.20
②其他从业人员	人	78179	86757	-9.89
2. 离开本单位仍保留劳动关系人员	人	102841	106462	-3.40
三、在岗职工年平均工资	元	**67782**	**64072**	**5.79**

林草系统从业人员和劳动报酬情况

单位:人

指　标	单位数(个)	年末人数							
		总计	单位从业人员						
			合计	在岗职工					
				小计	其中:女性	其中:专业技术人员			
						计	其中		
							中级技术职称人员	副高级技术职称人员	正高级技术职称人员
总　计	**27921**	**1034725**	**931884**	**853705**	**227744**	**225886**	**106221**	**39863**	**6626**
一、企业	2301	481811	391104	369470	99651	69339	27615	9270	1998
二、事业	22054	480477	468503	427375	115494	148588	75404	29149	4433
三、机关	3566	72437	72277	56860	12599	7959	3202	1444	195

(续表)

指　标	年末人数						在岗职工年平均人数	在岗职工年工资总额(万元)	在岗职工年平均工资(元)	年末实有离退休人员
	单位从业人员					离开本单位仍保留劳动关系人员				
	在岗职工				其他从业人员					
	按学历结构									
	高中及高中学历以下	中专及大专学历	大学本科学历	研究生学历						
总计	**346765**	**304708**	**183577**	**18655**	**78179**	**102841**	**837106**	**5674052**	**67782**	**1476577**
一、企业	207446	123309	37468	1247	21634	90707	346016	1635380	47263	672661
二、事业	135976	161410	115636	14353	41128	11974	433476	3405370	78560	477162
三、机关	3343	19989	30473	3055	15417	160	57614	633301	109921	326754

各地区林草系统从业人员和劳动报酬情况

单位:个、人、元

地区	单位个数	年末人数					在岗职工年平均工资	离退休人员
		总计	从业人员			离开本单位仍保留劳动关系人员		
			合计	在岗职工	其他从业人员			
全国合计	**27921**	**1034725**	**931884**	**853705**	**78179**	**102841**	**67782**	**1476577**
北　京	267	8898	8853	7682	1171	45	185159	5849
天　津	24	528	528	528	—	—	103894	312
河　北	772	17289	17172	16496	676	117	85773	10668
山　西	1494	20499	20469	19528	941	30	72959	11084
内蒙古	1102	74587	74405	72864	1541	182	67948	172668
内蒙古集团	46	43158	43158	43158	—	—	66349	86962
辽　宁	549	15577	15563	14709	854	14	57949	8506
吉　林	799	99715	80271	76500	3771	19444	52722	99793
吉林集团	71	28147	23479	23180	299	4668	52822	36949
长白山集团	15	29809	20572	20572	—	9237	60844	39097
黑龙江	1183	270170	201988	201185	803	68182	41732	373668
龙江集团	82	99543	87676	86882	794	11867	42274	178429
伊春集团	17	117908	70150	70148	2	47758	34324	157092
上　海	27	1357	1356	1292	64	1	207948	1498
江　苏	608	10318	10006	8630	1376	312	54956	5250
浙　江	590	7184	6908	6518	390	276	155200	172093
安　徽	997	13800	13449	12916	533	351	75804	10388
福　建	1409	17941	17190	15394	1796	751	84675	20838
江　西	1177	32942	29317	23832	5485	3625	70709	26055
山　东	1476	22452	22411	21614	797	41	79762	9729
河　南	944	22428	22356	21975	381	72	53927	8075
湖　北	1765	22639	20931	19871	1060	1708	81980	14111
湖　南	1493	40458	36732	35290	1442	3726	68644	25645
广　东	1632	24546	24347	21273	3074	199	116190	258329
广　西	1593	41962	41009	33926	7083	953	71301	28867
海　南	148	7827	7751	5063	2688	76	59828	2841
重　庆	280	4898	4895	4775	120	3	122487	4931
四　川	1788	47040	46179	34592	11587	861	82632	65253
贵　州	743	31084	30764	28366	2398	320	59286	9358
云　南	1275	41660	41546	24596	16950	114	101589	19365
西　藏	83	1537	1531	1218	313	6	127159	104
陕　西	1049	26500	26248	25389	859	252	72524	14583
甘　肃	1156	31896	31887	29432	2455	9	72271	12756
青　海	304	9462	9447	4232	5215	15	118605	1223
宁　夏	235	5804	5801	5187	614	3	87551	5269
新　疆	819	16265	16225	14983	1242	40	82435	10560
新疆兵团	28	378	377	224	153	1	53317	20
直属单位	140	45462	44349	43849	500	1113	66988	66908
大兴安岭	68	36907	35797	35770	27	1110	43371	61255

国家林业和草原局机关及直属单位从业人员和劳动报酬情况(一)

单位:人

指　标	单位数(个)	年末人数			
		总计	单位从业人数		
			合计	在岗职工	
				小计	其中:女性
总　计	**140**	**45462**	**44349**	**43849**	**11794**
国家林业和草原局机关	1	109	109	109	47
国家林业和草原局信息中心	1	29	29	29	15
国家林业和草原局林业工作站管理总站	1	30	30	28	14
国家林业和草原局林业和草原基金管理总站	1	37	37	37	21
国家林业和草原局宣传中心	1	28	28	27	10
国家林业和草原局天然林保护工程管理中心	1	27	27	27	9
国家林业和草原局西北华北东北防护林建设局	1	76	76	65	4
国家林业和草原局退耕还林(草)工程管理中心	1	23	23	23	5
国家林业和草原局世界银行贷款项目管理中心	1	28	28	28	—
国家林业和草原局科技发展中心	1	19	19	18	9
国家林业和草原局亚太森林网络管理中心	1	23	23	23	12
国家林业和草原局经济发展研究中心	1	65	65	65	36
国家林业和草原局人才开发交流中心	1	24	24	24	12
国家林业和草原局对外合作项目中心	1	25	25	25	15
中国林业科学研究院	20	4122	4122	4122	1299
国家林业和草原局调查规划设计院	1	341	338	281	119
国家林业和草原局林产工业规划设计院	1	504	504	443	252
国家林业和草原局管理干部学院	1	253	253	152	83
中国绿色时报社	1	107	107	107	72
中国林业出版社	1	112	112	108	70
国际竹藤中心	3	132	132	107	44
中国林学会	1	39	39	34	19
中国野生动物保护协会	1	28	28	28	14
中国绿化基金会	1	29	29	29	14
国家林业和草原局机关服务中心	1	109	109	109	47
国家林业和草原局离退休干部局	1	70	70	39	15
国家林业和草原局幼儿园	1	85	85	85	78
驻内蒙古自治区森林资源监督专员办事处	1	24	24	24	6
驻长春森林资源监督专员办事处	1	26	26	25	4
驻黑龙江省森林资源监督专员办事处	1	26	26	26	7
驻大兴安岭森林资源监督专员办事处	1	18	18	18	3
驻福州森林资源监督专员办事处	1	18	18	18	6
驻云南省森林资源监督专员办事处	1	13	13	13	3
驻成都森林资源监督专员办事处	1	26	26	26	6
驻西安森林资源监督专员办事处	1	23	23	23	9
驻武汉森林资源监督专员办事处	1	17	17	17	4
驻贵阳森林资源监督专员办事处	1	17	17	15	3
驻广州森林资源监督专员办事处	1	27	27	25	6
驻合肥森林资源监督专员办事处	1	16	16	14	5
驻乌鲁木齐森林资源监督专员办事处	1	16	16	11	3
驻上海森林资源监督专员办事处	1	16	16	14	5
驻北京森林资源监督专员办事处	1	22	22	19	5
国家林业和草原局森林和草原病虫害防治总站	1	103	103	103	30
国家林业和草原局华东调查规划设计院	1	189	189	189	45
国家林业和草原局中南调查规划设计院	1	236	236	195	37
国家林业和草原局西北调查规划设计院	1	247	247	206	59
国家林业和草原局昆明勘察设计院	1	321	321	321	84
陕西佛坪国家级自然保护区管理局	1	84	84	63	17
甘肃白水江国家级自然保护区管理局	1	174	174	121	33
四川卧龙国家级自然保护区管理局	1	162	162	162	46
中国大熊猫保护研究中心	1	260	260	259	101
大兴安岭林业集团公司	68	36907	35797	35770	8932

国家林业和草原局机关及直属单位

指　标	年末人数					
	单位从业人员					
	在岗职工					
	其中:专业技术人员				按学历	
	计	其中			高中及高中学历以下	中专及大专学历
		中级技术职称人员	副高级技术职称人员	正高级技术职称人员		
总　计	**7889**	**3634**	**1937**	**603**	**22546**	**11147**
国家林业和草原局机关	2	1	1	—	6	30
国家林业和草原局信息中心	11	2	3	1	—	2
国家林业和草原局林业工作站管理总站	—	—	—	—	—	1
国家林业和草原局林业和草原基金管理总站	20	3	15	2	—	4
国家林业和草原局宣传中心	1	—	1	—	1	1
国家林业和草原局天然林保护工程管理中心	—	—	—	—	—	1
国家林业和草原局西北华北东北防护林建设局	23	7	16	—	—	9
国家林业和草原局退耕还林(草)工程管理中心	—	—	—	—	—	—
国家林业和草原局世界银行贷款项目管理中心	21	7	9	5	—	2
国家林业和草原局科技发展中心	—	—	—	—	—	—
国家林业和草原局亚太森林网络管理中心	1	—	—	1	—	—
国家林业和草原局经济发展研究中心	34	14	9	11	—	4
国家林业和草原局人才开发交流中心	4	1	3	—	—	1
国家林业和草原局对外合作项目中心	10	7	1	2	—	—
中国林业科学研究院	2323	923	737	303	1484	399
国家林业和草原局调查规划设计院	241	89	99	53	—	13
国家林业和草原局林产工业规划设计院	247	150	78	19	3	21
国家林业和草原局管理干部学院	73	38	29	6	1	6
中国绿色时报社	50	21	25	4	5	12
中国林业出版社	65	34	23	8	3	8
国际竹藤中心	78	34	24	20	1	—
中国林学会	31	11	13	5	—	2
中国野生动物保护协会	2	—	—	2	—	—
中国绿化基金会	—	—	—	—	—	—
国家林业和草原局机关服务中心	2	1	1	—	6	30
国家林业和草原局离退休干部局	—	—	—	—	10	—
国家林业和草原局幼儿园	18	17	1	—	14	25
驻内蒙古自治区森林资源监督专员办事处	—	—	—	—	1	1
驻长春森林资源监督专员办事处	12	6	5	1	—	1
驻黑龙江省森林资源监督专员办事处	—	—	—	—	—	—
驻大兴安岭森林资源监督专员办事处	15	11	—	4	—	—
驻福州森林资源监督专员办事处	7	3	4	—	1	2
驻云南省森林资源监督专员办事处	9	4	4	—	—	2
驻成都森林资源监督专员办事处	12	6	—	3	1	4
驻西安森林资源监督专员办事处	—	—	—	4	—	1
驻武汉森林资源监督专员办事处	8	3	4	1	—	2
驻贵阳森林资源监督专员办事处	—	—	—	—	—	1
驻广州森林资源监督专员办事处	—	—	—	—	—	—
驻合肥森林资源监督专员办事处	—	—	—	—	—	—
驻乌鲁木齐森林资源监督专员办事处	3	3	—	—	—	—
驻上海森林资源监督专员办事处	—	—	—	—	—	—
驻北京森林资源监督专员办事处	—	—	—	—	—	2
国家林业和草原局森林和草原病虫害防治总站	55	23	10	22	2	7
国家林业和草原局华东调查规划设计院	144	48	49	16	2	5
国家林业和草原局中南调查规划设计院	187	68	39	23	7	19
国家林业和草原局西北调查规划设计院	157	44	56	19	4	8
国家林业和草原局昆明勘察设计院	276	142	77	11	4	10
陕西佛坪国家级自然保护区管理局	30	14	15	1	—	23
甘肃白水江国家级自然保护区管理局	43	22	3	1	6	36
四川卧龙国家级自然保护区管理局	48	30	15	3	50	57
中国大熊猫保护研究中心	50	26	15	9	31	67
大兴安岭林业集团公司	3576	1821	553	43	20903	10328

从业人员和劳动报酬情况(二)

单位:人

结构		其他从业人员	离开本单位仍保留劳动关系人员	在岗职工年平均人数	在岗职工工资总额(万元)	在岗职工年平均工资(元)	年末实有离退休人员
大学本科学历	研究生学历						
6996	**3160**	**500**	**1113**	**44196**	**296061**	**66988**	**66908**
68	5	—	—	112	1752	156429	79
13	14	—	—	29	341	117586	6
11	16	2	—	28	469	167500	17
21	12	—	—	38	524	137895	8
14	11	1	—	26	407	156538	10
18	8	—	—	27	477	176667	7
34	22	11	—	65	1809	278308	69
12	11	—	—	25	437	174800	6
13	13	—	—	28	376	134286	9
5	13	1	—	19	317	166842	10
2	21	—	—	22	281	127727	1
8	53	—	—	64	902	140938	35
20	3	—	—	24	481	200417	3
9	16	—	—	25	325	130000	8
674	1565	—	—	4132	52802	127788	3147
97	171	57	3	281	11107	395267	168
210	209	61	—	443	12608	284605	279
86	59	101	—	254	2706	106535	108
72	18	—	—	107	1732	161869	30
42	55	4	—	110	2410	219091	5
22	84	25	—	108	1812	167778	13
10	22	5	—	34	688	202353	28
11	17	—	—	29	394	135862	17
20	9	—	—	29	373	128621	5
68	5	—	—	112	1752	156429	79
20	9	31	—	39	613	157179	586
46	—	—	—	83	767	92410	8
20	2	—	—	24	340	141667	17
11	13	1	—	25	413	165200	14
12	14	—	—	26	246	94615	24
18	—	—	—	18	269	149444	7
12	3	—	—	18	354	196667	5
7	4	—	—	13	256	196923	5
10	11	—	—	26	315	121154	4
16	6	—	—	23	249	108265	3
7	8	—	—	17	243	142941	3
9	5	2	—	15	158	105333	2
12	13	2	—	25	527	210800	2
9	5	2	—	14	188	134286	0
9	2	5	—	11	123	111818	1
10	4	2	—	14	333	237857	4
10	7	3	—	20	338	169000	4
49	45	—	—	103	1086	105437	77
114	68	—	—	181	6089	336409	96
81	88	41	—	193	4409	228446	103
113	81	41	—	208	9048	435000	99
104	203	—	—	316	9396	297342	174
38	2	21	—	84	863	102738	46
76	3	53	—	175	1062	60686	64
51	4	—	—	165	2032	123152	157
128	33	1	—	256	3217	125664	1
4444	95	27	1110	35933	155845	43371	61255

中西部22个省(自治区、直辖市)建档立卡贫困人口生态护林员情况

省　份	人员选聘情况(人)	资金情况(万元)		
		合　计	中央资金	地方资金
合　计	**1102430**	**918154**	**640000**	**278154**
河　北	50500	29921	29921	—
山　西	18180	13458	13458	—
内蒙古	17348	17348	17348	—
吉　林	7637	6431	6431	—
黑龙江	15657	6771	6771	—
安　徽	22127	17702	17702	—
江　西	23784	23784	23784	—
河　南	46000	29336	29336	—
湖　北	66877	26751	26751	—
湖　南	35895	35895	35895	—
广　西	60000	50202	50202	—
海　南	4000	4000	4000	—
重　庆	24118	13150	12100	1050
四　川	81800	50075	34075	16000
贵　州	182814	182402	72265	110137
云　南	182496	168596	97596	71000
西　藏	39143	13700	13700	—
陕　西	50354	31200	31200	—
甘　肃	66339	42829	42829	—
青　海	51729	98971	19004	79967
宁　夏	11300	11300	11300	—
新　疆	44332	44332	44332	—

林草科技机构、人员和资金投入情况

指　标	单位	本年实际
一、机构数	**个**	**3362**
1. 科研机构	个	504
2. 推广机构	个	2499
3. 质检机构	个	146
4. 其他	个	213
二、科技人员	**人**	**54100**
1. 科技管理人员	人	5499
2. 科研人员	人	14272
3. 科技推广人员	人	27742
4. 其他	人	6587
三、资金投入	**万元**	**177338**
其中:中央资金	万元	64777
地方资金	万元	108322

各地区林草科技机构、人员和资金投入情况(一)

地区	机构数(个)					科技人员(人)	
	合计	科研机构	推广机构	质检机构	其他	合计	科技管理人员
全国合计	**3362**	**504**	**2499**	**146**	**213**	**54100**	**5499**
北　京	18	4	14	—	—	796	97
天　津	12	—	12	—	—	294	45
河　北	149	5	142	2	—	1315	195
山　西	104	15	70	15	4	1540	202
内蒙古	135	14	110	11	—	1834	14
辽　宁	89	27	60	2	—	1399	662
吉　林	55	8	46	1	—	958	121
黑龙江	55	10	43	2	—	947	7
上　海	12	1	10	1	—	350	2
江　苏	111	5	101	5	—	1981	—
浙　江	83	3	79	1	—	998	18
安　徽	150	9	72	1	68	1622	153
福　建	81	6	65	3	7	3019	36
江　西	109	25	79	2	3	1292	124
山　东	150	16	110	4	20	2118	284
河　南	161	13	147	1	—	4166	23
湖　北	113	49	56	1	7	1760	261
湖　南	289	99	173	1	16	4155	611
广　东	86	46	37	3	—	1668	630
广　西	164	46	103	6	9	2583	275
海　南	8	3	3	2	—	280	57
重　庆	45	3	42	—	—	671	63
四　川	186	20	140	25	1	3196	632
贵　州	111	10	100	1	—	1359	28
云　南	133	17	64	25	27	1587	142
西　藏	1	1	—	—	—	13	2
陕　西	211	17	143	14	37	5215	384
甘　肃	137	21	98	11	7	2814	182
青　海	52	3	48	1	—	818	—
宁　夏	56	1	54	1	—	571	4
新　疆	295	7	277	4	7	2685	204
新疆兵团	166	1	163	2	—	517	18
大兴安岭	1	—	1	—	—	96	41

各地区林草科技机构、人员和资金投入情况(二)

地区	科技人员(人)			资金投入(万元)		
	科研人员	科技推广人员	其他	合计	其中 中央资金	其中 地方资金
全国合计	**14272**	**27742**	**6587**	**177338**	**64777**	**108322**
北　京	245	428	26	1761	651	1100
天　津	—	221	28	—	—	—
河　北	166	954	—	1470	1300	170
山　西	351	901	86	4423	2590	1833
内蒙古	585	1235	—	3282	1875	1407
辽　宁	737	—	—	—	—	—
吉　林	409	428	—	—	—	—
黑龙江	667	273	—	758	583	175
上　海	56	292	—	36	5	31
江　苏	642	1339	—	4459	1112	3347
浙　江	93	887	—	4943	2358	2585
安　徽	252	732	485	16247	2331	13916
福　建	162	330	2491	4506	2546	1960
江　西	442	463	263	19881	3076	16805
山　东	439	1324	71	4247	2059	2188
河　南	1600	2543	—	2483	1733	750
湖　北	483	815	201	9708	2678	7030
湖　南	1134	1928	482	4223	2470	1753
广　东	751	287	—	7690	1990	5700
广　西	1244	915	149	15458	4738	10720
海　南	150	51	22	1782	300	1482
重　庆	48	456	104	1448	983	465
四　川	914	1650	—	5682	2082	3600
贵　州	447	860	24	6505	2632	3873
云　南	593	700	152	13140	3579	9561
西　藏	11	—	—	160	160	—
陕　西	490	2753	1588	10428	2196	8232
甘　肃	840	1568	224	20038	12057	7981
青　海	48	770	—	2810	1760	1050
宁　夏	5	562	—	2128	1427	230
新　疆	236	2054	191	7496	3460	278
新疆兵团	28	471	—	30	30	—
大兴安岭	32	23	—	146	46	100

天然林保护工程人员情况

指标名称	单位	本年实际
一、年末在册人数	**人**	**466498**
1. 在岗职工	人	410749
2. 离开本单位仍保留劳动关系人员	人	55749
二、年末不在册在岗人数	**人**	**55209**
三、在册在岗职工年平均工资	**元**	**54207**
四、在册在岗职工年工资总额	**元**	**22265587902**
五、年末参加基本养老保险人数	**人**	**516973**
其中:在册在岗职工	人	408811
六、年末参加基本医疗保险人数	**人**	**514617**
其中:在册在岗职工	人	409154

各地区天然林保护工程人员情况
(2020 年)

地　区	年末在册人数(人)			年末不在册在岗人数(人)	在册在岗职工年平均工资(元)	在册在岗职工年工资总额(元)	年末参加基本养老保险人数(人)		年末参加基本医疗保险人数(人)	
	合计	在岗职工	离开本单位仍保留劳动关系人员				合计	其中：在册在岗职工	合计	其中：在册在岗职工
全国合计	**466498**	**410749**	**55749**	**55209**	**54207**	**22265587902**	**516973**	**408811**	**514617**	**409154**
北　京	—	—	—	—	—	—	—	—	—	—
天　津	—	—	—	—	—	—	—	—	—	—
河　北	—	—	—	—	—	—	—	—	—	—
山　西	7115	7115	—	837	87104	619746344	7946	7109	7945	7108
内蒙古	48962	46853	2109	29309	65122	3051158712	78043	46817	77874	46781
内蒙古集团	39234	37490	1744	29250	63505	2380799460	68300	37475	68142	37452
辽　宁	—	—	—	—	—	—	—	—	—	—
吉　林	56326	52633	3693	—	53522	2817035004	56232	52631	56118	52626
吉林集团	23399	23092	307	—	52966	1223094721	23399	23092	23399	23092
长白山集团	29858	26613	3245	—	53687	1428780572	29764	26611	29650	26606
黑龙江	231718	183607	48111	7451	41234	7570851046	235775	182359	233698	182725
龙江集团	114634	105772	8862	1921	42575	4503191575	115418	104917	115750	105422
伊春集团	117084	77835	39249	5530	39412	3067659471	120357	77442	117948	77303
上　海	—	—	—	—	—	—	—	—	—	—
江　苏	—	—	—	—	—	—	—	—	—	—
浙　江	—	—	—	—	—	—	—	—	—	—
安　徽	—	—	—	—	—	—	—	—	—	—
福　建	—	—	—	—	—	—	—	—	—	—
江　西	—	—	—	—	—	—	—	—	—	—
山　东	—	—	—	—	—	—	—	—	—	—
河　南	2421	2420	1	—	56142	135864292	2318	2318	2318	2318
湖　北	6831	6789	42	725	81638	554240217	7549	6789	7549	6789
湖　南	—	—	—	—	—	—	—	—	—	—
广　东	—	—	—	—	—	—	—	—	—	—
广　西	—	—	—	—	—	—	—	—	—	—
海　南	1546	1518	28	—	60893	92435426	1546	1518	1546	1518
重　庆	2944	2941	3	—	78239	230101415	2935	2932	2943	2940
四　川	18599	18344	255	807	77577	1423077909	19272	18211	19275	18214
贵　州	5168	4966	202	636	75205	373468671	5772	4959	5760	4963
云　南	7669	7600	69	141	71587	544059680	7797	7587	7796	7586
西　藏	12	12	—	—	121564	1458769	12	12	12	12
陕　西	12465	12270	195	1730	70244	861892234	14164	12261	14168	12259
甘　肃	18599	18560	39	1305	70653	1311317015	19690	18349	19679	18338
青　海	1982	1982	—	4	113614	225182874	1986	1982	1986	1982
宁　夏	4154	4153	1	438	74619	309894099	4540	4101	4542	4103
新　疆	2443	2439	4	34	86999	205579300	2476	2439	2477	2439
新疆兵团	77	76	1	—	35332	2685226	77	76	77	76
大兴安岭	37544	36547	997	11792	53034	1938224895	48920	36437	48931	36453

说明：1. “年末参加基本医疗保险人数”不包括离退休人员。

2. “年末参加基本养老保险人数”“年末参加基本医疗保险人数”为在册职工参加养老(医疗)保险人数+年末不在册在岗人数，默认不在册在岗人员全部参加两项保险。

各地区天然林保护工程人员情况
(2019年)

地区	年末在册人数(人)			年末不在册在岗人数(人)	在册在岗职工年平均工资(元)	在册在岗职工年工资总额(元)	年末参加基本养老保险人数(人)		年末参加基本医疗保险人数(人)	
	合计	在岗职工	离开本单位仍保留劳动关系人员				合计	其中:在册在岗职工	合计	其中:在册在岗职工
全国合计	**489772**	**467627**	**63146**	**78303**	**49880**	**23325448205**	**604314**	**464959**	**603482**	**464808**
北　京	—	—	—	—	—	—	—	—	—	—
天　津	—	—	—	—	—	—	—	—	—	—
河　北	—	—	—	—	—	—	—	—	—	—
山　西	7121	7119	2	1202	86005	612271088	8319	7115	8319	7115
内蒙古	52494	50621	1873	37854	57411	2906197039	89858	50387	89642	50312
内蒙古集团	41038	39374	1664	37515	54212	2134543201	78180	39255	77948	39165
辽　宁	—	—	—	—	—	—	—	—	—	—
吉　林	59395	53452	5943	—	48011	2566285125	59275	53447	59165	53441
吉林集团	24758	23737	1021	—	46967	1114867073	24758	23737	24757	23737
长白山集团	30217	25620	4597	—	45799	1173364487	30123	25615	30014	25609
黑龙江	241418	229067	53352	20521	38841	8897193967	300141	227482	299685	227419
龙江集团	117748	101042	16706	2133	38905	3931026722	118334	99815	118299	99890
伊春集团	123670	88325	35345	7959	33386	2948785770	131026	88133	130603	87985
上　海	—	—	—	—	—	—	—	—	—	—
江　苏	—	—	—	—	—	—	—	—	—	—
浙　江	—	—	—	—	—	—	—	—	—	—
安　徽	—	—	—	—	—	—	—	—	—	—
福　建	—	—	—	—	—	—	—	—	—	—
江　西	—	—	—	—	—	—	—	—	—	—
山　东	—	—	—	—	—	—	—	—	—	—
河　南	2964	2964	—	—	55627	164879029	2964	2964	2963	2963
湖　北	6948	6926	22	772	80313	556249409	7718	6924	7713	6925
湖　南	—	—	—	—	—	—	—	—	—	—
广　东	—	—	—	—	—	—	—	—	—	—
广　西	—	—	—	—	—	—	—	—	—	—
海　南	1604	1580	24	681	55485	87666738	2285	1580	2285	1580
重　庆	3163	3158	5	—	80321	253654165	3155	3150	3163	3158
四　川	19298	19039	259	1367	73163	1392954007	20658	19035	20639	19015
贵　州	5455	5243	212	1384	72825	381823753	6834	5238	6810	5243
云　南	7641	7607	34	192	68355	495570171	7459	7250	7459	7250
西　藏	12	12	—	—	121564	1458769	12	12	12	12
陕　西	12461	12397	64	1792	67187	832917830	14249	12395	14243	12388
甘　肃	19514	19464	50	1449	70573	1373629582	20716	19221	20712	19219
青　海	2095	2095	—	11	116742	244574105	2102	2091	2102	2091
宁　夏	4664	4660	4	549	64070	298566596	5164	4611	5163	4610
新　疆	2524	2523	1	100	95987	242175630	2624	2523	2624	2523
新疆兵团	78	78	—	73	33241	2592826	151	78	151	78
大兴安岭	41001	39700	1301	10429	50816	2017381203	50781	39534	50783	39544

说明:1.《中国林业和草原统计年鉴 2019》中"各地区天然林保护工程人员情况"部分数据有误,特此勘误。

2."年末参加基本医疗保险人数"不包括离退休人员。

3."年末参加基本养老保险人数""年末参加基本医疗保险人数"为在册职工参加养老(医疗)保险人数+年末不在册在岗人数,默认不在册在岗人员全部参加两项保险。

国有林场情况

主要指标	单位	本年实际
一、国有林场个数	个	4297
二、国有林场经营面积	公顷	81098261
三、国有林场林地面积	公顷	64676586
四、国有林场在岗职工人数	人	304185

各地区国有林场情况

地区	国有林场个数（人）	国有林场经营面积(公顷)	国有林场林地面积(公顷)	国有林场在岗职工人数(人)
全国合计	**4297**	**81098261**	**64676586**	**304185**
北　京	31	61238	58689	902
天　津	1	1400	1400	64
河　北	130	845467	797160	6876
山　西	211	2406933	2339168	9723
内蒙古	303	11637958	10686973	26558
辽　宁	178	794699	784125	9022
吉　林	89	3179468	3174789	23330
黑龙江	424	7419177	7301258	29689
上　海	1	267	267	35
江　苏	57	100351	92151	4344
浙　江	100	263278	246759	2859
安　徽	100	280365	279939	4993
福　建	129	959328	934213	8097
江　西	238	1644187	1601866	18035
山　东	150	152199	143574	7857
河　南	84	443267	436719	8784
湖　北	225	634666	612639	6132
湖　南	216	920002	804725	24226
广　东	201	767159	752424	8373
广　西	145	1444945	1248266	20382
海　南	32	334248	308255	2952
重　庆	69	402000	394025	3330
四　川	159	2877253	2450453	5779
贵　州	105	361970	327515	6033
云　南	141	4629007	4124450	5114
西　藏	2	63	—	650
陕　西	211	4052760	3935897	11607
甘　肃	252	4489113	4190175	17383
青　海	110	8150000	6635203	20685
宁　夏	96	1046966	613338	3899
新　疆	107	20798528	9400174	6472

5

林草投资

INVESTMENT IN FORESTRY AND GRASSLAND

林草投资

指 标 名 称	本年实际	中央资金	
		中央预算内投资资金	中央财政资金
总　计	**47168172**	**2213432**	**9570622**
一、生态修复治理	**24415077**	**1909189**	**6013076**
其中:造林与森林抚育	17517983	1348185	3327723
草原保护修复	719790	252104	357713
湿地保护与恢复	700070	19332	179854
防沙治沙	131805	34784	64494
二、林(草)产品加工制造	**10491847**	**3858**	**20698**
三、林业草原服务、保障和公共管理	**12261248**	**300385**	**3536848**
其中:林业草原有害生物防治	460980	13379	90128
林业草原防火	567458	83279	64728
自然保护地监测管理	194565	15811	74120
野生动植物保护	512909	16727	115900

完成情况

单位:万元

地方资金	国内贷款	利用外资	自筹资金	其他社会资金
17011922	**3636018**	**255786**	**8227894**	**6252498**
8082895	**2704764**	**69327**	**3013624**	**2622202**
6241257	2566572	42012	2180202	1812032
81409	19500	—	5074	3990
346550	26250	240	60749	67095
26986	235	110	3353	1843
2699084	**821434**	**179563**	**4057106**	**2710104**
6229943	**109820**	**6896**	**1157164**	**920192**
300278	670	776	34545	21204
362769	—	—	32155	24527
90760	64	26	12247	1537
314740	328	—	49625	15589

各地区林草

地区	自年初累计				
	总计	其中:国家投资	生态修复		
			合计	其	
				造林与森林抚育	草原保护修复
全国合计	**47168172**	**28795976**	**24415077**	**17517983**	**719790**
北　京	2969690	2951827	1792370	1745007	800
天　津	179527	154005	175688	174265	—
河　北	1508738	1172989	1288706	1047493	33116
山　西	1051436	986693	785528	689428	6063
内蒙古	1673095	1622091	863715	533923	122177
内蒙古集团	578135	559816	93126	89948	—
辽　宁	366924	362887	226635	112554	20210
吉　林	881714	781939	597131	361923	45303
吉林集团	256600	185463	174512	174300	—
长白山集团	272992	255306	233722	128026	—
黑龙江	3930004	3910711	516837	283344	5395
龙江集团	2996003	2993091	309712	147857	—
伊春集团	334351	327257	40474	39916	—
上　海	250512	250512	207046	196647	144
江　苏	951145	651000	770823	532997	—
浙　江	966388	676223	561330	458122	—
安　徽	1280315	538104	793536	602250	—
福　建	573789	495386	373086	152895	—
江　西	1251461	824638	694127	433619	2756
山　东	2169805	533597	817117	423872	—
河　南	1077062	630495	936353	796695	—
湖　北	1930440	638422	707928	523751	45885
湖　南	2643964	1042339	1353072	835317	6501
广　东	986221	899073	444695	305258	11221
广　西	7247677	706683	2108438	1341994	2459
海　南	188041	158683	67604	30866	270
重　庆	793734	573648	521823	335527	—
四　川	2464904	1235491	1165730	652353	51559
贵　州	3203989	1191295	2901510	2551462	6763
云　南	1266827	1204738	769135	451276	65246
西　藏	255249	255249	244636	166533	56786
陕　西	1127137	1024807	731791	599892	5008
甘　肃	1433581	955041	779047	548711	45444
青　海	538762	536850	262762	89712	85593
宁　夏	288519	216278	221223	98785	7736
新　疆	825027	732432	519142	351874	93269
新疆兵团	111559	67677	108632	97351	5881
局直属单位	892495	881850	216513	89638	86
大兴安岭	395540	384895	170949	53108	—

投资完成情况

单位:万元

完成投资								
治理		林(草)产品加工制造	林业草原服务、保障和公共管理					
中								
湿地保护与恢复	防沙治沙		合计	林业草原有害生物防治	林业草原防火	自然保护地监测管理	野生动植物保护
700070	**131805**	**10491847**	**12261248**	**460980**	**567458**	**194565**	**512909**
4950	692	—	1177320	7749	20743	3964	2630
1414	9	—	3839	1567	2090	—	52
42712	3819	1793	218239	6801	46315	3849	4941
4942	13659	642	265266	3685	34484	2673	5057
16025	21877	529	808851	6934	22955	6811	5131
1842	—	75	484934	291	6537	—	30
5546	369	—	140289	7989	9340	2470	1072
7064	250	75006	209577	2598	22040	2674	9355
—	—	72983	9105	344	4510	108	90
1076	—	290	38980	455	10661	326	5240
18188	35	2588516	824651	3245	25055	6811	2202
903	—	2587911	98380	85	5805	2866	158
558	—	—	293877	159	7789	71	156
2822	—	—	43466	1348	746	1021	6093
63148	150	131608	48714	9125	14148	4943	5682
11657	—	16066	388992	39435	31602	8113	8112
53551	—	304060	182719	38315	12565	2074	18372
15968	—	43547	157156	16988	5753	8715	12184
11516	527	11070	546264	38373	13623	3550	43453
50980	—	927013	425675	71339	48354	3432	1836
11791	400	4010	136699	5078	8881	1908	6901
13189	2689	979010	243502	27156	13467	6296	13233
38180	3710	680786	610106	25623	20435	12058	37168
10063	2702	1694	539832	27164	21605	15658	54589
67621	3211	3809295	1329944	17621	13103	18062	126528
27916	—	1879	118558	2224	883	2202	30156
6831	—	35078	236833	21046	11349	2792	16216
160261	18254	636868	662306	18546	79704	8919	19235
6730	—	7634	294845	2651	2253	7205	4765
7709	3905	14306	483386	5139	47824	27187	33941
2200	11381	10	10603	2650	4694	1835	1274
7494	7675	29897	365449	14487	4946	1051	10878
5617	4339	182873	471661	3905	5383	3263	2250
9379	11200	2020	273980	3098	10419	2096	1406
7480	10400	—	67296	1001	1951	3961	959
6297	8807	6189	299696	18443	5851	2289	1955
—	1537	1	2926	1638	866	30	13
829	1745	448	675534	9657	4897	16683	25283
751	—	—	224591	256	4202	2188	—

林草固定资产投资完成情况

单位:万元

指　标	总计
一、本年计划投资	**8191834**
二、自年初累计完成投资	**8698908**
其中:国家投资	2466832
按构成分	
1. 建筑工程	3046427
2. 安装工程	414923
3. 设备工器具购置	544544
4. 其他	4693014
按性质分	
1. 新建	5370732
2. 扩建	1045334
3. 改建和技术改造	887750
4. 单纯建造生活设施	30095
5. 迁建	5395
6. 恢复	38016
7. 单纯购置	127642
8. 其他	1193944
三、本年新增固定资产	**4234705**
四、本年实际到位资金合计	**8977920**
1. 上年末结转和结余资金	683539
2. 本年实际到位资金小计	8294381
(1)国家预算资金	3076960
①中央资金	1281621
②地方资金	1795339
(2)国内贷款	366812
(3)债券	80239
(4)利用外资	171352
(5)自筹资金	3558147
(6)其他资金	1040871
五、本年各项应付款合计	**1977900**
其中:工程款	778669

说明:本表统计范围为按照项目管理的,且计划总投资在500万元以上的城镇林业固定资产投资项目和农村非农户林业固定资产投资项目。

各地区林草固定资产投资完成情况(一)

单位:万元

地　　区	本年计划投资	自年初累计完成投资					
		总计	其中:国家投资	按构成分			
				建筑工程	安装工程	设备工器具购置	其他
全国合计	**8191834**	**8698908**	**2466832**	**3046427**	**414923**	**544544**	**4693014**
北　京	1379286	1522367	1151030	830141	4370	1971	685885
天　津	93966	126046	9	20024	979	620	104423
河　北	677	677	471	612	—	—	65
山　西	47768	55747	21381	28225	—	1316	26206
内蒙古	145344	203159	181248	132833	705	13104	56517
内蒙古集团	108816	160037	152443	127075	55	8060	24847
辽　宁	31160	30735	27333	50	—	105	30580
吉　林	46783	41740	36892	12929	2067	3018	23726
吉林集团	21706	16986	15869	1522	814	—	14650
长白山集团	21784	21668	18531	10503	1253	2472	7440
黑龙江	125558	129648	96059	53959	7254	5037	63398
龙江集团	62043	54500	51523	23361	364	617	30158
伊春集团	31908	31759	15943	24878	6094	675	112
上　海	68870	147155	26002	26600	—	42	120513
江　苏	215534	229437	463	200	9	14	229214
浙　江	1500	2100	—	2100	—	—	—
安　徽	182993	186266	33137	240	—	—	186026
福　建	30485	35397	17851	21066	84	4959	9288
江　西	—	—	—	—	—	—	—
山　东	29673	43794	9533	402	3960	2193	37239
河　南	48914	15400	2147	826	1150	347	13077
湖　北	27309	109534	25731	3058	—	813	105663
湖　南	206356	186488	23964	82916	20394	8310	74868
广　东	18023	15426	3399	12793	50	465	2118
广　西	4029808	4304461	207991	1534086	313338	473016	1984021
海　南	66	66	66	—	—	66	—
重　庆	312517	203426	69373	14253	510	684	187979
四　川	174223	206297	24007	79450	3043	2171	121633
贵　州	77867	75749	33370	44082	60	—	31607
云　南	106952	134974	29784	49626	5808	3207	76333
西　藏	51487	45927	42206	1400	39547	800	4180
陕　西	101779	196241	69837	11598	102	121	184420
甘　肃	217128	191116	102205	40305	1400	5452	143959
青　海	317619	165099	165009	5800	5040	—	154259
宁　夏	13024	12950	3087	2575	550	1128	8697
新　疆	6907	6698	4795	3362	—	27	3309
新疆兵团	2532	3336	3144	—	—	27	3309
局直属单位	82258	74788	58452	30916	4503	15558	23811
大兴安岭	35403	38607	28731	18999	53	4870	14685

各地区林草固定资产

地区	自年初累计完成投资							
	按性质分							
	新建	扩建	改建和技术改造	单纯建造生活设施	迁建	恢复	单纯购置	其他
全国合计	**5370732**	**1045334**	**887750**	**30095**	**5395**	**38016**	**127642**	**1193944**
北京	964203	9056	279370	—	—	—	11	269727
天津	122836	—	2590	—	—	—	620	—
河北	677	—	—	—	—	—	—	—
山西	45669	1750	—	—	—	—	526	7802
内蒙古	107063	41761	33758	215	—	—	9390	10972
内蒙古集团	77188	41699	32798	215	—	—	8137	—
辽宁	29160	—	50	—	—	—	10	1515
吉林	34580	1764	2345	—	—	1653	193	1205
吉林集团	14906	—	2080	—	—	—	—	—
长白山集团	17981	1764	220	—	—	1653	50	—
黑龙江	80525	20921	5154	240	—	1017	4390	17401
龙江集团	26203	20921	4901	240	—	1017	—	1218
伊春集团	23599	—	195	—	—	—	675	7290
上海	105524	—	521	—	—	322	42	40746
江苏	229195	—	—	—	—	—	107	135
浙江	2000	100	—	—	—	—	—	—
安徽	182966	—	3230	—	—	—	—	70
福建	24831	225	1122	1022	—	18	3921	4258
江西	—	—	—	—	—	—	—	—
山东	23375	6569	2663	—	—	—	313	10874
河南	15400	—	—	—	—	—	—	—
湖北	80216	2500	1300	—	—	3301	91	22126
湖南	140235	12643	8700	—	—	12074	6357	6479
广东	12787	—	740	—	—	—	94	1805
广西	2295133	921412	523706	28552	5395	13572	75937	440754
海南	—	—	—	—	—	—	66	—
重庆	110752	2641	4964	—	—	3910	23	81136
四川	113259	15641	1119	—	—	—	420	75858
贵州	41414	1000	—	60	—	—	—	33275
云南	121180	4074	246	—	—	—	3735	5739
西藏	45927	—	—	—	—	—	—	—
陕西	164033	359	1163	—	—	1185	92	29409
甘肃	173342	2308	2618	6	—	—	4068	8774
青海	53601	—	—	—	—	—	5040	106458
宁夏	2503	—	1871	—	—	—	514	8062
新疆	6671	—	—	—	—	—	27	—
新疆兵团	3309	—	—	—	—	—	27	—
局直属单位	41675	610	10520	—	—	964	11655	9364
大兴安岭	27594	76	6711	—	—	220	4006	—

投资完成情况(二)

单位:万元

本年新增固定资产	本年实际到位资金合计						
	总计	上年末结转和结余资金	本年实际到位资金小计				
			合计	国家预算资金			国内贷款
				小计	中央资金	地方资金	
4234705	**8977920**	**683539**	**8294381**	**3076960**	**1281621**	**1795339**	**366812**
956185	1050652	177939	872713	869430	10687	858743	—
94536	97922	—	97922	73322	9	73313	—
677	679	—	679	473	473	—	—
28591	32346	—	32346	30067	21847	8220	—
117856	199096	140136	58960	42016	31725	10291	—
106505	157685	137107	20578	3634	1817	1817	—
4620	30423	2	30421	30132	29262	870	—
31070	76428	16948	59480	53721	53550	171	—
16931	17624	2977	14647	14647	14647	—	—
12653	54990	11465	43525	37766	37766	—	—
71134	139241	10060	129181	112783	100489	12294	—
32184	59210	—	59210	55395	53969	1426	—
4841	32502	1114	31388	18929	18779	150	—
53409	162987	—	162987	162802	13590	149212	—
32976	232964	50	232914	71647	1372	70275	20000
600	2100	—	2100	980	—	980	—
84140	202530	—	202530	45251	11306	33945	9105
23567	43213	879	42334	34214	4651	29563	—
—	—	—	—	—	—	—	—
13613	60662	3301	57361	30192	711	29481	—
14858	16465	1739	14726	14726	8708	6018	—
34315	117527	—	117527	41901	16212	25689	2140
79339	248093	8142	239951	67796	26547	41249	3100
14271	85585	6252	79333	68215	5608	62607	—
1615891	4308608	1407	4307201	334553	178869	155684	129114
68	66	—	66	66	—	66	—
142138	350669	78920	271749	105610	44355	61255	108773
99784	230843	21702	209141	84857	48776	36081	25916
19782	166095	14231	151864	34723	17407	17316	65602
378380	166990	20211	146779	111788	66402	45386	3062
42206	50370	1000	49370	49370	49070	300	—
136874	194863	2543	192320	114480	94448	20032	—
58768	245974	17537	228437	201677	166014	35663	—
—	317619	111911	205708	205708	205708	—	—
9427	17809	566	17243	16680	7021	9659	—
5444	12991	2437	10554	7323	6347	976	—
3144	8905	2052	6853	4622	4080	542	—
70186	116110	45626	70484	60457	60457	—	—
25575	42845	9002	33843	23861	23861	—	—

各地区林草固定资产投资完成情况(三)

单位:万元

地区	本年实际到位资金合计				本年各项应付款	
	本年实际到位资金小计					
	债券	利用外资	自筹资金	其他资金	合计	其中:工程款
全国合计	**80239**	**171352**	**3558147**	**1040871**	**1977900**	**778669**
北　京	3277	—	—	6	543748	170732
天　津	24600	—	—	—	979	979
河　北	—	—	206	—	—	—
山　西	—	—	1279	1000	25422	24628
内蒙古	—	—	16944	—	5660	4752
内蒙古集团	—	—	16944	—	—	—
辽　宁	—	—	289	—	2355	905
吉　林	—	—	5347	412	402	350
吉林集团	—	—	—	—	52	—
长白山集团	—	—	5347	412	350	350
黑龙江	—	6094	10304	—	6535	3294
龙江集团	—	—	3815	—	3332	121
伊春集团	—	6094	6365	—	595	565
上　海	—	—	—	185	115146	58582
江　苏	—	—	140517	750	22494	112
浙　江	—	—	1120	—	—	—
安　徽	—	—	125477	22697	43733	3698
福　建	—	—	8120	—	437	435
江　西	—	—	—	—	—	—
山　东	—	—	1688	25481	31458	—
河　南	—	—	—	—	11288	11187
湖　北	1900	—	58875	12711	21075	17251
湖　南	6200	674	107197	54984	13699	10185
广　东	3000	—	8118	—	7319	4783
广　西	—	154473	2951891	737170	794946	303085
海　南	—	—	—	—	—	—
重　庆	6860	—	5418	45088	39829	24250
四　川	12543	—	7204	78621	107538	33960
贵　州	—	—	50237	1302	16987	12238
云　南	1400	10111	5556	14862	32739	7256
西　藏	—	—	—	—	83796	49718
陕　西	—	—	37011	40829	5909	—
甘　肃	19459	—	3295	4006	26597	21612
青　海	—	—	—	—	—	—
宁　夏	—	—	533	30	11420	9645
新　疆	1000	—	1494	737	4782	4105
新疆兵团	—	—	1494	737	1420	1420
局直属单位	—	—	10027	—	1607	927
大兴安岭	—	—	9982	—	—	—

林草利用外资基本情况

单位:万美元

指　　标	项目个数（个）	实际利用外资金额				协议利用外资金额			
		合计	国外借款	外商投资	无偿援助	合计	国外借款	外商投资	无偿援助
总计	**37**	**39672**	**7232**	**31807**	**633**	**37069**	**9926**	**27143**	**—**
一、营造林	**23**	**6430**	**5626**	**804**	**—**	**8651**	**8651**	**—**	**—**
1. 公益林	7	1824	1531	293	—	1853	1853	—	—
2. 工业原料林	7	2989	2478	511	—	2668	2668	—	—
3. 特色经济林	9	1617	1617	—	—	4130	4130	—	—
二、草原保护修复	**1**	**17**	**—**	**—**	**17**	**—**	**—**	**—**	**—**
三、木竹材加工	**—**	**—**	**—**	**—**	**—**	**—**	**—**	**—**	**—**
其中:木家具制造	—	—	—	—	—	—	—	—	—
人造板制造	—	—	—	—	—	—	—	—	—
木制品制造	—	—	—	—	—	—	—	—	—
四、林纸一体化	**1**	**27143**	**—**	**27143**	**—**	**27143**	**—**	**27143**	**—**
五、林产化工	**—**	**—**	**—**	**—**	**—**	**—**	**—**	**—**	**—**
六、非木质林产品加工	**—**	**—**	**—**	**—**	**—**	**—**	**—**	**—**	**—**
七、花卉、种苗	**—**	**—**	**—**	**—**	**—**	**—**	**—**	**—**	**—**
八、林草科学研究	**—**	**—**	**—**	**—**	**—**	**—**	**—**	**—**	**—**
九、其他	**12**	**6082**	**1606**	**3860**	**616**	**1275**	**1275**	**—**	**—**

各地区林草利用

地区	总计	营造林				草原保护修复	
		合计	公益林	工业原料林	特色经济林		合计
全国合计	**37**	**23**	**7**	**7**	**9**	**1**	**—**
北　京	—	—	—	—	—	—	—
天　津	—	—	—	—	—	—	—
河　北	—	—	—	—	—	—	—
山　西	1	1	1	—	—	—	—
内蒙古	—	—	—	—	—	—	—
内蒙古集团	—	—	—	—	—	—	—
辽　宁	3	—	—	—	—	—	—
吉　林	—	—	—	—	—	—	—
吉林集团	—	—	—	—	—	—	—
长白山集团	—	—	—	—	—	—	—
黑龙江	1	—	—	—	—	—	—
龙江集团	—	—	—	—	—	—	—
伊春集团	1	—	—	—	—	—	—
上　海	—	—	—	—	—	—	—
江　苏	—	—	—	—	—	—	—
浙　江	—	—	—	—	—	—	—
安　徽	—	—	—	—	—	—	—
福　建	1	—	—	—	—	—	—
江　西	7	6	1	4	1	—	—
山　东	—	—	—	—	—	—	—
河　南	1	1	—	1	—	—	—
湖　北	1	1	1	—	—	—	—
湖　南	16	11	3	1	7	—	—
广　东	1	1	—	1	—	—	—
广　西	1	—	—	—	—	—	—
海　南	1	1	—	—	1	—	—
重　庆	—	—	—	—	—	—	—
四　川	1	1	1	—	—	—	—
贵　州	—	—	—	—	—	—	—
云　南	1	—	—	—	—	—	—
西　藏	—	—	—	—	—	—	—
陕　西	—	—	—	—	—	—	—
甘　肃	—	—	—	—	—	—	—
青　海	—	—	—	—	—	—	—
宁　夏	—	—	—	—	—	—	—
新　疆	1	—	—	—	—	1	—
新疆兵团	1	—	—	—	—	1	—
大兴安岭	—	—	—	—	—	—	—

外资项目个数

单位:个

木竹材加工			林纸一体化	林产化工	非木质林产品加工	花卉、种苗	林草科学研究	其他
其中								
木家具制造	人造板制造	木制品制造						
—	**—**	**—**	**1**	**—**	**—**	**—**	**—**	**12**
—	—	—	—	—	—	—	—	—
—	—	—	—	—	—	—	—	—
—	—	—	—	—	—	—	—	—
—	—	—	—	—	—	—	—	—
—	—	—	—	—	—	—	—	—
—	—	—	—	—	—	—	—	—
—	—	—	—	—	—	—	—	3
—	—	—	—	—	—	—	—	—
—	—	—	—	—	—	—	—	—
—	—	—	—	—	—	—	—	—
—	—	—	—	—	—	—	—	1
—	—	—	—	—	—	—	—	—
—	—	—	—	—	—	—	—	1
—	—	—	—	—	—	—	—	—
—	—	—	—	—	—	—	—	—
—	—	—	—	—	—	—	—	—
—	—	—	—	—	—	—	—	—
—	—	—	—	—	—	—	—	1
—	—	—	—	—	—	—	—	1
—	—	—	—	—	—	—	—	—
—	—	—	—	—	—	—	—	—
—	—	—	—	—	—	—	—	—
—	—	—	—	—	—	—	—	5
—	—	—	—	—	—	—	—	—
—	—	—	1	—	—	—	—	—
—	—	—	—	—	—	—	—	—
—	—	—	—	—	—	—	—	—
—	—	—	—	—	—	—	—	—
—	—	—	—	—	—	—	—	—
—	—	—	—	—	—	—	—	1
—	—	—	—	—	—	—	—	—
—	—	—	—	—	—	—	—	—
—	—	—	—	—	—	—	—	—
—	—	—	—	—	—	—	—	—
—	—	—	—	—	—	—	—	—
—	—	—	—	—	—	—	—	—
—	—	—	—	—	—	—	—	—
—	—	—	—	—	—	—	—	—

各地区林草实际

地　区	总计	营造林				草原保护修复	
		合计	公益林	工业原料林	特色经济林		合计
全国合计	**39672**	**6430**	**1824**	**2989**	**1617**	**17**	**—**
北　京	—	—	—	—	—	—	—
天　津	—	—	—	—	—	—	—
河　北	—	—	—	—	—	—	—
山　西	226	226	226	—	—	—	—
内蒙古	—	—	—	—	—	—	—
内蒙古集团	—	—	—	—	—	—	—
辽　宁	81	—	—	—	—	—	—
吉　林	—	—	—	—	—	—	—
吉林集团	—	—	—	—	—	—	—
长白山集团	—	—	—	—	—	—	—
黑龙江	938	—	—	—	—	—	—
龙江集团	—	—	—	—	—	—	—
伊春集团	938	—	—	—	—	—	—
上　海	—	—	—	—	—	—	—
江　苏	—	—	—	—	—	—	—
浙　江	—	—	—	—	—	—	—
安　徽	—	—	—	—	—	—	—
福　建	3860	—	—	—	—	—	—
江　西	398	396	6	389	1	—	—
山　东	—	—	—	—	—	—	—
河　南	3407	3407	850	1979	578	—	—
湖　北	100	100	65	35	—	—	—
湖　南	1193	908	535	75	298	—	—
广　东	511	511	—	511	—	—	—
广　西	27143	—	—	—	—	—	—
海　南	518	518	—	—	518	—	—
重　庆	—	—	—	—	—	—	—
四　川	664	364	142	—	222	—	—
贵　州	—	—	—	—	—	—	—
云　南	4	—	—	—	—	—	—
西　藏	—	—	—	—	—	—	—
陕　西	—	—	—	—	—	—	—
甘　肃	338	—	—	—	—	17	—
青　海	291	—	—	—	—	—	—
宁　夏	—	—	—	—	—	—	—
新　疆	—	—	—	—	—	—	—
新疆兵团	—	—	—	—	—	—	—
大兴安岭	—	—	—	—	—	—	—

利用外资情况

单位：万美元

木竹材加工			林纸一体化	林产化工	非木质林产品加工	花卉、种苗	林草科学研究	其他
其中								
木家具制造	人造板制造	木制品制造						
—	**—**	**—**	**27143**	**—**	**—**	**—**	**—**	**6082**
—	—	—	—	—	—	—	—	—
—	—	—	—	—	—	—	—	—
—	—	—	—	—	—	—	—	—
—	—	—	—	—	—	—	—	—
—	—	—	—	—	—	—	—	—
—	—	—	—	—	—	—	—	—
—	—	—	—	—	—	—	—	81
—	—	—	—	—	—	—	—	—
—	—	—	—	—	—	—	—	—
—	—	—	—	—	—	—	—	—
—	—	—	—	—	—	—	—	938
—	—	—	—	—	—	—	—	—
—	—	—	—	—	—	—	—	938
—	—	—	—	—	—	—	—	—
—	—	—	—	—	—	—	—	—
—	—	—	—	—	—	—	—	—
—	—	—	—	—	—	—	—	—
—	—	—	—	—	—	—	—	3860
—	—	—	—	—	—	—	—	2
—	—	—	—	—	—	—	—	—
—	—	—	—	—	—	—	—	—
—	—	—	—	—	—	—	—	—
—	—	—	—	—	—	—	—	285
—	—	—	—	—	—	—	—	—
—	—	—	27143	—	—	—	—	—
—	—	—	—	—	—	—	—	—
—	—	—	—	—	—	—	—	—
—	—	—	—	—	—	—	—	300
—	—	—	—	—	—	—	—	—
—	—	—	—	—	—	—	—	4
—	—	—	—	—	—	—	—	—
—	—	—	—	—	—	—	—	—
—	—	—	—	—	—	—	—	321
—	—	—	—	—	—	—	—	291
—	—	—	—	—	—	—	—	—
—	—	—	—	—	—	—	—	—
—	—	—	—	—	—	—	—	—
—	—	—	—	—	—	—	—	—

各地区林草协议

地区	总计	营造林				草原保护修复	合计
		合计	公益林	工业原料林	特色经济林		
全国合计	**37069**	**8651**	**1853**	**2668**	**4130**	**—**	**—**
北　京	—	—	—	—	—	—	—
天　津	—	—	—	—	—	—	—
河　北	—	—	—	—	—	—	—
山　西	—	—	—	—	—	—	—
内蒙古	—	—	—	—	—	—	—
内蒙古集团	—	—	—	—	—	—	—
辽　宁	147	—	—	—	—	—	—
吉　林	—	—	—	—	—	—	—
吉林集团	—	—	—	—	—	—	—
长白山集团	—	—	—	—	—	—	—
黑龙江	938	—	—	—	—	—	—
龙江集团	—	—	—	—	—	—	—
伊春集团	938	—	—	—	—	—	—
上　海	—	—	—	—	—	—	—
江　苏	—	—	—	—	—	—	—
浙　江	—	—	—	—	—	—	—
安　徽	—	—	—	—	—	—	—
福　建	—	—	—	—	—	—	—
江　西	584	582	472	110	—	—	—
山　东	—	—	—	—	—	—	—
河　南	4227	4227	1071	2558	598	—	—
湖　北	—	—	—	—	—	—	—
湖　南	506	318	310	—	8	—	—
广　东	—	—	—	—	—	—	—
广　西	27143	—	—	—	—	—	—
海　南	3524	3524	—	—	3524	—	—
重　庆	—	—	—	—	—	—	—
四　川	—	—	—	—	—	—	—
贵　州	—	—	—	—	—	—	—
云　南	—	—	—	—	—	—	—
西　藏	—	—	—	—	—	—	—
陕　西	—	—	—	—	—	—	—
甘　肃	—	—	—	—	—	—	—
青　海	—	—	—	—	—	—	—
宁　夏	—	—	—	—	—	—	—
新　疆	—	—	—	—	—	—	—
新疆兵团	—	—	—	—	—	—	—
大兴安岭	—	—	—	—	—	—	—

利用外资情况

单位：万美元

木竹材加工			林纸一体化	林产化工	非木质林产品加工	花卉、种苗	林草科学研究	其他
其中								
木家具制造	人造板制造	木制品制造						
—	**—**	**—**	**27143**	**—**	**—**	**—**	**—**	**1275**
—	—	—	—	—	—	—	—	—
—	—	—	—	—	—	—	—	—
—	—	—	—	—	—	—	—	—
—	—	—	—	—	—	—	—	—
—	—	—	—	—	—	—	—	—
—	—	—	—	—	—	—	—	—
—	—	—	—	—	—	—	—	147
—	—	—	—	—	—	—	—	—
—	—	—	—	—	—	—	—	—
—	—	—	—	—	—	—	—	—
—	—	—	—	—	—	—	—	938
—	—	—	—	—	—	—	—	—
—	—	—	—	—	—	—	—	938
—	—	—	—	—	—	—	—	—
—	—	—	—	—	—	—	—	—
—	—	—	—	—	—	—	—	—
—	—	—	—	—	—	—	—	—
—	—	—	—	—	—	—	—	—
—	—	—	—	—	—	—	—	2
—	—	—	—	—	—	—	—	—
—	—	—	—	—	—	—	—	—
—	—	—	—	—	—	—	—	—
—	—	—	—	—	—	—	—	188
—	—	—	—	—	—	—	—	—
—	—	—	27143	—	—	—	—	—
—	—	—	—	—	—	—	—	—
—	—	—	—	—	—	—	—	—
—	—	—	—	—	—	—	—	—
—	—	—	—	—	—	—	—	—
—	—	—	—	—	—	—	—	—
—	—	—	—	—	—	—	—	—
—	—	—	—	—	—	—	—	—
—	—	—	—	—	—	—	—	—
—	—	—	—	—	—	—	—	—
—	—	—	—	—	—	—	—	—
—	—	—	—	—	—	—	—	—
—	—	—	—	—	—	—	—	—
—	—	—	—	—	—	—	—	—

国家林业和草原局机关及

地 区	总计	自年初累计			
		生态修复治理			
		合计	其中		
			造林与森林抚育	草原保护修复	湿地保护与恢复
总计	**892495**	**216513**	**89638**	**86**	**829**
国家林业和草原局机关	6354	—	—	—	—
国家林业和草原局信息中心	3157	—	—	—	—
国家林业和草原局林业工作站管理总站	1494	—	—	—	—
国家林业和草原局林业和草原基金管理总站	921	—	—	—	—
国家林业和草原局宣传中心	575	—	—	—	—
国家林业和草原局天然林保护工程管理中心	534	—	—	—	—
国家林业和草原局西北华北东北防护林建设局	2415	—	—	—	—
国家林业和草原局退耕还林(草)工程管理中心	1824	—	—	—	—
国家林业和草原局世界银行贷款项目管理中心	1440	—	—	—	—
国家林业和草原局科技发展中心	1906	—	—	—	—
国家林业和草原局亚太森林网络管理中心	4629	4214	—	—	—
国家林业和草原局经济发展研究中心	1459	—	—	—	—
国家林业和草原局人才开发交流中心	1734	44	44	—	—
国家林业和草原局对外合作项目中心	1089	—	—	—	—
中国林业科学研究院	185268	6205	1940	15	44
国家林业和草原局调查规划设计院	44122	—	—	—	—
国家林业和草原局林产工业规划设计院	28622	13	3	10	—
国家林业和草原局管理干部学院	8817	—	—	—	—
中国绿色时报社	4333	—	—	—	—
中国林业出版社	6545	—	—	—	—
国际竹藤中心	11552	—	—	—	—
中国林学会	2261	—	—	—	—
中国野生动物保护协会	521	—	—	—	—
中国绿化基金会	34817	34288	34288	—	—
国家林业和草原局机关服务中心	6354	—	—	—	—
国家林业和草原局离退休干部局	3065	—	—	—	—
国家林业和草原局幼儿园	767	—	—	—	—
驻内蒙古自治区森林资源监督专员办事处	950	—	—	—	—
驻长春森林资源监督专员办事处	25494	—	—	—	—
驻黑龙江省森林资源监督专员办事处	246	—	—	—	—
驻大兴安岭森林资源监督专员办事处	269	—	—	—	—
驻福州森林资源监督专员办事处	547	—	—	—	—
驻云南省森林资源监督专员办事处	292	—	—	—	—
驻成都森林资源监督专员办事处	833	—	—	—	—
驻西安森林资源监督专员办事处	257	2	—	1	—
驻武汉森林资源监督专员办事处	411	13	—	—	13
驻贵阳森林资源监督专员办事处	459	—	—	—	—
驻广州森林资源监督专员办事处	892	—	—	—	—
驻合肥森林资源监督专员办事处	532	—	—	—	—
驻乌鲁木齐森林资源监督专员办事处	123	—	—	—	—
驻上海森林资源监督专员办事处	749	8	—	—	8
驻北京森林资源监督专员办事处	669	13	—	—	13
国家林业和草原局森林和草原病虫害防治总站	8915	—	—	—	—
国家林业和草原局华东调查规划设计院	11122	—	—	—	—
国家林业和草原局中南调查规划设计院	5476	74	—	—	—
国家林业和草原局西北调查规划设计院	28101	190	—	60	—
国家林业和草原局昆明勘察设计院	17776	500	255	—	—
陕西佛坪国家级自然保护区管理局	953	—	—	—	—
甘肃白水江国家级自然保护区管理局	11465	—	—	—	—
四川卧龙国家级自然保护区管理局	3282	—	—	—	—
中国大熊猫保护研究中心	10567	—	—	—	—
大兴安岭林业集团公司	395540	170949	53108	—	751

直属单位林草投资完成情况

单位:万元

完成投资							
	林(草)产品加工制造	林业草原服务、保障和公共管理					
防沙治沙		合计	林业草原有害生物防治	林业草原防火	自然保护地监测管理	野生动植物保护
1745	**448**	**675534**	**9657**	**4897**	**16683**	**25283**
—	—	6354	—	—	—	—
—	—	3157	10	—	—	—
—	—	1494	—	—	—	—
—	—	921	—	—	—	—
—	—	575	—	—	—	—
—	—	534	—	—	—	—
—	—	2415	—	—	—	—
—	—	1824	—	—	—	—
—	—	1440	—	—	—	—
—	—	1906	—	—	—	—
—	—	415	—	—	—	—
—	—	1459	—	—	—	—
—	—	1690	—	—	52	—
—	—	1089	—	—	—	—
1541	436	178627	2778	189	711	932
—	—	44122	—	—	—	—
—	12	28597	—	—	—	365
—	—	8817	—	—	—	—
—	—	4333	—	—	—	—
—	—	6545	—	—	—	—
—	—	11552	—	—	—	—
—	—	2261	—	—	—	—
—	—	521	—	—	—	39
—	—	529	—	—	—	—
—	—	6354	—	—	—	—
—	—	3065	—	—	—	—
—	—	767	—	—	—	—
—	—	950	—	—	—	—
—	—	25494	—	—	13197	12297
—	—	246	—	—	—	—
—	—	269	—	—	—	—
—	—	547	—	—	—	—
—	—	292	—	—	—	—
—	—	833	—	—	—	—
—	—	255	—	—	7	5
—	—	398	—	—	10	20
—	—	459	—	—	3	23
—	—	892	8	—	10	26
—	—	532	—	8	10	20
—	—	123	—	—	—	—
—	—	741	—	—	6	30
—	—	656	—	—	10	10
—	—	8915	6595	—	—	258
—	—	11122	—	—	—	—
74	—	5402	—	—	—	—
130	—	27911	—	—	—	—
—	—	17276	—	—	—	137
—	—	953	—	—	—	90
—	—	11465	10	498	479	90
—	—	3282	—	—	—	374
—	—	10567	—	—	—	10567
—	—	224591	256	4202	2188	—

自然保护区行政单位财务状况

指标名称	计量单位	本年实际
存货	万元	18
固定资产原价	万元	39184
资产总计	万元	161915
负债合计	万元	26645
本年收入合计	万元	275864
本年支出合计	万元	506149
1. 工资福利支出	万元	18917
2. 商品和服务支出	万元	138681
①取暖费	万元	750
②差旅费	万元	444
③因公出国(境)费用	万元	—
④劳务费	万元	2778
⑤工会经费	万元	175
⑥福利费	万元	159
3. 对个人和家庭的补助	万元	3994
①抚恤金	万元	4
②生活补助	万元	1947
③救济费	万元	342
④助学金	万元	—
⑤奖励金	万元	257
⑥生产补贴	万元	167

自然保护区事业单位财务状况

指标名称	计量单位	本年实际
存货	万元	50371
固定资产原价	万元	1378252
资产总计	万元	4597335
负债合计	万元	558326
本年收入合计	万元	2147096
其中:事业收入	万元	725977
经营收入	万元	35958
本年支出合计	万元	2043887
1. 工资福利支出	万元	1463955
2. 商品和服务支出	万元	318843
①取暖费	万元	8166
②差旅费	万元	10739
③因公出国(境)费用	万元	181
④劳务费	万元	81018
⑤工会经费	万元	3737
⑥福利费	万元	4583
3. 对个人和家庭的补助	万元	44996
①抚恤金	万元	1718
②生活补助	万元	9722
③救济费	万元	38
④助学金	万元	15
⑤奖励金	万元	4482
⑥生产补贴	万元	14931
4. 经营支出	万元	30291
销售税金	万元	506

填报说明:1. 本表指标一律取整数。

2. 本报表由具有法人资格的自然保护区中执行事业单位会计制度的单位填报。

自然保护区企业财务状况

指标名称	计量单位	本年实际
存货	万元	212
固定资产原价	万元	236307
累计折旧	万元	4265
其中:本年折旧	万元	938
资产总计	万元	332324
负债合计	万元	156310
营业收入	万元	4399
营业成本	万元	2493
税金及附加	万元	316
销售费用	万元	859
管理费用	万元	12880
其中:差旅费	万元	176
财务费用	万元	2048
其中:利息净支出	万元	476
资产减值损失	万元	44
公允价值变动收益	万元	5
投资收益	万元	13
营业利润	万元	-2746
营业外收入	万元	8394
其中:政府补助	万元	1213
应付职工薪酬	万元	11026
本年应交增值税	万元	144

6

林草教育

EDUCATION ON FORESTRY AND GRASSLAND

2020—2021 学年初林草学科专业及高、中等林业院校其他学科专业基本情况

名　　称	学科专业数（个）	毕业生数（人）	招生数（人）	在校学生数（人）	毕业班学生数（人）
总　计	—	**174993**	**216704**	**679643**	**160820**
一、博士研究生	**74**	**1448**	**2187**	**9624**	**4426**
1. 林草学科专业	14	775	1127	4972	2506
2. 普通高等林业院校其他学科专业	60	673	1060	4652	1920
二、硕士研究生	**204**	**11619**	**20277**	**47117**	**14063**
1. 林草学科专业	21	6195	9630	24486	7803
2. 普通高等林业院校其他学科专业	183	5424	10647	22631	6260
三、本科生	**228**	**79752**	**77151**	**314514**	**82744**
1. 林草学科专业	11	41726	38435	154518	42123
2. 普通高等林业院校其他学科专业	217	38026	38716	159996	40621
四、高职（专科）生	**215**	**50009**	**75240**	**204878**	**53983**
1. 林草学科专业	15	16604	21510	64955	17721
2. 高等林业职业院校其他学科专业	200	33405	53730	139923	36262
五、中职生	**76**	**32165**	**41849**	**103510**	**5604**
1. 林草学科专业	6	26964	31149	81447	3745
2. 中等林业职业院校其他学科专业	70	5201	10700	22063	1859

2020—2021 学年初普通高等林业院校和其他高等院校、科研院所林草学科研究生分学科情况

单位:人

学科名称	毕业生数	招生数	在校学生数	毕业班学生数
总　计	**13067**	**22464**	**56741**	**18489**
一、博士研究生	**1448**	**2187**	**9624**	**4426**
1. 林业学科小计	672	970	4373	2256
森林工程	18	7	111	88
木材科学与技术	53	80	359	175
林产化学加工工程	50	81	319	140
其他林业工程学科	75	154	563	265
林木遗传育种	81	99	440	236
森林培育	74	46	358	231
森林保护学	50	51	285	162
森林经理学	36	59	241	119
野生动植物保护与利用	18	32	171	98
园林植物与观赏园艺	52	15	155	101
水土保持与荒漠化防治	81	92	413	179
其他林学学科	50	246	754	278
林业经济管理	34	8	204	184
2. 草业学科小计	103	157	599	250
3. 林业院校和科研单位其他学科	673	1060	4652	1920
二、硕士研究生	**11619**	**20277**	**47117**	**14063**
1. 林业学科小计	5957	9178	23422	7520
森林工程	48	31	112	54
木材科学与技术	160	183	533	195
林产化学加工工程	91	87	288	110
其他林业工程学科	118	335	841	186
林木遗传育种	140	187	578	207
森林培育	237	245	697	252
森林保护学	168	197	571	193
森林经理学	136	151	449	167
野生动植物保护与利用	122	112	372	152
园林植物与观赏园艺	214	115	467	237
水土保持与荒漠化防治	366	385	1134	373
其他林学学科	283	859	1860	392
林业经济管理	73	20	83	44
土壤学(森林土壤学)	50	55	150	48
植物学(森林植物学)	93	92	275	101
生态学(森林生态学)	242	322	942	331
林业硕士	1021	2373	4662	1302
风景园林硕士	2166	3427	8634	2654
农业推广硕士(林业)	27	0	16	16
工程硕士(林业工程)	202	2	758	506
2. 草业学科小计	238	452	1064	283
草学	238	452	1064	283
3. 林业院校和科研单位其他学科	5424	10647	22631	6260

2020—2021 学年初普通高等林业院校和其他高等院校林草学科本科学生分专业情况(一)

单位:人

专业名称	毕业生数	招生数	在校学生数	毕业班学生数
总　计	**79752**	**77151**	**314514**	**82744**
一、林草专业	**41726**	**38435**	**154518**	**42123**
1. 林业工程类	2304	1849	8732	2532
森林工程	272	323	1212	292
木材科学与工程	1588	1292	5973	1702
林产化工	444	234	1547	538
2. 森林资源类	8228	7790	28533	8432
林学	6588	6470	21637	6591
森林保护	708	507	3094	811
野生动物与自然保护区管理	932	813	3802	1030
3. 环境生态类	25556	23349	94919	25434
园林	15403	13077	50166	14898
水土保持与荒漠化防治	932	813	3802	1030
风景园林	9221	9459	40951	9506
4. 农林经济管理类	4297	3782	16459	4366
农林经济管理	4297	3782	16459	4366
5. 草原类	1341	1665	5875	1359
草学	1341	1665	5875	1359
二、林业院校非林草专业	**38026**	**38716**	**159996**	**40621**
经济学	202	—	409	190
经济统计学	82	—	173	84
商务经济学	—	133	431	84
经济学类专业	—	317	454	—
金融学	569	282	1877	534
金融工程	160	59	717	236
保险学	117	—	330	102
经济与金融	—	34	78	—
金融学类专业	—	727	732	—
国际经济与贸易	519	179	1555	618
法学	788	679	3015	774
政治学与行政学	59	59	232	54
国际事务与国际关系	—	48	207	51
社会学	59	—	177	60
社会工作	199	169	795	221
社会学类专业	—	88	89	—

2020—2021 学年初普通高等林业院校和其他高等院校林草学科本科学生分专业情况(二)

单位:人

专 业 名 称	毕业生数	招生数	在校学生数	毕业班学生数
思想政治教育	61	39	142	64
治安学	403	327	1411	294
侦查学	304	316	1364	362
公安情报学	69	171	447	74
公安管理学	151	160	660	162
警务指挥与战术	136	174	487	153
学前教育	85	50	323	99
小学教育	86	41	233	90
体育教育	215	92	501	104
社会体育指导与管理	82	60	227	51
休闲体育	109	—	275	116
体育学类专业	—	129	129	—
汉语言文学	433	160	1487	481
汉语国际教育	133	70	486	140
秘书学	56	—	152	55
中国语言文学类专业	—	364	365	—
英语	988	808	3431	948
俄语	145	137	535	136
法语	86	88	311	65
日语	157	162	723	193
朝鲜语	40	30	112	26
泰语	98	86	512	141
越南语	28	45	141	30
翻译	57	58	173	40
商务英语	83	49	406	108
新闻学	67	61	287	69
广播电视学	31	—	278	80
广告学	229	125	1126	315
新闻传播学类专业	—	210	210	—
历史学	69	—	94	55
文物与博物馆学	—	—	164	58
历史学类专业	—	82	82	—
数学与应用数学	251	181	947	237
信息与计算科学	381	265	1359	371
物理学	89	106	400	89

2020—2021 学年初普通高等林业院校和其他高等院校林草学科本科学生分专业情况(三)

单位:人

专业名称	毕业生数	招生数	在校学生数	毕业班学生数
应用物理学	38	69	174	34
化学	102	133	421	51
应用化学	412	101	1086	332
化学生物学	39	—	197	88
化学类专业	—	231	317	—
地理科学	40	90	408	96
自然地理与资源环境	120	159	497	117
人文地理与城乡规划	135	—	273	148
地理信息科学	297	371	1549	360
海洋科学	—	—	331	58
海洋资源与环境	—	61	172	—
海洋科学类专业	—	138	138	—
生物科学	363	50	1100	422
生物技术	640	236	2114	686
生物信息学	29	50	141	29
生态学	238	241	1403	302
生物科学类专业	—	1222	1787	—
应用心理学	129	116	529	132
统计学	106	139	504	116
应用统计学	59	101	351	67
工程力学	25	36	127	29
机械工程	—	—	155	—
机械设计制造及其自动化	970	499	3590	1023
材料成型及控制工程	53	70	254	59
机械电子工程	315	104	1248	360
工业设计	438	264	1507	471
过程装备与控制工程	18	—	28	28
车辆工程	419	287	1736	539
汽车服务工程	184	60	547	210
机械类专业	—	1496	1837	—
测控技术与仪器	27	—	153	51
材料科学与工程	201	126	794	226
材料化学	161	—	432	154
高分子材料与工程	259	114	834	277
材料类专业	—	430	535	—

2020—2021学年初普通高等林业院校和其他高等院校林草学科本科学生分专业情况(四)

单位:人

专业名称	毕业生数	招生数	在校学生数	毕业班学生数
能源与动力工程	232	176	860	247
新能源科学与工程	116	99	554	115
能源动力类专业	—	142	142	—
电气工程及其自动化	490	275	1611	492
电气类专业	—	176	367	—
电子信息工程	560	435	2157	668
电子科学与技术	133	71	488	153
通信工程	299	112	998	338
光电信息科学与工程	—	60	121	—
信息工程	101	—	122	122
电子信息科学与技术	152	58	469	142
电子信息类专业	—	437	608	—
自动化	283	165	1020	354
轨道交通信号与控制	—	—	104	61
机器人工程	—	—	66	—
自动化类专业	—	117	117	—
计算机科学与技术	1051	587	4059	1191
软件工程	567	214	2195	644
网络工程	155	—	464	159
物联网工程	117	92	541	149
数字媒体技术	137	50	478	155
智能科学与技术	—	34	34	—
空间信息与数字技术	43	60	220	50
数据科学与大数据技术	—	176	321	—
网络空间安全	—	60	60	—
计算机类专业	—	1237	1755	—
土木工程	1108	667	4586	1324
建筑环境与能源应用工程	50	60	224	55
给排水科学与工程	117	76	486	111
城市地下空间工程	48	—	199	64
土木类专业	—	767	767	—
水利水电工程	146	—	374	127
水文与水资源工程	51	—	188	68
水利类专业	—	210	210	—
测绘工程	258	178	934	261

2020—2021 学年初普通高等林业院校和其他高等院校林草学科本科学生分专业情况(五)

单位:人

专业名称	毕业生数	招生数	在校学生数	毕业班学生数
化学工程与工艺	283	236	1338	353
制药工程	104	122	459	110
化工与制药类专业	—	379	381	—
轻化工程	183	230	785	202
包装工程	123	116	404	118
印刷工程	20	—	38	16
交通运输	396	86	871	300
交通工程	167	70	651	218
船舶电子电气工程	58	64	194	48
交通运输类专业	—	264	372	—
农业机械化及其自动化	100	—	339	112
农业水利工程	58	—	169	55
家具设计与工程	—	118	218	—
环境科学与工程	—	87	154	—
环境工程	638	274	2154	696
环境科学	288	222	1057	242
环境生态工程	—	44	289	79
资源环境科学	54	59	217	56
环境科学与工程类专业	—	409	435	—
食品科学与工程	870	450	2910	839
食品质量与安全	368	170	1254	391
粮食工程	11	—	66	33
葡萄与葡萄酒工程	131	174	716	192
食品营养与健康	—	58	58	—
食品科学与工程类专业	—	697	1069	—
建筑学	128	69	614	125
城乡规划	290	451	1935	248
建筑类专业	—	389	392	—
生物工程	240	137	892	279
生物制药	29	32	273	67
刑事科学技术	221	320	1056	217
消防工程	48	50	280	49
网络安全与执法	109	177	609	103
农学	327	196	988	321

2020—2021 学年初普通高等林业院校和其他高等院校林草学科本科学生分专业情况(六)

单位:人

专业名称	毕业生数	招生数	在校学生数	毕业班学生数
园艺	705	502	2635	779
植物保护	293	340	1288	330
植物科学与技术	68	48	269	79
种子科学与工程	71	57	253	67
设施农业科学与工程	95	107	415	108
茶学	247	212	880	261
应用生物科学	37	38	155	29
植物生产类专业	—	362	583	—
农业资源与环境	132	197	674	167
动物科学	306	230	1238	325
蜂学	93	87	296	66
动物生产类专业	—	219	220	—
动物医学	429	250	1781	442
动物医学类专业	—	167	167	—
水产养殖学	161	134	615	159
海洋渔业科学与技术	76	95	319	68
食品卫生与营养学	31	59	172	29
中药学	62	60	250	67
中药资源与开发	—	—	90	29
管理科学	—	134	374	85
信息管理与信息系统	427	89	1321	451
工程管理	291	310	1380	308
工商管理	829	144	1948	680
市场营销	416	152	1097	417
会计学	2151	515	4893	1873
财务管理	385	196	1077	354
国际商务	73	66	258	66
人力资源管理	184	168	754	179
物业管理	20	—	49	29
文化产业管理	106	53	330	83
工商管理类专业	—	1463	2243	—
农村区域发展	83	37	277	86
农业经济管理类专业	—	110	111	—
公共事业管理	223	55	664	237

2020—2021 学年初普通高等林业院校和其他高等院校林草学科本科学生分专业情况(七)

单位:人

专业名称	毕业生数	招生数	在校学生数	毕业班学生数
行政管理	133	71	442	97
劳动与社会保障	25	—	137	30
土地资源管理	172	124	725	192
城市管理	63	62	224	51
海事管理	80	49	245	77
公共管理类专业	—	258	260	—
物流管理	348	275	1120	297
物流工程	271	260	1055	280
工业工程	76	87	332	86
电子商务	165	184	1280	387
旅游管理	889	402	2942	867
酒店管理	186	35	603	203
会展经济与管理	88	—	341	113
旅游管理类专业	—	453	453	—
音乐表演	71	100	389	107
音乐学	78	70	381	130
舞蹈学	42	30	110	19
舞蹈编导	33	39	152	33
动画	104	28	329	129
绘画	—	50	126	—
摄影	17	—	36	21
视觉传达设计	435	253	1444	417
环境设计	1056	565	4163	1317
产品设计	330	273	1672	477
服装与服饰设计	32	65	197	35
公共艺术	49	—	138	51
数字媒体艺术	138	128	723	154
设计学类专业	—	844	845	—

2020—2021学年高等林业(生态)职业技术学院和其他高等职业学院林草专业情况(一)

单位:人

专业名称	毕业生数	招生数	在校学生数	毕业班学生数
总　计	**50009**	**75240**	**204878**	**53983**
一、林草专业	**16604**	**21510**	**64955**	**17721**
林业技术	2430	3559	11272	2536
园林技术	12054	14345	43486	12697
森林资源保护	433	546	1388	316
经济林培育与利用	81	116	314	75
野生植物资源保护与利用	85	68	243	75
野生动物资源保护与利用	37	101	301	93
森林生态旅游	417	654	1941	702
森林防火指挥与通讯	20	166	904	17
自然保护区建设与管理	119	237	464	85
木工设备应用技术	2	15	48	19
木材加工技术	97	108	279	69
林业调查与信息处理	22	125	359	61
林业信息技术与管理	118	420	1252	237
草业技术	89	158	385	122
风景园林设计	600	892	2319	617
二、非林草专业	**33405**	**53730**	**139923**	**36262**
作物生产技术	72	51	210	108
种子生产与经营	37	54	114	34
设施农业与装备	61	31	194	96
现代农业技术	285	321	968	339
休闲农业	155	225	578	163
生态农业技术	—	29	38	—
园艺技术	1174	1654	4150	1174
茶树栽培与茶叶加工	—	28	66	24
中草药栽培技术	73	129	335	80
农产品加工与质量检测	129	99	324	116
绿色食品生产与检验	35	17	37	—
农产品流通与管理	—	39	58	—
农业装备应用技术	58	58	110	44
农业经济管理	103	58	354	111
食用菌生产与加工	—	—	3	—
畜牧兽医	459	585	1633	504
动物医学	287	436	1059	296
动物药学	—	72	95	—

2020—2021 学年高等林业(生态)职业技术学院和其他高等职业学院林草专业情况(二)

单位:人

专业名称	毕业生数	招生数	在校学生数	毕业班学生数
动物防疫与检疫	33	—	—	—
宠物养护与驯导	291	276	826	266
饲料与动物营养	44	36	86	22
宠物临床诊疗技术	—	185	307	49
畜牧业类专业	—	146	308	94
水产养殖技术	62	74	171	46
工程测量技术	460	498	1895	474
摄影测量与遥感技术	101	71	241	102
测绘工程技术	—	48	133	19
测绘地理信息技术	70	147	373	107
地图制图与数字传播技术	58	—	—	—
环境监测与控制技术	349	640	1752	465
室内环境检测与控制技术	—	—	1	1
环境工程技术	399	839	2552	437
环境信息技术	—	41	218	—
环境规划与管理	—	101	279	30
环境评价与咨询服务	69	95	245	52
污染修复与生态工程技术	52	140	394	106
供用电技术	76	63	203	60
分布式发电与微电网技术	—	32	32	—
建筑装饰工程技术	111	199	601	170
古建筑工程技术	—	60	79	—
建筑室内设计	1501	2135	5364	1497
建筑动画与模型制作	—	52	67	—
城乡规划	89	90	290	126
建筑工程技术	838	1349	3807	820
建筑设备工程技术	10	—	31	14
建筑智能化工程技术	17	51	116	19
消防工程技术	—	40	40	—
建设工程管理	103	111	297	77
工程造价	1009	1689	4583	1276
建设项目信息化管理	—	49	72	—
建设工程监理	190	77	330	151
市政工程技术	160	289	882	175
给排水工程技术	24	—	—	—
物业管理	56	70	312	59

2020—2021学年高等林业(生态)职业技术学院和其他高等职业学院林草专业情况(三)

单位:人

专业名称	毕业生数	招生数	在校学生数	毕业班学生数
水利工程	155	142	553	221
水利水电工程技术	33	152	272	30
水利水电建筑工程	162	188	503	165
水电站动力设备	24	—	24	18
水土保持技术	64	93	172	54
机械设计与制造	27	33	137	47
机械制造与自动化	81	133	424	109
数控技术	138	95	246	70
模具设计与制造	53	—	17	17
工业设计	25	43	108	12
机电设备维修与管理	31	106	277	69
机电一体化技术	684	1035	2727	674
电气自动化技术	108	214	480	147
智能控制技术	—	61	61	—
工业机器人技术	104	289	961	361
无人机应用技术	106	608	1269	201
汽车制造与装配技术	55	72	198	43
汽车检测与维修技术	763	397	1502	463
汽车电子技术	32	37	396	160
新能源汽车技术	86	347	1082	300
食品生物技术	76	83	189	52
药品生物技术	138	164	464	107
农业生物技术	86	87	232	68
生物产品检验检疫	—	46	46	—
应用化工技术	40	—	—	—
家具设计与制造	820	537	2535	989
包装策划与设计	13	15	105	22
食品加工技术	107	154	367	90
酿酒技术	137	94	283	97
食品质量与安全	68	109	259	50
食品检测技术	—	88	219	71
食品营养与检测	287	500	1132	324
中药生产与加工	27	84	174	32
药品生产技术	124	80	285	131
药品质量与安全	32	21	73	31
生物制药技术	1	46	83	—

2020—2021 学年高等林业(生态)职业技术学院和其他高等职业学院林草专业情况(四)

单位:人

专业名称	毕业生数	招生数	在校学生数	毕业班学生数
中药制药技术	—	41	65	—
药品制造类专业	—	39	93	30
药品经营与管理	19	33	62	15
食品药品监督管理	—	98	98	—
高速铁道工程技术	—	65	126	—
高速铁路客运乘务	249	186	709	320
道路桥梁工程技术	335	484	1251	243
汽车运用与维修技术	314	184	889	298
国际邮轮乘务管理	237	27	229	166
空中乘务	167	74	253	99
民航安全技术管理	26	—	25	8
城市轨道交通车辆技术	24	—	—	—
城市轨道交通供配电技术	15	—	2	2
城市轨道交通工程技术	146	237	735	193
城市轨道交通运营管理	330	352	1252	382
电子信息工程技术	91	40	165	81
应用电子技术	135	174	551	128
智能产品开发	8	61	61	—
智能终端技术与应用	—	42	161	45
汽车智能技术	—	—	6	—
移动互联应用技术	76	127	393	124
物联网应用技术	284	857	1739	450
计算机应用技术	1353	3312	7091	1573
计算机网络技术	1334	1624	4977	1468
计算机信息管理	64	54	320	136
软件技术	436	1179	2812	642
动漫制作技术	192	294	823	201
嵌入式技术与应用	7	—	4	4
数字展示技术	—	43	43	—
数字媒体应用技术	176	430	1052	245
信息安全与管理	71	165	396	92
云计算技术与应用	34	95	205	59
电子商务技术	304	155	692	294
大数据技术与应用	—	496	1247	94
虚拟现实应用技术	—	216	233	—
人工智能技术服务	—	59	60	—

2020—2021学年高等林业(生态)职业技术学院和其他高等职业学院林草专业情况(五)

单位:人

专业名称	毕业生数	招生数	在校学生数	毕业班学生数
通信技术	282	186	841	313
临床医学	—	166	355	42
口腔医学	—	47	47	—
护理	2394	1277	5930	2102
助产	215	172	674	149
药学	308	239	1002	362
中药学	129	219	586	113
医学检验技术	208	205	734	212
医学美容技术	—	95	222	—
口腔医学技术	32	89	290	49
康复治疗技术	46	163	591	159
预防医学	—	51	88	—
中医养生保健	—	25	47	11
资产评估与管理	70	62	268	102
金融管理	69	118	244	44
证券与期货	11	—	—	—
保险	—	—	1	1
投资与理财	1	—	39	17
互联网金融	—	6	58	—
财务管理	575	563	1576	607
会计	2251	3536	8986	2261
审计	83	94	330	99
会计信息管理	54	147	332	77
国际经济与贸易	88	188	381	95
经济信息管理	70	326	495	104
工商企业管理	123	225	1004	122
商务管理	22	—	22	22
连锁经营管理	9	27	50	10
市场营销	724	2161	3788	730
汽车营销与服务	184	48	322	157
茶艺与茶叶营销	123	103	298	85
电子商务	1139	2911	5552	1145
跨境电子商务	—	16	16	—
物流管理	564	709	1839	506
旅游管理	472	972	2343	582
导游	2	16	44	18
景区开发与管理	—	1	1	—

2020—2021 学年高等林业(生态)职业技术学院和其他高等职业学院林草专业情况(六)

单位:人

专业名称	毕业生数	招生数	在校学生数	毕业班学生数
酒店管理	559	869	1958	535
休闲服务与管理	37	93	243	50
研学旅行管理与服务	—	40	41	—
烹调工艺与营养	169	281	659	125
中西面点工艺	—	105	110	—
西餐工艺	66	241	529	125
会展策划与管理	57	101	256	75
艺术设计	8	51	178	23
视觉传播设计与制作	15	138	275	68
广告设计与制作	415	904	2141	534
数字媒体艺术设计	186	603	1250	227
产品艺术设计	12	173	174	—
家具艺术设计	29	25	88	20
服装与服饰设计	133	126	384	109
室内艺术设计	12	401	1036	254
展示艺术设计	13	—	—	—
环境艺术设计	483	651	1807	566
动漫设计	1	—	—	—
音乐表演	10	—	—	—
新闻采编与制作	17	92	211	43
影视动画	27	33	99	26
早期教育	—	20	20	—
学前教育	97	1400	2423	108
艺术教育	—	96	96	—
商务英语	175	295	654	84
旅游英语	27	—	—	—
商务日语	35	—	—	—
文秘	178	338	805	221
社会体育	—	46	91	—
休闲体育	—	—	13	13
高尔夫球运动与管理	61	62	112	31
青少年工作与管理	16	—	—	—
社区管理与服务	28	203	322	40
老年服务与管理	—	28	28	—
家政服务与管理	32	51	100	29
婚庆服务与管理	45	27	141	48
幼儿发展与健康管理	—	99	395	192

2020—2021 学年初普通中等林业(园林)职业学校和其他中等职业学校林草专业学生情况(一)

单位:人

专业名称	毕业生数	招生数	在校学生数	毕业班学生数
总 计	**32165**	**41849**	**103510**	**5604**
一、林草专业	**26964**	**31149**	**81447**	**3745**
木材加工	2513	1421	3738	—
森林资源保护与管理	469	248	656	—
生态环境保护	954	3696	4186	9
现代林业技术	3065	2974	8460	430
园林技术	16503	18816	52706	3016
园林绿化	3460	3994	11701	290
二、非林草专业	**5201**	**10700**	**22063**	**1859**
城市轨道交通运营管理	83	103	241	—
宠物养护与经营	6	28	62	11
畜牧兽医	124	450	705	14
道路与桥梁工程施工	15	11	24	3
电气运行与控制	9	3	6	1
电子技术应用	1	1	2	—
电子商务	646	1443	3226	43
高星级饭店运营与管理	—	77	94	17
给排水工程施工与运行	—	50	125	—
工程测量	95	522	887	28
工程机械运用与维修	—	130	143	—
工程造价	135	287	720	93
工艺美术	1	42	64	—
古建筑修缮与仿建	6	15	33	—
果蔬花卉生产技术	105	179	455	—
航空服务	—	3	3	—
护理	696	335	445	—
环境监测技术	—	26	26	—
会计	40	162	527	249
会计电算化	340	394	922	63

2020—2021 学年初普通中等林业(园林)职业学校和其他中等职业学校林草专业学生情况(二)

单位:人

专业名称	毕业生数	招生数	在校学生数	毕业班学生数
机电技术应用	37	106	224	1
机电设备安装与维修	—	70	73	—
计算机动漫与游戏制作	19	47	92	—
计算机平面设计	571	584	1557	66
计算机网络技术	349	387	847	82
计算机应用	300	1095	2604	376
计算机与数码产品维修	8	—	—	—
家具设计与制作	22	16	61	7
建筑工程施工	206	550	1440	325
建筑装饰	71	431	468	3
景区服务与管理	6	64	85	3
康养休闲旅游服务	—	91	91	—
老年人服务与管理	—	90	91	—
冷链物流服务与管理	—	342	342	—
楼宇智能化设备安装与运行	16	31	83	—
旅游服务与管理	114	71	242	38
美发与形象设计	14	30	67	—
美术绘画	—	10	11	—
美术设计与制作	12	—	14	—
模具制造技术	7	9	21	—
农产品保鲜与加工	—	—	13	—
农村经济综合管理	18	23	40	—
农业机械使用与维护	40	21	80	—
汽车美容与装潢	11	60	141	—
汽车运用与维修	646	1350	2443	288
汽车制造与检修	23	—	—	—
商品经营	3	5	5	—
社区公共事务管理	—	—	85	—
生物技术制药	—	3	7	1

2020—2021学年初普通中等林业(园林)职业学校和其他中等职业学校林草专业学生情况(三)

单位:人

专业名称	毕业生数	招生数	在校学生数	毕业班学生数
食品安全与检测技术	—	3	3	—
市场营销	13	19	62	43
市政工程施工	160	178	410	38
数控技术应用	75	206	510	27
数字媒体技术应用	4	—	—	—
数字影像技术	—	12	12	—
水利水电工程施工	53	—	56	—
文化艺术类专业	—	5	5	—
文秘	—	—	90	—
无人机操控与维护	—	27	27	—
物流服务与管理	18	21	39	2
物业管理	—	—	39	—
现代农艺技术	20	7	7	—
学前教育	44	120	229	7
音乐	—	9	11	—
影像与影视技术	—	—	3	—
运动训练	—	31	44	—
植物保护	—	50	124	30
中餐烹饪与营养膳食	—	189	273	—
中草药种植	19	—	21	—
其他类专业	—	76	161	—

附录一

东北、内蒙古重点国有林区

ANNEX Ⅰ

东北、内蒙古重点国有林区森工企业造林和森林抚育情况

单位：公顷

指标名称	本年实际
一、造林面积	**157407**
其中：中央投资完成面积	143581
1. 人工造林面积	20605
2. 飞播造林面积	—
3. 当年新封山(沙)育林面积	—
4. 退化林修复面积	135834
5. 人工更新面积	968
二、森林抚育面积	**1462925**

说明：东北、内蒙古重点国有林区 87 个森工企业：①内蒙古森工集团包括阿尔山、绰尔、绰源、乌尔旗汉、库都尔、图里河、伊图里河、克一河、甘河、吉文、阿里河、根河、金河、阿龙山、满归、得耳布尔、莫尔道嘎、大杨树、毕拉河。②吉林森工集团包括临江、三岔子、湾沟、松江河、泉阳、露水河、白石山、红石。③长白山森工集团包括黄泥河、敦化、大石头、八家子、和龙、汪清、大兴沟、天桥岭、白河、珲春。④龙江森工集团包括大海林、柴河、东京城、穆棱、绥阳、海林、林口、八面通、桦南、双鸭山、鹤立、鹤北、东方红、迎春、清河、山河屯、苇河、亚布力、方正、兴隆、绥棱、通北、沾河。⑤伊春森工集团包括双丰、铁力、桃山、朗乡、南岔、金山屯、美溪、乌马河、翠峦、友好、上甘岭、五营、红星、新青、汤旺河、乌伊岭、带岭。⑥大兴安岭林业集团包括松岭、新林、塔河、呼中、阿木尔、图强、西林吉、十八站、韩家园、加格达奇。

东北、内蒙古重点国有林区 87 个森工企业造林和森林抚育情况(一)

单位：公顷

单位名称	造林面积							森林抚育面积
	总计	其中：中央投资完成面积	人工造林面积	飞播造林面积	封山育林面积	退化林修复面积	人工更新面积	
全国合计	**157407**	**143581**	**20605**	**—**	**—**	**135834**	**968**	**1462925**
内蒙古森工集团	**34879**	**22024**	**12522**	**—**	**—**	**22024**	**333**	**367449**
阿尔山	3890	670	3180	—	—	670	40	10008
绰尔	1472	1000	472	—	—	1000	—	22667
绰源	1568	1000	562	—	—	1000	6	15334
乌尔旗汉	1912	1334	578	—	—	1334	—	24000
库都尔	2520	1001	1519	—	—	1001	—	23337
图里河	2193	1335	845	—	—	1335	13	22673
伊图里河	1615	1334	211	—	—	1334	70	17335
克一河	1680	1334	346	—	—	1334	—	22002
甘河	1561	1336	218	—	—	1336	7	22010
吉文	1454	1334	120	—	—	1334	—	22668
阿里河	1812	1669	125	—	—	1669	18	24001
根河	2397	2001	347	—	—	2001	49	28000
金河	1667	1667	—	—	—	1667	—	20003
阿龙山	1342	1335	—	—	—	1335	7	18038
满归	1450	1336	—	—	—	1336	114	18669
得耳布尔	1071	1004	66	—	—	1004	1	14004
莫尔道嘎	1837	1334	503	—	—	1334	—	23334
大杨树	2222	—	2214	—	—	—	8	13336
毕拉河	1216	—	1216	—	—	—	—	6030
吉林森工集团	**31110**	**30909**	**60**	**—**	**—**	**30972**	**78**	**137929**
临江	4214	4200	—	—	—	4200	14	14806
三岔子	5212	5159	—	—	—	5159	53	17669
湾沟	2800	2800	—	—	—	2800	—	16500
松江河	2474	2400	—	—	—	2463	11	23047
泉阳	3602	3602	—	—	—	3602	—	12506
露水河	4186	4186	—	—	—	4186	—	20001
白石山	4080	4020	60	—	—	4020	—	20000
红石	4542	4542	—	—	—	4542	—	13400
长白山森工集团	**36501**	**35731**	**213**	**—**	**—**	**35731**	**557**	**210734**
黄泥河	3146	3041	—	—	—	3041	105	23334

东北、内蒙古重点国有林区 87 个森工企业造林和森林抚育情况(二)

单位：公顷

单位名称	造林面积							森林抚育面积
	总计	其中：中央投资完成面积	人工造林面积	飞播造林面积	封山育林面积	退化林修复面积	人工更新面积	
敦化	2539	2517	1	—	—	2517	21	10063
大石头	3592	3554	—	—	—	3554	38	24001
八家子	2727	2664	63	—	—	2664	—	24000
和龙	4253	4206	47	—	—	4206	—	24000
汪清	3333	3333	—	—	—	3333	—	23333
大兴沟	3831	3447	—	—	—	3447	384	34669
天桥岭	3245	3245	—	—	—	3245	—	24001
白河	4250	4224	17	—	—	4224	9	13333
珲春	5585	5500	85	—	—	5500	—	10000
龙江森工集团	**20336**	**20336**	**5010**	**—**	**—**	**15326**	**—**	**313344**
大海林	625	625	19	—	—	606	—	16965
柴河	169	169	76	—	—	93	—	16603
东京城	800	800	707	—	—	93	—	22400
穆棱	1857	1857	93	—	—	1764	—	13251
绥阳	521	521	288	—	—	233	—	20313
海林	700	700	187	—	—	513	—	9707
林口	1280	1280	580	—	—	700	—	14695
八面通	1173	1173	373	—	—	800	—	10460
桦南	533	533	400	—	—	133	—	13320
双鸭山	541	541	74	—	—	467	—	12929
鹤立	914	914	447	—	—	467	—	7776
鹤北	2826	2826	133	—	—	2693	—	20500
东方红	533	533	200	—	—	333	—	14247
迎春	726	726	113	—	—	613	—	7295
清河	93	93	—	—	—	93	—	7573
山河屯	879	879	146	—	—	733	—	11003
苇河	1503	1503	100	—	—	1403	—	11179
亚布力	450	450	357	—	—	93	—	10697
方正	67	67	67	—	—	—	—	9931
兴隆	1156	1156	80	—	—	1076	—	14619
绥棱	967	967	213	—	—	754	—	15333
通北	400	400	67	—	—	333	—	13215

东北、内蒙古重点国有林区87个森工企业造林和森林抚育情况(三)

单位：公顷

单位名称	造林面积							森林抚育面积
	总计	其中：中央投资完成面积	人工造林面积	飞播造林面积	封山育林面积	退化林修复面积	人工更新面积	
沾河	1623	1623	290	—	—	1333	—	19333
伊春森工集团	**7115**	**7115**	**667**	**—**	**—**	**6448**	**—**	**202869**
双丰	267	267	—	—	—	267	—	6560
铁力	334	334	—	—	—	334	—	16200
桃山	547	547	—	—	—	547	—	9113
朗乡	534	534	—	—	—	534	—	16081
南岔	600	600	—	—	—	600	—	16613
金山屯	200	200	20	—	—	180	—	11047
美溪	266	266	33	—	—	233	—	14300
乌马河	234	234	134	—	—	100	—	10807
翠峦	233	233	—	—	—	233	—	8233
友好	333	333	—	—	—	333	—	14067
上甘岭	753	753	80	—	—	673	—	8867
五营	233	233	—	—	—	233	—	7067
红星	433	433	333	—	—	100	—	15747
新青	234	234	—	—	—	234	—	17453
汤旺河	667	667	—	—	—	667	—	11267
乌伊岭	1047	1047	67	—	—	980	—	12380
带岭	200	200	—	—	—	200	—	7067
大兴安岭林业集团	**27466**	**27466**	**2133**	**—**	**—**	**25333**	**—**	**230600**
松岭	2040	2040	40	—	—	2000	—	20660
新林	2720	2720	53	—	—	2667	—	28640
塔河	1386	1386	53	—	—	1333	—	28440
呼中	4600	4600	600	—	—	4000	—	26000
阿木尔	3733	3733	400	—	—	3333	—	18760
图强	1533	1533	200	—	—	1333	—	17600
西林吉	2934	2934	267	—	—	2667	—	19080
十八站	3227	3227	227	—	—	3000	—	20460
韩家园	3213	3213	213	—	—	3000	—	25513
加格达奇	2080	2080	80	—	—	2000	—	25447

东北、内蒙古重点国有林区森工企业产值(一)

(按现行价格计算) 单位:万元

指标名称	企业合计
林业产业总产值	**4917181**
一、第一产业	**2361157**
(一)涉林产业合计	1546185
1. 林木育种和育苗	22944
(1)林木育种	2275
(2)林木育苗	20669
2. 营造林	823360
3. 木材和竹材采运	27268
(1)木材采运	27268
(2)竹材采运	—
4. 经济林产品的种植与采集	610784
(1)水果、坚果、含油果和香料作物种植	32026
(2)茶及其他饮料作物的种植	—
(3)森林药材、食品种植	385622
(4)林产品采集	193136
5. 花卉及其他观赏植物种植	798
6. 陆生野生动物繁育与利用	61031
(二)林业系统非林产业	814972
二、第二产业	**710339**
(一)涉林产业合计	238502
1. 木材加工和木、竹、藤、棕、苇制品制造	127478
(1)木材加工	29771
(2)人造板制造	8903
(3)木制品制造	82957
(4)竹、藤、棕、苇制品制造	5847

东北、内蒙古重点国有林区森工企业产值(二)

(按现行价格计算)

单位:万元

指标名称	企业合计
2. 木、竹、藤家具制造	18978
3. 木、竹、苇浆造纸和纸制品	—
(1)木、竹、苇浆制造	—
(2)造纸	—
(3)纸制品制造	—
4. 林产化学产品制造	4794
5. 木质工艺品和木质文教体育用品制造	384
6. 非木质林产品加工制造	27715
(1)木本油料、果蔬、茶饮料等加工制造	6494
(2)森林药材加工制造	10522
(3)其他	10699
7. 其他	59153
(二)林业系统非林产业	471837
三、第三产业	**1845685**
(一)涉林产业合计	564315
1. 林业生产服务	58673
2. 林业旅游与休闲服务	113939
3. 林业生态服务	40863
4. 林业专业技术服务	2999
5. 林业公共管理及其他组织服务	347841
(二)林业系统非林产业	1281370
补充资料:竹产业产值	—
林下经济产值	1143983

东北、内蒙古重点国有林区

（按现行价

单位名称	总计	林业产业				
		合计				
			小计	林木育种和育苗		
				计	林木育种	林木育苗
全国合计	**4917181**	**2361157**	**1546185**	**22944**	**2275**	**20669**
内蒙古森工集团	**595773**	**281416**	**273756**	**4435**	**242**	**4193**
阿尔山	24746	14619	14619	132	—	132
绰尔	38344	18864	18864	208	—	208
绰源	20842	9964	9964	82	82	—
乌尔旗汉	30921	18057	17601	422	—	422
库都尔	34905	17876	17876	328	—	328
图里河	25205	11930	11930	50	—	50
伊图里河	23748	11746	9868	60	60	—
克一河	25192	12300	12300	499	—	499
甘河	32501	13112	13095	130	—	130
吉文	25712	9952	9892	47	—	47
阿里河	26246	16596	16388	400	100	300
根河	46490	27437	27437	641	—	641
金河	36200	15193	15189	38	—	38
阿龙山	35759	16583	16574	281	—	281
满归	39295	14168	14168	15	—	15
得耳布尔	39048	12636	12635	171	—	171
莫尔道嘎	39235	18507	18417	240	—	240
大杨树	31969	13832	9613	632	—	632
毕拉河	19415	8044	7326	59	—	59
吉林森工集团	**331442**	**265506**	**259286**	**3412**	**767**	**2645**
临江	35621	30372	29772	212	212	—
三岔子	43996	37241	37121	790	105	685
湾沟	31950	17081	17081	670	40	630
松江河	46951	35871	35871	30	—	30
泉阳	26617	22817	22817	110	90	20
露水河	38727	35694	35694	795	245	550
白石山	53312	41204	41204	245	75	170
红石	54268	45226	39726	560	—	560
长白山森工集团	**666931**	**205972**	**190038**	**6950**	**1266**	**5684**
黄泥河	81007	21593	16322	820	—	820
敦化	94692	22000	18570	858	139	719
大石头	79215	35554	33923	559	—	559
八家子	68213	15035	13430	144	—	144
和龙	58001	18116	18116	—	—	—
汪清	48375	13496	13496	2358	1108	1250
大兴沟	36600	21704	21704	—	—	—
天桥岭	58804	26915	22918	30	—	30
白河	84059	21718	21718	893	19	874
珲春	57965	9841	9841	1288	—	1288
龙江森工集团	**2329467**	**1067218**	**421305**	**2143**	**—**	**2143**
大海林	181160	35725	23576	287	—	287
柴河	124603	25621	8423	90	—	90
东京城	63910	47287	25497	—	—	—
穆棱	84245	51904	24846	—	—	—
绥阳	208729	129627	97513	—	—	—

87个森工企业产值(一)

格计算)　　　　单位：万元

总产值						
第一产业						
涉林产业						
营造林	木材和竹材采运			经济林产品的种植与采集		
	计	木材采运	竹材采运	计	水果、坚果、含油果和香料作物种植	茶及其他饮料作物的种植
823360	**27268**	**27268**	**—**	**610784**	**32026**	**—**
237421	**1200**	**1200**	**—**	**10333**	**68**	**—**
14007	—	—	—	30	—	—
11866	8	8	—	47	—	—
7519	11	11	—	352	—	—
14362	224	224	—	—	—	—
16095	87	87	—	76	—	—
10699	60	60	—	556	—	—
9756	—	—	—	39	—	—
10971	17	17	—	373	—	—
12173	43	43	—	54	—	—
9659	—	—	—	36	14	—
15177	68	68	—	148	21	—
22630	—	—	—	2564	—	—
13987	—	—	—	361	—	—
12345	159	159	—	3099	—	—
11307	66	66	—	1800	—	—
11843	77	77	—	27	—	—
17615	—	—	—	520	—	—
8806	115	115	—	33	33	—
6604	265	265	—	218	—	—
174561	**18393**	**18393**	**—**	**57948**	**4786**	**—**
19397	4398	4398	—	5765	—	—
26099	6884	6884	—	3348	1445	—
14242	510	510	—	1659	600	—
24677	3329	3329	—	5596	598	—
15500	457	457	—	6000	—	—
24210	574	574	—	8815	—	—
20446	1041	1041	—	19472	—	—
29990	1200	1200	—	7293	2143	—
78567	**4812**	**4812**	**—**	**74938**	**15078**	**—**
5648	1584	1584	—	5733	824	—
9070	409	409	—	6542	4472	—
6762	1195	1195	—	16866	8501	—
7960	366	366	—	3066	11	—
11077	39	39	—	5785	—	—
9378	—	—	—	1080	—	—
8231	694	694	—	10826	1130	—
5736	—	—	—	15746	—	—
9951	445	445	—	7793	—	—
4754	80	80	—	1501	140	—
132069	**2863**	**2863**	**—**	**278444**	**5683**	**—**
7071	377	377	—	15841	—	—
5893	139	139	—	2301	380	—
10204	—	—	—	15293	761	—
3263	190	190	—	21393	—	—
3803	—	—	—	93710	—	—

东北、内蒙古重点国有林区

（按现行价

单位名称	总计	林业产业					
		合计					
			小计	林木育种和育苗			
				计	林木育种	林木育苗
海林	151180	53862	39979	67	—	67
林口	92071	58385	23976	—	—	—
八面通	87506	60920	15004	—	—	—
桦南	67977	42699	20295	63	—	63
双鸭山	123409	32029	6993	—	—	—
鹤立	51183	28234	5843	33	—	33
鹤北	96517	39901	16318	91	—	91
东方红	82155	45503	18822	430	—	430
迎春	52226	34357	4692	—	—	—
清河	68768	31910	9733	62	—	62
山河屯	56512	28442	3961	—	—	—
苇河	92899	38094	14195	83	—	83
亚布力	65539	43894	17553	5	—	5
方正	101631	31678	13495	474	—	474
兴隆	116906	62555	9891	—	—	—
绥棱	96878	41783	7437	—	—	—
通北	111278	69480	7476	428	—	428
沾河	152185	33328	5787	30	—	30
伊春森工集团	**706271**	**320463**	**191409**	**1692**	**—**	**1692**
双丰	53581	31870	13386	77	—	77
铁力	100824	62471	40116	—	—	—
桃山	64373	39886	13317	6	—	6
朗乡	69167	39681	26306	346	—	346
南岔	37082	19271	12329	26	—	26
金山屯	22025	8983	3682	96	—	96
美溪	44906	7135	4396	93	—	93
乌马河	70906	15966	3596	323	—	323
翠峦	23547	7597	1946	—	—	—
友好	25794	8787	4551	11	—	11
上甘岭	21866	8822	8301	—	—	—
五营	19411	3464	2006	60	—	60
红星	22585	9808	7936	325	—	325
新青	33610	11775	7974	140	—	140
汤旺河	40099	18347	17506	—	—	—
乌伊岭	36574	18969	18969	—	—	—
带岭	19921	7631	5092	189	—	189
大兴安岭林业集团	**287297**	**220582**	**210391**	**4312**	**—**	**4312**
松岭	26933	16557	15787	160	—	160
新林	42897	34951	34124	170	—	170
塔河	35302	22000	21796	388	—	388
呼中	32398	27298	25754	1134	—	1134
阿木尔	21782	19075	18810	800	—	800
图强	20781	16243	15933	210	—	210
西林吉	40226	31706	25908	324	—	324
十八站	22455	15922	15812	56	—	56
韩家园	23347	18583	18227	620	—	620
加格达奇	21176	18247	18240	450	—	450

87 个森工企业产值(二)

格计算)

单位：万元

总产值						
第一产业						
涉林产业						
营造林	木材和竹材采运			经济林产品的种植与采集		
	计	木材采运	竹材采运	计	水果、坚果、含油果和香料作物种植	茶及其他饮料作物的种植
5326	1675	1675	—	32911	—	—
6899	397	397	—	16680	—	—
5584	—	—	—	9420	—	—
18139	7	7	—	2086	—	—
4004	—	—	—	2989	—	—
3966	—	—	—	1844	—	—
9699	51	51	—	6477	—	—
7330	27	27	—	5305	—	—
4053	—	—	—	639	—	—
2686	—	—	—	6985	—	—
2420	—	—	—	1541	—	—
5607	—	—	—	8505	1182	—
4110	—	—	—	13438	756	—
1927	—	—	—	11094	2604	—
3222	—	—	—	6669	—	—
6315	—	—	—	1122	—	—
6250	—	—	—	742	—	—
4298	—	—	—	1459	—	—
40643	**—**	**—**	**—**	**149074**	**—**	**—**
3322	—	—	—	9987	—	—
4204	—	—	—	35912	—	—
2366	—	—	—	10945	—	—
240	—	—	—	25720	—	—
3260	—	—	—	9043	—	—
2084	—	—	—	1502	—	—
2704	—	—	—	1599	—	—
1775	—	—	—	1498	—	—
1587	—	—	—	359	—	—
2682	—	—	—	1858	—	—
1959	—	—	—	6342	—	—
1377	—	—	—	569	—	—
3129	—	—	—	4482	—	—
3246	—	—	—	4588	—	—
2328	—	—	—	15178	—	—
2718	—	—	—	16251	—	—
1662	—	—	—	3241	—	—
160099	**—**	**—**	**—**	**40047**	**6411**	**—**
14949	—	—	—	594	185	—
19226	—	—	—	12367	3273	—
19746	—	—	—	872	—	—
18110	—	—	—	6368	2050	—
12864	—	—	—	5046	420	—
11240	—	—	—	3618	46	—
16558	—	—	—	8880	400	—
13909	—	—	—	1188	—	—
16772	—	—	—	741	24	—
16725	—	—	—	373	13	—

东北、内蒙古重点国有林区

（按现行价

单位名称	林业产业				
	第一产业				
	涉林产业				林业系统非林产业
	经济林产品的种植与采集		花卉及其他观赏植物种植	陆生野生动物繁育与利用	
	森林药材、食品种植	林产品采集			
全国合计	**385622**	**193136**	**798**	**61031**	**814972**
内蒙古森工集团	**788**	**9477**	**—**	**20367**	**7660**
阿尔山	—	30	—	450	—
绰尔	8	39	—	6735	—
绰源	—	352	—	2000	—
乌尔旗汉	—	—	—	2593	456
库都尔	41	35	—	1290	—
图里河	—	556	—	565	—
伊图里河	—	39	—	13	1878
克一河	322	51	—	440	—
甘河	—	54	—	695	17
吉文	10	12	—	150	60
阿里河	127	—	—	595	208
根河	—	2564	—	1602	—
金河	—	361	—	803	4
阿龙山	30	3069	—	690	9
满归	250	1550	—	980	—
得耳布尔	—	27	—	517	1
莫尔道嘎	—	520	—	42	90
大杨树	—	—	—	27	4219
毕拉河	—	218	—	180	718
吉林森工集团	**31627**	**21535**	**597**	**4375**	**6220**
临江	2777	2988	—	—	600
三岔子	320	1583	—	—	120
湾沟	540	519	—	—	—
松江河	1006	3992	597	1642	—
泉阳	3000	3000	—	750	—
露水河	3715	5100	—	1300	—
白石山	17750	1722	—	—	—
红石	2519	2631	—	683	5500
长白山森工集团	**45762**	**14098**	**—**	**24771**	**15934**
黄泥河	4825	84	—	2537	5271
敦化	1412	658	—	1691	3430
大石头	7875	490	—	8541	1631
八家子	868	2187	—	1894	1605
和龙	4770	1015	—	1215	—
汪清	130	950	—	680	—
大兴沟	9457	239	—	1953	—
天桥岭	13960	1786	—	1406	3997
白河	2215	5578	—	2636	—
珲春	250	1111	—	2218	—
龙江森工集团	**217184**	**55577**	**61**	**5725**	**645913**
大海林	15841	—	—	—	12149
柴河	1780	141	—	—	17198
东京城	14071	461	—	—	21790
穆棱	21393	—	—	—	27058
绥阳	93705	5	—	—	32114

87 个森工企业产值(三)

格计算)　　　　　　　　　　　　　　　　　　　　　　　　单位：万元

总产值						
	第二产业					
合计	涉林产业合计					
	小计	木材加工和木、竹、藤、棕、苇制品制造				
		计	木材加工	人造板制造	木制品制造	竹、藤、棕、苇制品制造
710339	**238502**	**127478**	**29771**	**8903**	**82957**	**5847**
125596	**665**	**—**	**—**	**—**	**—**	**—**
1131	—	—	—	—	—	—
8889	—	—	—	—	—	—
4636	—	—	—	—	—	—
1305	—	—	—	—	—	—
6587	—	—	—	—	—	—
3758	587	—	—	—	—	—
5642	—	—	—	—	—	—
4010	78	—	—	—	—	—
4541	—	—	—	—	—	—
6394	—	—	—	—	—	—
486	—	—	—	—	—	—
707	—	—	—	—	—	—
10631	—	—	—	—	—	—
10037	—	—	—	—	—	—
15771	—	—	—	—	—	—
17523	—	—	—	—	—	—
8676	—	—	—	—	—	—
10549	—	—	—	—	—	—
4323	—	—	—	—	—	—
10833	**4108**	**3183**	**939**	**—**	**2244**	**—**
1372	1372	1372	639	—	733	—
61	—	—	—	—	—	—
6169	300	300	300	—	—	—
2198	1511	1511	—	—	1511	—
—	—	—	—	—	—	—
150	150	—	—	—	—	—
108	—	—	—	—	—	—
775	775	—	—	—	—	—
98840	**46618**	**34351**	**—**	**4764**	**29587**	**—**
13351	—	—	—	—	—	—
24272	15242	13472	—	—	13472	—
15280	3214	3214	—	—	3214	—
5811	—	—	—	—	—	—
2516	124	—	—	—	—	—
7417	7417	—	—	—	—	—
3740	740	—	—	—	—	—
1865	—	—	—	—	—	—
4923	216	—	—	—	—	—
19665	19665	17665	—	4764	12901	—
397842	**127754**	**88379**	**28832**	**3815**	**49885**	**5847**
29960	12018	12018	2173	204	9641	—
48443	11756	733	376	357	—	—
1346	1096	1096	—	—	1096	—
7267	3003	3003	—	2092	911	—
56554	20360	20360	17730	—	2630	—

东北、内蒙古重点国有林区

（按现行价

单位名称	林业产业				
	第一产业				
	涉林产业				林业系统非林产业
	经济林产品的种植与采集		花卉及其他观赏植物种植	陆生野生动物繁育与利用	
	森林药材、食品种植	林产品采集			
海林	8591	24320	—	—	13883
林口	16680	—	—	—	34409
八面通	5147	4273	—	—	45916
桦南	2086	—	—	—	22404
双鸭山	1386	1603	—	—	25036
鹤立	1618	226	—	—	22391
鹤北	1611	4866	—	—	23583
东方红	2759	2546	5	5725	26681
迎春	—	639	—	—	29665
清河	6653	332	—	—	22177
山河屯	1541	—	—	—	24481
苇河	6855	468	—	—	23899
亚布力	4490	8192	—	—	26341
方正	6320	2170	—	—	18183
兴隆	3909	2760	—	—	52664
绥棱	255	867	—	—	34346
通北	335	407	56	—	62004
沾河	158	1301	—	—	27541
伊春森工集团	**81296**	**67778**	**—**	**—**	**129054**
双丰	8560	1427	—	—	18484
铁力	21135	14777	—	—	22355
桃山	7689	3256	—	—	26569
朗乡	5726	19994	—	—	13375
南岔	4185	4858	—	—	6942
金山屯	825	677	—	—	5301
美溪	740	859	—	—	2739
乌马河	108	1390	—	—	12370
翠峦	—	359	—	—	5651
友好	704	1154	—	—	4236
上甘岭	6021	321	—	—	521
五营	91	478	—	—	1458
红星	2932	1550	—	—	1872
新青	3452	1136	—	—	3801
汤旺河	5535	9643	—	—	841
乌伊岭	13557	2694	—	—	—
带岭	36	3205	—	—	2539
大兴安岭林业集团	**8965**	**24671**	**140**	**5793**	**10191**
松岭	121	288	—	84	770
新林	1632	7462	—	2361	827
塔河	91	781	—	790	204
呼中	1348	2970	46	96	1544
阿木尔	1017	3609	—	100	265
图强	1650	1922	—	865	310
西林吉	2220	6260	30	116	5798
十八站	561	627	35	624	110
韩家园	60	657	19	75	356
加格达奇	265	95	10	682	7

87 个森工企业产值(四)

格计算)

单位：万元

总产值						
第二产业						
合计	涉林产业合计					
	小计	木材加工和木、竹、藤、棕、苇制品制造				
		计	木材加工	人造板制造	木制品制造	竹、藤、棕、苇制品制造
50182	15640	15640	—	—	15640	—
5493	650	650	119	291	240	—
2049	—	—	—	—	—	—
—	—	—	—	—	—	—
3429	455	455	455	—	—	—
11276	6026	600	110	87	403	—
20652	1328	127	20	—	107	—
15726	943	761	—	—	761	—
1451	88	88	—	—	88	—
26998	9397	2438	2438	—	—	—
3940	2240	2240	2240	—	—	—
10249	2000	2000	2000	—	—	—
5229	32	—	—	—	—	—
31481	6061	6061	214	—	—	5847
12106	490	—	—	—	—	—
13905	13905	—	—	—	—	—
18949	16421	16348	641	—	15707	—
21157	3845	3761	316	784	2661	—
51805	**39383**	**1565**	**—**	**324**	**1241**	**—**
550	550	—	—	—	—	—
2524	2524	1353	—	144	1209	—
2110	—	—	—	—	—	—
4020	—	—	—	—	—	—
—	—	—	—	—	—	—
1112	1112	—	—	—	—	—
2531	—	—	—	—	—	—
30554	28178	—	—	—	—	—
—	—	—	—	—	—	—
741	741	—	—	—	—	—
192	150	150	—	150	—	—
21	21	—	—	—	—	—
317	317	—	—	—	—	—
280	—	—	—	—	—	—
1740	1740	—	—	—	—	—
3952	3952	—	—	—	—	—
1161	98	62	—	30	32	—
25423	**19974**	**—**	**—**	**—**	**—**	**—**
6033	6026	—	—	—	—	—
607	607	—	—	—	—	—
8613	8613	—	—	—	—	—
2111	1895	—	—	—	—	—
503	503	—	—	—	—	—
570	270	—	—	—	—	—
1494	1428	—	—	—	—	—
4698	198	—	—	—	—	—
718	358	—	—	—	—	—
76	76	—	—	—	—	—

东北、内蒙古重点国有林区

（按现行价

单位名称	林业产业				
	第二				
	涉林产				
	木、竹、藤家具制造	木、竹、苇浆造纸和纸制品			
		计	木、竹、苇浆制造	造纸	纸制品制造
全国合计	**18978**	**—**	**—**	**—**	**—**
内蒙古森工集团	**—**	**—**	**—**	**—**	**—**
阿尔山	—	—	—	—	—
绰尔	—	—	—	—	—
绰源	—	—	—	—	—
乌尔旗汉	—	—	—	—	—
库都尔	—	—	—	—	—
图里河	—	—	—	—	—
伊图里河	—	—	—	—	—
克一河	—	—	—	—	—
甘河	—	—	—	—	—
吉文	—	—	—	—	—
阿里河	—	—	—	—	—
根河	—	—	—	—	—
金河	—	—	—	—	—
阿龙山	—	—	—	—	—
满归	—	—	—	—	—
得耳布尔	—	—	—	—	—
莫尔道嘎	—	—	—	—	—
大杨树	—	—	—	—	—
毕拉河	—	—	—	—	—
吉林森工集团	**—**	**—**	**—**	**—**	**—**
临江	—	—	—	—	—
三岔子	—	—	—	—	—
湾沟	—	—	—	—	—
松江河	—	—	—	—	—
泉阳	—	—	—	—	—
露水河	—	—	—	—	—
白石山	—	—	—	—	—
红石	—	—	—	—	—
长白山森工集团	**1770**	**—**	**—**	**—**	**—**
黄泥河	—	—	—	—	—
敦化	1770	—	—	—	—
大石头	—	—	—	—	—
八家子	—	—	—	—	—
和龙	—	—	—	—	—
汪清	—	—	—	—	—
大兴沟	—	—	—	—	—
天桥岭	—	—	—	—	—
白河	—	—	—	—	—
珲春	—	—	—	—	—
龙江森工集团	**988**	**—**	**—**	**—**	**—**
大海林	—	—	—	—	—
柴河	—	—	—	—	—
东京城	—	—	—	—	—
穆棱	—	—	—	—	—
绥阳	—	—	—	—	—

87个森工企业产值(五)

格计算)　　单位：万元

总产值							
产业							
业合计							林业系统非林产业
林产化学产品制造	木质工艺品和木质文教体育用品制造	非木质林产品加工制造				其他	
		计	木本油料、果蔬、茶饮料等加工制造	森林药材加工制造	其他		
4794	**384**	**27715**	**6494**	**10522**	**10699**	**59153**	**471837**
—	**—**	**665**	**—**	**—**	**665**	**—**	**124931**
—	—	—	—	—	—	—	1131
—	—	—	—	—	—	—	8889
—	—	—	—	—	—	—	4636
—	—	—	—	—	—	—	1305
—	—	—	—	—	—	—	6587
—	—	587	—	—	587	—	3171
—	—	—	—	—	—	—	5642
—	—	78	—	—	78	—	3932
—	—	—	—	—	—	—	4541
—	—	—	—	—	—	—	6394
—	—	—	—	—	—	—	486
—	—	—	—	—	—	—	707
—	—	—	—	—	—	—	10631
—	—	—	—	—	—	—	10037
—	—	—	—	—	—	—	15771
—	—	—	—	—	—	—	17523
—	—	—	—	—	—	—	8676
—	—	—	—	—	—	—	10549
—	—	—	—	—	—	—	4323
—	**—**	**925**	**—**	**—**	**925**	**—**	**6725**
—	—	—	—	—	—	—	—
—	—	—	—	—	—	—	61
—	—	—	—	—	—	—	5869
—	—	—	—	—	—	—	687
—	—	—	—	—	—	—	—
—	—	150	—	—	150	—	—
—	—	—	—	—	—	—	108
—	—	775	—	—	775	—	—
—	**—**	**124**	**124**	**—**	**—**	**10373**	**52222**
—	—	—	—	—	—	—	13351
—	—	—	—	—	—	—	9030
—	—	—	—	—	—	—	12066
—	—	—	—	—	—	—	5811
—	—	124	124	—	—	—	2392
—	—	—	—	—	—	7417	—
—	—	—	—	—	—	740	3000
—	—	—	—	—	—	—	1865
—	—	—	—	—	—	216	4707
—	—	—	—	—	—	2000	—
—	**384**	**5390**	**1748**	**3155**	**487**	**32613**	**270088**
—	—	—	—	—	—	—	17942
—	4	1992	1505	—	487	9027	36687
—	—	—	—	—	—	—	250
—	—	—	—	—	—	—	4264
—	—	—	—	—	—	—	36194

东北、内蒙古重点国有林区

（按现行价

单位名称	林业产业				
	第二				
	涉林产				
	木、竹、藤家具制造	木、竹、苇浆造纸和纸制品			
		计	木、竹、苇浆制造	造纸	纸制品制造
海林	—	—	—	—	—
林口	—	—	—	—	—
八面通	—	—	—	—	—
桦南	—	—	—	—	—
双鸭山	—	—	—	—	—
鹤立	—	—	—	—	—
鹤北	314	—	—	—	—
东方红	—	—	—	—	—
迎春	—	—	—	—	—
清河	100	—	—	—	—
山河屯	—	—	—	—	—
苇河	—	—	—	—	—
亚布力	—	—	—	—	—
方正	—	—	—	—	—
兴隆	490	—	—	—	—
绥棱	—	—	—	—	—
通北	—	—	—	—	—
沾河	84	—	—	—	—
伊春森工集团	**16220**	**—**	**—**	**—**	**—**
双丰	—	—	—	—	—
铁力	1171	—	—	—	—
桃山	—	—	—	—	—
朗乡	—	—	—	—	—
南岔	—	—	—	—	—
金山屯	—	—	—	—	—
美溪	—	—	—	—	—
乌马河	15028	—	—	—	—
翠峦	—	—	—	—	—
友好	—	—	—	—	—
上甘岭	—	—	—	—	—
五营	—	—	—	—	—
红星	—	—	—	—	—
新青	—	—	—	—	—
汤旺河	—	—	—	—	—
乌伊岭	—	—	—	—	—
带岭	21	—	—	—	—
大兴安岭林业集团	**—**	**—**	**—**	**—**	**—**
松岭	—	—	—	—	—
新林	—	—	—	—	—
塔河	—	—	—	—	—
呼中	—	—	—	—	—
阿木尔	—	—	—	—	—
图强	—	—	—	—	—
西林吉	—	—	—	—	—
十八站	—	—	—	—	—
韩家园	—	—	—	—	—
加格达奇	—	—	—	—	—

87 个森工企业产值(六)

格计算)　　　　单位：万元

总产值							
产业							
业合计							林业系统非林产业
		非木质林产品加工制造				其他	
林产化学产品制造	木质工艺品和木质文教体育用品制造	计	木本油料、果蔬、茶饮料等加工制造	森林药材加工制造	其他		
—	—	—	—	—	—	—	34542
—	—	—	—	—	—	—	4843
—	—	—	—	—	—	—	2049
—	—	—	—	—	—	—	—
—	—	—	—	—	—	—	2974
—	—	124	124	—	—	5302	5250
—	348	119	119	—	—	420	19324
—	—	182	—	182	—	—	14783
—	—	—	—	—	—	—	1363
—	—	2900	—	2900	—	3959	17601
—	—	—	—	—	—	—	1700
—	—	—	—	—	—	—	8249
—	32	—	—	—	—	—	5197
—	—	—	—	—	—	—	25420
—	—	—	—	—	—	—	11616
—	—	—	—	—	—	13905	—
—	—	73	—	73	—	—	2528
—	—	—	—	—	—	—	17312
—	**—**	**5807**	**1246**	**860**	**3701**	**15791**	**12422**
—	—	—	—	—	—	550	—
—	—	—	—	—	—	—	—
—	—	—	—	—	—	—	2110
—	—	—	—	—	—	—	4020
—	—	—	—	—	—	—	—
—	—	—	—	—	—	1112	—
—	—	—	—	—	—	—	2531
—	—	4907	1206	—	3701	8243	2376
—	—	—	—	—	—	—	—
—	—	25	25	—	—	716	—
—	—	—	—	—	—	—	42
—	—	—	—	—	—	21	—
—	—	—	—	—	—	317	—
—	—	—	—	—	—	—	280
—	—	860	—	860	—	880	—
—	—	—	—	—	—	3952	—
—	—	15	15	—	—	—	1063
4794	**—**	**14804**	**3376**	**6507**	**4921**	**376**	**5449**
—	—	6026	61	5889	76	—	7
—	—	607	—	—	607	—	—
4537	—	3700	2905	586	209	376	—
—	—	1895	35	—	1860	—	216
—	—	503	205	—	298	—	—
—	—	270	—	—	270	—	300
257	—	1171	170	—	1001	—	66
—	—	198	—	—	198	—	4500
—	—	358	—	32	326	—	360
—	—	76	—	—	76	—	—

东北、内蒙古重点国有林区

（按现行价

单位名称	林业产业			
	第三			
	合计	涉林产		
		小计	林业生产服务	林业旅游与休闲服务
全国合计	**1845685**	**564315**	**58673**	**113939**
内蒙古森工集团	**188761**	**8936**	**—**	**1096**
阿尔山	8996	832	—	72
绰尔	10591	10	—	10
绰源	6242	378	—	—
乌尔旗汉	11559	139	—	—
库都尔	10442	—	—	—
图里河	9517	904	—	5
伊图里河	6360	4	—	4
克一河	8882	22	—	22
甘河	14848	191	—	—
吉文	9366	140	—	140
阿里河	9164	14	—	14
根河	18346	2307	—	117
金河	10376	519	—	36
阿龙山	9139	57	—	27
满归	9356	350	—	350
得耳布尔	8889	516	—	34
莫尔道嘎	12052	233	—	233
大杨树	7588	1426	—	30
毕拉河	7048	894	—	2
吉林森工集团	**55103**	**17164**	**9437**	**1629**
临江	3877	3877	2000	151
三岔子	6694	1833	642	—
湾沟	8700	3080	2450	80
松江河	8882	424	—	424
泉阳	3800	1500	—	—
露水河	2883	2883	2409	474
白石山	12000	1300	1100	200
红石	8267	2267	836	300
长白山森工集团	**362119**	**93809**	**11756**	**21645**
黄泥河	46063	6207	315	1500
敦化	48420	3668	943	—
大石头	28381	3840	—	550
八家子	47367	3219	520	1470
和龙	37369	1597	429	—
汪清	27462	11604	807	12
大兴沟	11156	6515	321	—
天桥岭	30024	5323	1088	—
白河	57418	24723	1834	18083
珲春	28459	27113	5499	30
龙江森工集团	**864407**	**126715**	**9220**	**54771**
大海林	115475	36670	—	36670
柴河	50539	3809	—	3809
东京城	15277	34	—	34
穆棱	25074	3570	—	—
绥阳	22548	16498	330	270

87 个森工企业产值(七)

格计算)

单位：万元

总产值				补充资料	
产业					
业合计					
林业生态服务	林业专业技术服务	林业公共管理及其他组织服务	林业系统非林产业	竹产业产值	林下经济产值
40863	**2999**	**347841**	**1281370**	**—**	**1143983**
7840	**—**	**—**	**179825**	**—**	**38360**
760	—	—	8164	—	480
—	—	—	10581	—	6782
378	—	—	5864	—	2352
139	—	—	11420	—	3049
—	—	—	10442	—	1366
899	—	—	8613	—	1121
—	—	—	6356	—	1930
—	—	—	8860	—	813
191	—	—	14657	—	766
—	—	—	9226	—	246
—	—	—	9150	—	951
2190	—	—	16039	—	4166
483	—	—	9857	—	1168
30	—	—	9082	—	3798
—	—	—	9006	—	2780
482	—	—	8373	—	545
—	—	—	11819	—	652
1396	—	—	6162	—	4279
892	—	—	6154	—	1116
1935	**743**	**3420**	**37939**	**—**	**57948**
235	93	1398	—	—	5765
—	—	1191	4861	—	3348
200	350	—	5620	—	1659
—	—	—	8458	—	5596
1500	—	—	2300	—	6000
—	—	—	—	—	8815
—	—	—	10700	—	19472
—	300	831	6000	—	7293
15514	**1227**	**43667**	**268310**	**—**	**108054**
4392	—	—	39856	—	9880
—	—	2725	44752	—	11663
—	—	3290	24541	—	27038
813	416	—	44148	—	5300
315	354	499	35772	—	7000
166	—	10619	15858	—	2285
37	—	6157	4641	—	12779
—	151	4084	24701	—	17961
334	306	4166	32695	—	10429
9457	—	12127	1346	—	3719
9419	**—**	**53305**	**737692**	**—**	**789352**
—	—	—	78805	—	58029
—	—	—	46730	—	—
—	—	—	15243	—	45883
3570	—	—	21504	—	52745
5849	—	10049	6050	—	—

东北、内蒙古重点国有林区

(按现行价

单位名称	林业产业			
	第三			
	合计	涉林产		
		小计	林业生产服务	林业旅游与休闲服务
海林	47136	—	—	—
林口	28193	10944	—	5077
八面通	24537	—	—	—
桦南	25278	12	—	12
双鸭山	87951	1000	—	1000
鹤立	11673	1331	406	925
鹤北	35964	1723	1685	38
东方红	20926	6165	—	467
迎春	16418	10	—	10
清河	9860	2065	618	24
山河屯	24130	292	—	292
苇河	44556	2474	—	188
亚布力	16416	11180	2148	1817
方正	38472	3813	—	3813
兴隆	42245	60	—	60
绥棱	41190	24800	4033	—
通北	22849	265	—	265
沾河	97700	—	—	—
伊春森工集团	**334003**	**282313**	**6813**	**32180**
双丰	21161	13953	601	—
铁力	35829	24961	3224	7582
桃山	22377	20543	657	54
朗乡	25466	24556	—	5600
南岔	17811	17811	64	10
金山屯	11930	11930	—	402
美溪	35240	21378	—	15169
乌马河	24386	23062	—	1210
翠峦	15950	15950	728	—
友好	16266	16266	—	—
上甘岭	12852	12852	2	255
五营	15926	705	—	705
红星	12460	12460	—	510
新青	21555	21483	—	100
汤旺河	20012	20012	8	396
乌伊岭	13653	13653	902	41
带岭	11129	10738	627	146
大兴安岭林业集团	**41292**	**35378**	**21447**	**2618**
松岭	4343	4343	2339	45
新林	7339	2201	1280	—
塔河	4689	4689	1857	—
呼中	2989	2989	1784	—
阿木尔	2204	2196	1634	—
图强	3968	3968	2100	168
西林吉	7026	7026	4062	2326
十八站	1835	1812	1462	6
韩家园	4046	3301	2559	—
加格达奇	2853	2853	2370	73

87 个森工企业产值(八)

格计算)

单位：万元

总产值				补充资料	
产业					
业合计					
林业生态服务	林业专业技术服务	林业公共管理及其他组织服务	林业系统非林产业	竹产业产值	林下经济产值
—	—	—	47136	—	—
—	—	5867	17249	—	—
—	—	—	24537	—	—
—	—	—	25266	—	39837
—	—	—	86951	—	110732
—	—	—	10342	—	34814
—	—	—	34241	—	74079
—	—	5698	14761	—	56668
—	—	—	16408	—	30304
—	—	1423	7795	—	53878
—	—	—	23838	—	—
—	—	2286	42082	—	31008
—	—	7215	5236	—	41596
—	—	—	34659	—	29277
—	—	—	42185	—	95034
—	—	20767	16390	—	35468
—	—	—	22584	—	—
—	—	—	97700	—	—
6056	**—**	**237264**	**51690**	**—**	**89738**
73	—	13279	7208	—	9987
—	—	14155	10868	—	1829
72	—	19760	1834	—	6780
—	—	18956	910	—	19994
1683	—	16054	—	—	4858
—	—	11528	—	—	6182
—	—	6209	13862	—	5206
141	—	21711	1324	—	1498
—	—	15222	—	—	359
1199	—	15067	—	—	1658
166	—	12429	—	—	321
—	—	—	15221	—	823
1087	—	10863	—	—	1550
400	—	20983	72	—	8387
935	—	18673	—	—	1341
221	—	12489	—	—	16251
79	—	9886	391	—	2714
99	**1029**	**10185**	**5914**	**—**	**60531**
—	—	1959	—	—	7277
—	454	467	5138	—	14402
—	—	2832	—	—	5362
—	—	1205	—	—	8407
74	—	488	8	—	5516
—	—	1700	—	—	4741
—	110	528	—	—	10411
—	—	344	23	—	2094
25	465	252	745	—	1180
—	—	410	—	—	1141

东北、内蒙古重点国有林区森工企业主要木材产量

指标名称	计量单位	企业合计
木材	立方米	340025
其中：针叶木材	立方米	114743
1. 原木	立方米	334043
2. 薪材	立方米	5982

东北、内蒙古重点国有林区 87 个森工企业主要木材产量(一)

单位：立方米

单位名称	木材			
	合计	其中：针叶木材	原木	薪材
全国合计	**340025**	**114743**	**334043**	**5982**
内蒙古森工集团	**34882**	**5824**	**33730**	**1152**
阿尔山	—	—	—	—
绰尔	1063	—	125	938
绰源	206	80	206	—
乌尔旗汉	3745	—	3745	—
库都尔	1520	—	1520	—
图里河	1905	738	1905	—
伊图里河	6092	—	6092	—
克一河	262	—	262	—
甘河	1035	217	821	214
吉文	2929	—	2929	—
阿里河	319	—	319	—
根河	—	—	—	—
金河	—	—	—	—
阿龙山	4258	—	4258	—
满归	366	—	366	—
得耳布尔	1737	—	1737	—
莫尔道嘎	1867	—	1867	—
大杨树	1692	—	1692	—
毕拉河	5886	4789	5886	—
吉林森工集团	**173788**	**42314**	**169796**	**3992**
临江	48873	11283	45747	3126
三岔子	53771	7564	53771	—
湾沟	6300	5031	5434	866
松江河	33224	8134	33224	—

东北、内蒙古重点国有林区 87 个森工企业主要木材产量(二)

单位：立方米

单位名称	木材			
	合计	其中：针叶木材	原木	薪材
泉阳	5648	—	5648	—
露水河	9412	4436	9412	—
白石山	6311	5866	6311	—
红石	10249	—	10249	—
长白山森工集团	**67497**	**21356**	**67418**	**79**
黄泥河	17587	8726	17587	—
敦化	4388	3635	4388	—
大石头	16275	5169	16222	53
八家子	7499	—	7499	—
和龙	673	125	673	—
汪清	—	—	—	—
大兴沟	14480	—	14480	—
天桥岭	—	—	—	—
白河	5879	3572	5879	—
珲春	716	129	690	26
龙江森工集团	**63858**	**45249**	**63099**	**759**
大海林	10474	—	10474	—
柴河	5358	5358	5358	—
东京城	—	—	—	—
穆棱	3961	3961	3961	—
绥阳	—	—	—	—
海林	34542	34542	34542	—
林口	7946	—	7187	759
八面通	—	—	—	—
桦南	189	—	189	—
双鸭山	—	—	—	—
鹤立	—	—	—	—
鹤北	883	883	883	—
东方红	505	505	505	—
迎春	—	—	—	—
清河	—	—	—	—
山河屯	—	—	—	—
苇河	—	—	—	—
亚布力	—	—	—	—
方正	—	—	—	—
兴隆	—	—	—	—
绥棱	—	—	—	—

东北、内蒙古重点国有林区 87 个森工企业主要木材产量(三)

单位：立方米

单位名称	木材			
	合计	其中：针叶木材	原木	薪材
通北	—	—	—	—
沾河	—	—	—	—
伊春森工集团	**—**	**—**	**—**	**—**
双丰	—	—	—	—
铁力	—	—	—	—
桃山	—	—	—	—
朗乡	—	—	—	—
南岔	—	—	—	—
金山屯	—	—	—	—
美溪	—	—	—	—
乌马河	—	—	—	—
翠峦	—	—	—	—
友好	—	—	—	—
上甘岭	—	—	—	—
五营	—	—	—	—
红星	—	—	—	—
新青	—	—	—	—
汤旺河	—	—	—	—
乌伊岭	—	—	—	—
带岭	—	—	—	—
大兴安岭林业集团	**—**	**—**	**—**	**—**
松岭	—	—	—	—
新林	—	—	—	—
塔河	—	—	—	—
呼中	—	—	—	—
阿木尔	—	—	—	—
图强	—	—	—	—
西林吉	—	—	—	—
十八站	—	—	—	—
韩家园	—	—	—	—
加格达奇	—	—	—	—

东北、内蒙古重点国有林区森工企业主要木竹加工产品产量

指标名称	计量单位	企业合计
一、锯材	**立方米**	**67045**
1. 普通锯材	立方米	66649
2. 特种锯材	立方米	396
二、人造板	**立方米**	**43997**
1. 胶合板	立方米	16876
其中：竹胶合板	立方米	—
2. 纤维板	立方米	—
(1)木质纤维板	立方米	—
其中：中密度纤维板	立方米	—
(2)非木质纤维板	立方米	—
3. 刨花板	立方米	17430
4. 其他人造板	立方米	9691
其中：细木工板	立方米	4409
三、木竹地板	**平方米**	**2327551**
1. 实木地板	平方米	23620
2. 实木复合木地板	平方米	2295931
3. 浸渍纸层压木质地板(强化木地板)	平方米	—
4. 竹地板(含竹木复合地板)	平方米	—
5. 其他木地板(含软木地板、集成材地板等)	平方米	8000

东北、内蒙古重点国有林区 87 个森工

单位名称	锯材			
	总计	普通锯材	特种锯材	总计
全国合计	**67045**	**66649**	**396**	**43997**
内蒙古森工集团	**—**	**—**	**—**	**—**
阿尔山	—	—	—	—
绰尔	—	—	—	—
绰源	—	—	—	—
乌尔旗汉	—	—	—	—
库都尔	—	—	—	—
图里河	—	—	—	—
伊图里河	—	—	—	—
克一河	—	—	—	—
甘河	—	—	—	—
吉文	—	—	—	—
阿里河	—	—	—	—
根河	—	—	—	—
金河	—	—	—	—
阿龙山	—	—	—	—
满归	—	—	—	—
得耳布尔	—	—	—	—
莫尔道嘎	—	—	—	—
大杨树	—	—	—	—
毕拉河	—	—	—	—
吉林森工集团	**1500**	**1500**	**—**	**—**
临江	—	—	—	—
三岔子	—	—	—	—
湾沟	1500	1500	—	—
松江河	—	—	—	—
泉阳	—	—	—	—
露水河	—	—	—	—
白石山	—	—	—	—
红石	—	—	—	—
长白山森工集团	**—**	**—**	**—**	**15316**
黄泥河	—	—	—	—
敦化	—	—	—	—
大石头	—	—	—	—
八家子	—	—	—	—
和龙	—	—	—	—
汪清	—	—	—	—
大兴沟	—	—	—	—
天桥岭	—	—	—	—
白河	—	—	—	—
珲春	—	—	—	15316
龙江森工集团	**65545**	**65149**	**396**	**26335**
大海林	3622	3622	—	425
柴河	2507	2507	—	2930
东京城	—	—	—	—
穆棱	—	—	—	17430
绥阳	20500	20500	—	—

企业主要木竹加工产品产量(一)

单位：立方米

人造板					
胶合板		纤维板			
			木质纤维板		
合计	其中：竹胶合板	合计	小计	其中：中密度纤维板	非木质纤维板
16876	**—**	**—**	**—**	**—**	**—**
—	**—**	**—**	**—**	**—**	**—**
—	—	—	—	—	—
—	—	—	—	—	—
—	—	—	—	—	—
—	—	—	—	—	—
—	—	—	—	—	—
—	—	—	—	—	—
—	—	—	—	—	—
—	—	—	—	—	—
—	—	—	—	—	—
—	—	—	—	—	—
—	—	—	—	—	—
—	—	—	—	—	—
—	—	—	—	—	—
—	—	—	—	—	—
—	—	—	—	—	—
—	—	—	—	—	—
—	—	—	—	—	—
—	—	—	—	—	—
—	—	—	—	—	—
—	**—**	**—**	**—**	**—**	**—**
—	—	—	—	—	—
—	—	—	—	—	—
—	—	—	—	—	—
—	—	—	—	—	—
—	—	—	—	—	—
—	—	—	—	—	—
—	—	—	—	—	—
—	—	—	—	—	—
15316	**—**	**—**	**—**	**—**	**—**
—	—	—	—	—	—
—	—	—	—	—	—
—	—	—	—	—	—
—	—	—	—	—	—
—	—	—	—	—	—
—	—	—	—	—	—
—	—	—	—	—	—
—	—	—	—	—	—
—	—	—	—	—	—
15316	—	—	—	—	—
760	**—**	**—**	**—**	**—**	**—**
425	—	—	—	—	—
21	—	—	—	—	—
—	—	—	—	—	—
—	—	—	—	—	—
—	—	—	—	—	—

东北、内蒙古重点国有林区 87 个森工

地 区	锯材			
	总计	普通锯材	特种锯材	总计
海林	—	—	—	—
林口	850	850	—	3275
八面通	—	—	—	—
桦南	—	—	—	—
双鸭山	2300	2300	—	—
鹤立	396	—	396	314
鹤北	136	136	—	—
东方红	—	—	—	—
迎春	—	—	—	—
清河	3270	3270	—	—
山河屯	3600	3600	—	—
苇河	5714	5714	—	—
亚布力	—	—	—	—
方正	1070	1070	—	—
兴隆	—	—	—	—
绥棱	—	—	—	—
通北	21500	21500	—	—
沾河	80	80	—	1961
伊春森工集团	**—**	**—**	**—**	**2346**
双丰	—	—	—	—
铁力	—	—	—	800
桃山	—	—	—	—
朗乡	—	—	—	—
南岔	—	—	—	—
金山屯	—	—	—	—
美溪	—	—	—	—
乌马河	—	—	—	—
翠峦	—	—	—	—
友好	—	—	—	—
上甘岭	—	—	—	1500
五营	—	—	—	—
红星	—	—	—	—
新青	—	—	—	—
汤旺河	—	—	—	—
乌伊岭	—	—	—	—
带岭	—	—	—	46
大兴安岭林业集团	**—**	**—**	**—**	**—**
松岭	—	—	—	—
新林	—	—	—	—
塔河	—	—	—	—
呼中	—	—	—	—
阿木尔	—	—	—	—
图强	—	—	—	—
西林吉	—	—	—	—
十八站	—	—	—	—
韩家园	—	—	—	—
加格达奇	—	—	—	—

企业主要木竹加工产品产量(二)

单位：立方米

人造板					
胶合板		纤维板			
			木质纤维板		
合计	其中：竹胶合板	合计	小计	其中：中密度纤维板	非木质纤维板
—	—	—	—	—	—
—	—	—	—	—	—
—	—	—	—	—	—
—	—	—	—	—	—
—	—	—	—	—	—
314	—	—	—	—	—
—	—	—	—	—	—
—	—	—	—	—	—
—	—	—	—	—	—
—	—	—	—	—	—
—	—	—	—	—	—
—	—	—	—	—	—
—	—	—	—	—	—
—	—	—	—	—	—
—	—	—	—	—	—
—	—	—	—	—	—
—	—	—	—	—	—
—	—	—	—	—	—
800	**—**	**—**	**—**	**—**	**—**
—	—	—	—	—	—
800	—	—	—	—	—
—	—	—	—	—	—
—	—	—	—	—	—
—	—	—	—	—	—
—	—	—	—	—	—
—	—	—	—	—	—
—	—	—	—	—	—
—	—	—	—	—	—
—	—	—	—	—	—
—	—	—	—	—	—
—	—	—	—	—	—
—	—	—	—	—	—
—	—	—	—	—	—
—	—	—	—	—	—
—	—	—	—	—	—
—	—	—	—	—	—
—	**—**	**—**	**—**	**—**	**—**
—	—	—	—	—	—
—	—	—	—	—	—
—	—	—	—	—	—
—	—	—	—	—	—
—	—	—	—	—	—
—	—	—	—	—	—
—	—	—	—	—	—
—	—	—	—	—	—
—	—	—	—	—	—
—	—	—	—	—	—

东北、内蒙古重点国有林区 87 个森工

单位名称	人造板			
		其他人造板		
	刨花板	合计	其中：细木工板	总计
全国合计	**17430**	**9691**	**4409**	**2327551**
内蒙古森工集团	**—**	**—**	**—**	**—**
阿尔山	—	—	—	—
绰尔	—	—	—	—
绰源	—	—	—	—
乌尔旗汉	—	—	—	—
库都尔	—	—	—	—
图里河	—	—	—	—
伊图里河	—	—	—	—
克一河	—	—	—	—
甘河	—	—	—	—
吉文	—	—	—	—
阿里河	—	—	—	—
根河	—	—	—	—
金河	—	—	—	—
阿龙山	—	—	—	—
满归	—	—	—	—
得耳布尔	—	—	—	—
莫尔道嘎	—	—	—	—
大杨树	—	—	—	—
毕拉河	—	—	—	—
吉林森工集团	**—**	**—**	**—**	**—**
临江	—	—	—	—
三岔子	—	—	—	—
湾沟	—	—	—	—
松江河	—	—	—	—
泉阳	—	—	—	—
露水河	—	—	—	—
白石山	—	—	—	—
红石	—	—	—	—
长白山森工集团	**—**	**—**	**—**	**2165931**
黄泥河	—	—	—	—
敦化	—	—	—	853376
大石头	—	—	—	207355
八家子	—	—	—	—
和龙	—	—	—	—
汪清	—	—	—	—
大兴沟	—	—	—	—
天桥岭	—	—	—	—
白河	—	—	—	—
珲春	—	—	—	1105200
龙江森工集团	**17430**	**8145**	**2909**	**161530**
大海林	—	—	—	—
柴河	—	2909	2909	—
东京城	—	—	—	—
穆棱	17430	—	—	23530
绥阳	—	—	—	130000

企业主要木竹加工产品产量(三)

单位：立方米

木竹地板(平方米)				
实木地板	实木复合木地板	浸渍纸层压木质地板(强化木地板)	竹地板(含竹木复合地板)	其他木地板(含软木地板、集成材地板等)
23620	**2295931**	**—**	**—**	**8000**
—	**—**	**—**	**—**	**—**
—	—	—	—	—
—	—	—	—	—
—	—	—	—	—
—	—	—	—	—
—	—	—	—	—
—	—	—	—	—
—	—	—	—	—
—	—	—	—	—
—	—	—	—	—
—	—	—	—	—
—	—	—	—	—
—	—	—	—	—
—	—	—	—	—
—	—	—	—	—
—	—	—	—	—
—	—	—	—	—
—	—	—	—	—
—	—	—	—	—
—	—	—	—	—
—	—	—	—	—
—	—	—	—	—
—	—	—	—	—
—	—	—	—	—
—	—	—	—	—
—	—	—	—	—
—	—	—	—	—
—	—	—	—	—
—	—	—	—	—
—	**2165931**	**—**	**—**	**—**
—	—	—	—	—
—	853376	—	—	—
—	207355	—	—	—
—	—	—	—	—
—	—	—	—	—
—	—	—	—	—
—	—	—	—	—
—	—	—	—	—
—	—	—	—	—
—	1105200	—	—	—
23530	**130000**	**—**	**—**	**8000**
—	—	—	—	—
—	—	—	—	—
—	—	—	—	—
23530	—	—	—	—
—	130000	—	—	—

东北、内蒙古重点国有林区 87 个森工

单位名称	人造板			
	刨花板	其他人造板		总计
		合计	其中：细木工板	
海林	—	—	—	—
林口	—	3275	—	8000
八面通	—	—	—	—
桦南	—	—	—	—
双鸭山	—	—	—	—
鹤立	—	—	—	—
鹤北	—	—	—	—
东方红	—	—	—	—
迎春	—	—	—	—
清河	—	—	—	—
山河屯	—	—	—	—
苇河	—	—	—	—
亚布力	—	—	—	—
方正	—	—	—	—
兴隆	—	—	—	—
绥棱	—	—	—	—
通北	—	—	—	—
沾河	—	1961	—	—
伊春森工集团	**—**	**1546**	**1500**	**90**
双丰	—	—	—	—
铁力	—	—	—	—
桃山	—	—	—	—
朗乡	—	—	—	—
南岔	—	—	—	—
金山屯	—	—	—	—
美溪	—	—	—	—
乌马河	—	—	—	—
翠峦	—	—	—	—
友好	—	—	—	—
上甘岭	—	1500	1500	—
五营	—	—	—	—
红星	—	—	—	—
新青	—	—	—	—
汤旺河	—	—	—	—
乌伊岭	—	—	—	—
带岭	—	46	—	90
大兴安岭林业集团	**—**	**—**	**—**	**—**
松岭	—	—	—	—
新林	—	—	—	—
塔河	—	—	—	—
呼中	—	—	—	—
阿木尔	—	—	—	—
图强	—	—	—	—
西林吉	—	—	—	—
十八站	—	—	—	—
韩家园	—	—	—	—
加格达奇	—	—	—	—

企业主要木竹加工产品产量(四)

单位：立方米

木竹地板(平方米)				
实木地板	实木复合木地板	浸渍纸层压木质地板(强化木地板)	竹地板(含竹木复合地板)	其他木地板(含软木地板、集成材地板等)
—	—	—	—	—
—	—	—	—	8000
—	—	—	—	—
—	—	—	—	—
—	—	—	—	—
—	—	—	—	—
—	—	—	—	—
—	—	—	—	—
—	—	—	—	—
—	—	—	—	—
—	—	—	—	—
—	—	—	—	—
—	—	—	—	—
—	—	—	—	—
—	—	—	—	—
—	—	—	—	—
—	—	—	—	—
—	—	—	—	—
90	**—**	**—**	**—**	**—**
—	—	—	—	—
—	—	—	—	—
—	—	—	—	—
—	—	—	—	—
—	—	—	—	—
—	—	—	—	—
—	—	—	—	—
—	—	—	—	—
—	—	—	—	—
—	—	—	—	—
—	—	—	—	—
—	—	—	—	—
—	—	—	—	—
—	—	—	—	—
—	—	—	—	—
—	—	—	—	—
90	—	—	—	—
—	**—**	**—**	**—**	**—**
—	—	—	—	—
—	—	—	—	—
—	—	—	—	—
—	—	—	—	—
—	—	—	—	—
—	—	—	—	—
—	—	—	—	—
—	—	—	—	—
—	—	—	—	—
—	—	—	—	—

东北、内蒙古重点国有林区森工企业经济林产品生产情况(一)

指标名称	计量单位	企业合计
各类经济林总计	**吨**	**119265**
一、水果	**吨**	**2653**
二、干果	**吨**	**22161**
其中：板栗	吨	—
枣(干重)	吨	—
榛子	吨	776
松子	吨	18542
三、林产饮料产品(干重)	**吨**	**386**
四、林产调料产品(干重)	**吨**	**—**
五、森林食品	**吨**	**66225**
其中：竹笋干	吨	—

东北、内蒙古重点国有林区森工企业经济林产品生产情况(二)

指标名称	计量单位	企业合计
六、森林药材	**吨**	**27500**
其中：杜仲	吨	—
七、木本油料	**吨**	**340**
1. 油茶籽	吨	—
2. 核桃(干重)	吨	340
3. 油橄榄	吨	—
4. 油用牡丹籽	吨	—
5. 其他木本油料	吨	—
八、林产工业原料	**吨**	**—**
其中：紫胶(原胶)	吨	—

东北、内蒙古重点国有林区 87 个森工

单位名称			干果		
				其	
	合计	水果	小计	板栗	枣（干重）
全国合计	**119265**	**2653**	**22161**	**—**	**—**
内蒙古森工集团	**6234**	**44**	**—**	**—**	**—**
阿尔山	3	—	—	—	—
绰尔	13	—	—	—	—
绰源	109	—	—	—	—
乌尔旗汉	—	—	—	—	—
库都尔	18	—	—	—	—
图里河	137	—	—	—	—
伊图里河	24	—	—	—	—
克一河	90	—	—	—	—
甘河	17	—	—	—	—
吉文	26	11	—	—	—
阿里河	5	4	—	—	—
根河	2453	—	—	—	—
金河	349	—	—	—	—
阿龙山	2333	—	—	—	—
满归	310	—	—	—	—
得耳布尔	7	—	—	—	—
莫尔道嘎	238	—	—	—	—
大杨树	29	29	—	—	—
毕拉河	73	—	—	—	—
吉林森工集团	**14367**	**538**	**8277**	**—**	**—**
临江	1272	—	679	—	—
三岔子	715	239	200	—	—
湾沟	215	—	100	—	—
松江河	904	299	295	—	—
泉阳	246	—	66	—	—
露水河	5270	—	3860	—	—
白石山	2605	—	340	—	—
红石	3140	—	2737	—	—
长白山森工集团	**11177**	**241**	**4676**	**—**	**—**
黄泥河	1192	—	268	—	—
敦化	1556	—	1193	—	—
大石头	3205	—	1417	—	—
八家子	868	—	695	—	—
和龙	770	—	90	—	—
汪清	986	—	322	—	—
大兴沟	448	8	277	—	—
天桥岭	300	—	248	—	—
白河	1380	—	—	—	—
珲春	472	233	166	—	—
龙江森工集团	**35534**	**1602**	**2596**	**—**	**—**
大海林	1631	—	182	—	—
柴河	737	149	82	—	—
东京城	6971	1129	12	—	—
穆棱	2187	—	366	—	—
绥阳	9351	—	—	—	—

企业经济林产品生产情况(一)

单位：吨

各类经济林产品总量					
中		林产饮料产品（干重）	林产调料产品（干重）	森林食品	
榛子	松子			小计	其中：竹笋干
776	**18542**	**386**	**—**	**66225**	**—**
—	**—**	**—**	**—**	**6006**	**—**
—	—	—	—	3	—
—	—	—	—	13	—
—	—	—	—	99	—
—	—	—	—	—	—
—	—	—	—	5	—
—	—	—	—	103	—
—	—	—	—	24	—
—	—	—	—	—	—
—	—	—	—	16	—
—	—	—	—	12	—
—	—	—	—	—	—
—	—	—	—	2451	—
—	—	—	—	349	—
—	—	—	—	2333	—
—	—	—	—	310	—
—	—	—	—	4	—
—	—	—	—	211	—
—	—	—	—	—	—
—	—	—	—	73	—
60	**5816**	**—**	**—**	**3199**	**—**
—	679	—	—	4	—
—	190	—	—	265	—
—	100	—	—	90	—
—	285	—	—	—	—
—	50	—	—	—	—
60	3800	—	—	386	—
—	100	—	—	2235	—
—	612	—	—	219	—
2	**4587**	**—**	**—**	**5370**	**—**
—	268	—	—	872	—
—	1106	—	—	309	—
—	1417	—	—	1593	—
—	695	—	—	112	—
—	90	—	—	680	—
2	320	—	—	641	—
—	277	—	—	—	—
—	248	—	—	—	—
—	—	—	—	1090	—
—	166	—	—	73	—
238	**2256**	**386**	**—**	**24964**	**—**
41	141	—	—	1449	—
2	80	—	—	471	—
12	—	—	—	5819	—
1	365	—	—	1588	—
—	—	—	—	9350	—

东北、内蒙古重点国有林区 87 个森工

单位名称	合计	水果	干果		
			小计	其	
				板栗	枣（干重）
海林	1562	—	402	—	—
林口	3188	256	—	—	—
八面通	610	—	53	—	—
桦南	1373	—	—	—	—
双鸭山	313	—	310	—	—
鹤立	391	—	—	—	—
鹤北	1205	—	700	—	—
东方红	1420	—	85	—	—
迎春	301	—	7	—	—
清河	1264	—	99	—	—
山河屯	3	—	—	—	—
苇河	385	68	—	—	—
亚布力	608	—	138	—	—
方正	499	—	108	—	—
兴隆	174	—	—	—	—
绥棱	638	—	52	—	—
通北	418	—	—	—	—
沾河	305	—	—	—	—
伊春森工集团	**43667**	**228**	**3421**	**—**	**—**
双丰	4823	—	—	—	—
铁力	2625	—	—	—	—
桃山	3160	—	98	—	—
朗乡	12981	—	350	—	—
南岔	1849	—	677	—	—
金山屯	1443	—	225	—	—
美溪	1580	—	—	—	—
乌马河	234	—	—	—	—
翠峦	229	—	48	—	—
友好	406	—	241	—	—
上甘岭	278	228	—	—	—
五营	87	—	87	—	—
红星	564	—	—	—	—
新青	769	—	181	—	—
汤旺河	2361	—	1489	—	—
乌伊岭	10269	—	25	—	—
带岭	9	—	—	—	—
大兴安岭林业集团	**8286**	**—**	**3191**	**—**	**—**
松岭	197	—	77	—	—
新林	3308	—	1818	—	—
塔河	215	—	—	—	—
呼中	1520	—	1025	—	—
阿木尔	1066	—	140	—	—
图强	471	—	20	—	—
西林吉	1198	—	100	—	—
十八站	124	—	—	—	—
韩家园	147	—	8	—	—
加格达奇	40	—	3	—	—

企业经济林产品生产情况(二)

单位：吨

各类经济林产品总量					
中		林产饮料产品（干重）	林产调料产品（干重）	森林食品	
榛子	松子			小计	其中：竹笋干
25	377	—	—	610	—
—	—	—	—	2815	—
—	—	—	—	557	—
—	—	—	—	—	—
—	310	—	—	—	—
—	—	386	—	—	—
—	700	—	—	174	—
30	40	—	—	533	—
5	2	—	—	114	—
25	40	—	—	693	—
—	—	—	—	—	—
—	—	—	—	—	—
95	43	—	—	400	—
2	106	—	—	—	—
—	—	—	—	—	—
—	52	—	—	86	—
—	—	—	—	—	—
—	—	—	—	305	—
388	**2780**	**—**	**—**	**22025**	**—**
—	—	—	—	—	—
—	—	—	—	701	—
8	90	—	—	373	—
—	350	—	—	7572	—
6	600	—	—	698	—
—	225	—	—	—	—
—	—	—	—	750	—
—	—	—	—	—	—
3	45	—	—	—	—
1	240	—	—	57	—
—	—	—	—	—	—
25	62	—	—	—	—
—	—	—	—	395	—
11	170	—	—	542	—
324	983	—	—	716	—
10	15	—	—	10221	—
—	—	—	—	—	—
88	**3103**	**—**	**—**	**4661**	**—**
77	—	—	—	75	—
—	1818	—	—	1365	—
—	—	—	—	182	—
—	1025	—	—	495	—
—	140	—	—	876	—
—	20	—	—	441	—
—	100	—	—	1068	—
—	—	—	—	69	—
8	—	—	—	82	—
3	—	—	—	8	—

东北、内蒙古重点国有林区 87 个森工

单位名称	森林药材			
	小计	其中：杜仲	小计	油茶籽
全国合计	**27500**	**—**	**340**	**—**
内蒙古森工集团	**184**	**—**	**—**	**—**
阿尔山	—	—	—	—
绰尔	—	—	—	—
绰源	10	—	—	—
乌尔旗汉	—	—	—	—
库都尔	13	—	—	—
图里河	34	—	—	—
伊图里河	—	—	—	—
克一河	90	—	—	—
甘河	1	—	—	—
吉文	3	—	—	—
阿里河	1	—	—	—
根河	2	—	—	—
金河	—	—	—	—
阿龙山	—	—	—	—
满归	—	—	—	—
得耳布尔	3	—	—	—
莫尔道嘎	27	—	—	—
大杨树	—	—	—	—
毕拉河	—	—	—	—
吉林森工集团	**2353**	**—**	**—**	**—**
临江	589	—	—	—
三岔子	11	—	—	—
湾沟	25	—	—	—
松江河	310	—	—	—
泉阳	180	—	—	—
露水河	1024	—	—	—
白石山	30	—	—	—
红石	184	—	—	—
长白山森工集团	**890**	**—**	**—**	**—**
黄泥河	52	—	—	—
敦化	54	—	—	—
大石头	195	—	—	—
八家子	61	—	—	—
和龙	—	—	—	—
汪清	23	—	—	—
大兴沟	163	—	—	—
天桥岭	52	—	—	—
白河	290	—	—	—
珲春	—	—	—	—
龙江森工集团	**5776**	**—**	**210**	**—**
大海林	—	—	—	—
柴河	35	—	—	—
东京城	11	—	—	—
穆棱	233	—	—	—
绥阳	1	—	—	—

企业经济林产品生产情况(三)

单位：吨

各类经济林产品总量					
木本油料				林产工业原料	
核桃	油橄榄	油用牡丹籽	其他木本油料	小计	其中：紫胶（原胶）
340	—	—	—	—	—
—	—	—	—	—	—
—	—	—	—	—	—
—	—	—	—	—	—
—	—	—	—	—	—
—	—	—	—	—	—
—	—	—	—	—	—
—	—	—	—	—	—
—	—	—	—	—	—
—	—	—	—	—	—
—	—	—	—	—	—
—	—	—	—	—	—
—	—	—	—	—	—
—	—	—	—	—	—
—	—	—	—	—	—
—	—	—	—	—	—
—	—	—	—	—	—
—	—	—	—	—	—
—	—	—	—	—	—
—	—	—	—	—	—
—	—	—	—	—	—
—	—	—	—	—	—
—	—	—	—	—	—
—	—	—	—	—	—
—	—	—	—	—	—
—	—	—	—	—	—
—	—	—	—	—	—
—	—	—	—	—	—
—	—	—	—	—	—
—	—	—	—	—	—
—	—	—	—	—	—
—	—	—	—	—	—
—	—	—	—	—	—
—	—	—	—	—	—
—	—	—	—	—	—
—	—	—	—	—	—
—	—	—	—	—	—
—	—	—	—	—	—
—	—	—	—	—	—
—	—	—	—	—	—
—	—	—	—	—	—
210	—	—	—	—	—
—	—	—	—	—	—
—	—	—	—	—	—
—	—	—	—	—	—
—	—	—	—	—	—
—	—	—	—	—	—

东北、内蒙古重点国有林区 87 个森工

单位名称	森林药材			
	小计	其中：杜仲	小计	油茶籽
海林	550	—	—	—
林口	117	—	—	—
八面通	—	—	—	—
桦南	1373	—	—	—
双鸭山	3	—	—	—
鹤立	5	—	—	—
鹤北	331	—	—	—
东方红	802	—	—	—
迎春	180	—	—	—
清河	472	—	—	—
山河屯	3	—	—	—
苇河	317	—	—	—
亚布力	70	—	—	—
方正	181	—	210	—
兴隆	174	—	—	—
绥棱	500	—	—	—
通北	418	—	—	—
沾河	—	—	—	—
伊春森工集团	**17863**	**—**	**130**	**—**
双丰	4773	—	50	—
铁力	1924	—	—	—
桃山	2609	—	80	—
朗乡	5059	—	—	—
南岔	474	—	—	—
金山屯	1218	—	—	—
美溪	830	—	—	—
乌马河	234	—	—	—
翠峦	181	—	—	—
友好	108	—	—	—
上甘岭	50	—	—	—
五营	—	—	—	—
红星	169	—	—	—
新青	46	—	—	—
汤旺河	156	—	—	—
乌伊岭	23	—	—	—
带岭	9	—	—	—
大兴安岭林业集团	**434**	**—**	**—**	**—**
松岭	45	—	—	—
新林	125	—	—	—
塔河	33	—	—	—
呼中	—	—	—	—
阿木尔	50	—	—	—
图强	10	—	—	—
西林吉	30	—	—	—
十八站	55	—	—	—
韩家园	57	—	—	—
加格达奇	29	—	—	—

企业经济林产品生产情况(四)

单位：吨

各类经济林产品总量					
木本油料				林产工业原料	
核桃	油橄榄	油用牡丹籽	其他木本油料	小计	其中：紫胶（原胶）
—	—	—	—	—	—
—	—	—	—	—	—
—	—	—	—	—	—
—	—	—	—	—	—
—	—	—	—	—	—
—	—	—	—	—	—
—	—	—	—	—	—
—	—	—	—	—	—
—	—	—	—	—	—
—	—	—	—	—	—
—	—	—	—	—	—
—	—	—	—	—	—
—	—	—	—	—	—
210	—	—	—	—	—
—	—	—	—	—	—
—	—	—	—	—	—
—	—	—	—	—	—
—	—	—	—	—	—
130	**—**	**—**	**—**	**—**	**—**
50	—	—	—	—	—
—	—	—	—	—	—
80	—	—	—	—	—
—	—	—	—	—	—
—	—	—	—	—	—
—	—	—	—	—	—
—	—	—	—	—	—
—	—	—	—	—	—
—	—	—	—	—	—
—	—	—	—	—	—
—	—	—	—	—	—
—	—	—	—	—	—
—	—	—	—	—	—
—	—	—	—	—	—
—	—	—	—	—	—
—	—	—	—	—	—
—	—	—	—	—	—
—	**—**	**—**	**—**	**—**	**—**
—	—	—	—	—	—
—	—	—	—	—	—
—	—	—	—	—	—
—	—	—	—	—	—
—	—	—	—	—	—
—	—	—	—	—	—
—	—	—	—	—	—
—	—	—	—	—	—
—	—	—	—	—	—
—	—	—	—	—	—
—	—	—	—	—	—
—	—	—	—	—	—
—	—	—	—	—	—

东北、内蒙古重点国有林区 87 个

单位名称	总计	合计	小 计
全国合计	**334701**	**258701**	**258685**
内蒙古森工集团	**40705**	**40705**	**40705**
阿尔山	2062	2062	2062
绰尔	2635	2635	2635
绰源	1340	1340	1340
乌尔旗汉	2333	2333	2333
库都尔	2713	2713	2713
图里河	1858	1858	1858
伊图里河	1659	1659	1659
克一河	1933	1933	1933
甘河	2991	2991	2991
吉文	2068	2068	2068
阿里河	2484	2484	2484
根河	3797	3797	3797
金河	2348	2348	2348
阿龙山	2067	2067	2067
满归	1738	1738	1738
得耳布尔	2028	2028	2028
莫尔道嘎	2931	2931	2931
大杨树	904	904	904
毕拉河	816	816	816
吉林森工集团	**23364**	**15525**	**15525**
临江	2385	1625	1625
三岔子	3726	2140	2140
湾沟	1724	1106	1106
松江河	3248	2681	2681
泉阳	2799	1429	1429
露水河	3252	1886	1886
白石山	2621	1724	1724
红石	3609	2934	2934
长白山森工集团	**29109**	**20060**	**20060**
黄泥河	3175	1773	1773
敦化	5101	3027	3027
大石头	2870	2265	2265
八家子	2181	1466	1466
和龙	2368	1970	1970
汪清	3434	2356	2356
大兴沟	2152	1526	1526
天桥岭	3174	1977	1977
白河	2798	2101	2101
珲春	1856	1599	1599
龙江森工集团	**91288**	**80223**	**80223**
大海林	3543	3273	3273
柴河	3872	3753	3753
东京城	5497	5086	5086
穆棱	4241	2532	2532
绥阳	3745	3745	3745

森工企业从业人员和劳动报酬情况(一)

年末人数(人)					
单位从业人员					
在岗职工					
其中：女性	其中：专业技术人员				按学历结构分
	计	其中			高中及高中以下学历
		中级技术职称	副高级技术职称	正高级技术职称	
67819	**51343**	**19638**	**7166**	**1733**	**142217**
6041	**8106**	**2963**	**1188**	**67**	**24594**
295	438	130	39	5	1427
321	358	153	65	1	1973
178	293	128	61	5	780
420	512	222	109	3	977
372	387	176	49	4	1744
175	332	92	44	4	1244
322	481	151	51	2	868
397	432	166	43	2	897
356	500	137	51	4	2378
347	450	151	46	3	1541
316	333	125	91	7	1588
581	909	292	99	4	2250
286	423	166	81	3	1410
313	461	182	60	—	1219
262	337	106	54	4	1084
357	377	138	58	2	1106
395	559	241	114	10	1612
175	337	115	48	3	285
173	187	92	25	1	211
2860	**2280**	**1037**	**599**	**64**	**9365**
308	604	168	84	3	1295
316	128	81	45	2	1560
377	364	130	78	2	536
440	272	167	94	11	1648
166	142	47	18	—	662
433	231	134	55	42	1173
282	141	85	55	1	1028
538	398	225	170	3	1463
5491	**3298**	**1662**	**950**	**164**	**10314**
478	269	191	76	2	635
1175	372	234	132	6	1730
462	442	219	106	2	678
398	153	98	53	2	622
638	382	149	184	49	1223
488	216	118	12	86	885
356	426	169	111	2	897
474	233	150	82	1	1476
488	525	150	102	10	1337
534	280	184	92	4	831
19482	**20696**	**6686**	**2827**	**1117**	**43682**
749	794	269	108	1	1279
529	1072	243	40	341	2382
1195	213	150	30	33	3994
634	713	271	53	2	1353
693	1597	430	210	69	2557

东北、内蒙古重点国有林区 87 个

单位名称	总计	合计	小　计
海林	2587	2587	2587
林口	4299	3990	3990
八面通	3664	3664	3664
桦南	5959	4426	4426
双鸭山	2853	2707	2707
鹤立	3200	3148	3148
鹤北	4937	3615	3615
东方红	5068	4006	4006
迎春	2322	2322	2322
清河	2022	1869	1869
山河屯	3273	2733	2733
苇河	4100	3801	3801
亚布力	3670	2413	2413
方正	3991	2820	2820
兴隆	4200	4011	4011
绥棱	4689	4621	4621
通北	4103	3648	3648
沾河	5453	5453	5453
伊春森工集团	**117908**	**70150**	**70148**
双丰	6996	4859	4859
铁力	8105	4430	4430
桃山	6689	4136	4136
朗乡	7032	5661	5661
南岔	7644	4398	4398
金山屯	7222	2318	2317
美溪	8206	4849	4849
乌马河	5933	3270	3270
翠峦	8921	3907	3907
友好	8225	4148	4148
上甘岭	5243	3827	3827
五营	6893	6380	6380
红星	5936	3413	3413
新青	8788	3828	3828
汤旺河	5560	2965	2965
乌伊岭	5798	3143	3142
带岭	4717	4618	4618
大兴安岭林业集团	**32327**	**32038**	**32024**
松岭	3264	3264	3256
新林	3007	3007	3007
塔河	4158	4158	4158
呼中	3447	3447	3447
阿木尔	2696	2664	2664
图强	3347	3347	3347
西林吉	4510	4510	4510
十八站	2731	2731	2731
韩家园	2389	2132	2126
加格达奇	2778	2778	2778

森工企业从业人员和劳动报酬情况(二)

年末人数(人)					
单位从业人员					
在岗职工					
其中：女性	其中：专业技术人员				按学历结构分
	计	其中			高中及高中以下学历
		中级技术职称	副高级技术职称	正高级技术职称	
549	**449**	**227**	**132**	**40**	**1558**
1079	**364**	**229**	**122**	**13**	**1879**
1065	408	204	147	57	2700
1078	464	87	27	3	3055
624	341	194	38	109	1380
1125	1060	346	225	14	1979
845	947	326	161	21	2051
839	574	174	63	7	2250
463	176	109	63	4	1624
547	724	186	79	14	950
769	708	200	147	5	1824
857	948	315	149	17	2452
791	582	261	103	19	823
541	1138	597	248	293	1382
927	1522	575	322	19	2354
1120	4621	314	85	9	485
857	348	268	65	15	2732
1606	933	711	210	12	639
25939	**13812**	**5730**	**1134**	**291**	**35174**
1987	633	239	80	2	1763
1184	1181	529	82	96	1992
1916	907	734	165	8	2399
1370	5193	797	80	8	2661
1344	442	349	88	5	—
698	72	65	4	3	1421
2056	79	59	20	—	3516
1630	470	295	175	—	320
2234	435	421	5	9	1813
1805	1252	496	185	32	2678
1331	328	264	38	26	1333
1960	305	52	—	25	5483
1804	463	362	94	7	1228
1148	1378	520	56	25	1864
851	511	417	59	16	1393
1051	50	46	2	2	2664
1570	113	85	1	27	2646
8006	**3151**	**1560**	**468**	**30**	**19088**
696	130	102	25	3	2337
522	136	117	18	1	2158
430	121	91	28	2	1796
905	189	162	24	3	1797
682	114	43	13	—	2028
1192	271	212	50	9	2540
1652	971	305	93	—	2104
685	296	209	87	—	1785
524	353	131	85	12	1141
718	570	188	45	—	1402

东北、内蒙古重点国有林区 87 个

单位名称	年末人数(人)			
	单位从业人员			
	在岗职工			其他从业人员
	按学历结构分			
	中专及大专学历	大学本科学历	研究生学历	
全国合计	**88861**	**26997**	**610**	**16**
内蒙古森工集团	**12493**	**3549**	**69**	**—**
阿尔山	478	153	4	—
绰尔	525	134	3	—
绰源	396	160	4	—
乌尔旗汉	852	499	5	—
库都尔	759	204	6	—
图里河	444	166	4	—
伊图里河	671	118	2	—
克一河	830	201	5	—
甘河	489	123	1	—
吉文	415	110	2	—
阿里河	738	152	6	—
根河	1246	291	10	—
金河	800	133	5	—
阿龙山	611	236	1	—
满归	543	108	3	—
得耳布尔	736	186	—	—
莫尔道嘎	1046	271	2	—
大杨树	443	172	4	—
毕拉河	471	132	2	—
吉林森工集团	**3966**	**2141**	**53**	**—**
临江	202	119	9	—
三岔子	294	275	11	—
湾沟	306	261	3	—
松江河	669	353	11	—
泉阳	455	306	6	—
露水河	384	321	8	—
白石山	566	128	2	—
红石	1090	378	3	—
长白山森工集团	**6360**	**3195**	**191**	**—**
黄泥河	709	409	20	—
敦化	766	518	13	—
大石头	1079	501	7	—
八家子	670	160	14	—
和龙	298	379	70	—
汪清	1079	371	21	—
大兴沟	460	163	6	—
天桥岭	324	173	4	—
白河	473	272	19	—
珲春	502	249	17	—
龙江森工集团	**29510**	**6886**	**145**	**—**
大海林	1642	351	1	—
柴河	1123	248	—	—
东京城	941	151	—	—
穆棱	977	196	6	—
绥阳	891	292	5	—

森工企业从业人员和劳动报酬情况(三)

离开本单位仍保留劳动关系人员	在岗职工年平均人数(人)	在岗职工年工资总额(万元)	在岗职工年平均工资(元)	年末实有离退休人员(人)
76000	**234738**	**1059031**	**45115**	**523802**
—	**36823**	**240504**	**65313**	**77341**
—	1895	12222	64498	4282
—	2130	13325	62559	3157
—	1109	7414	66852	2443
—	2075	13321	64200	5230
—	2531	16056	63436	6367
—	1782	10683	59951	4514
—	1672	10657	63736	34
—	1789	10963	61282	3494
—	2735	17453	63812	6645
—	1760	10754	61103	3980
—	2251	13951	61979	5810
—	3396	24028	70755	7943
—	2193	13854	63175	4975
—	1778	12481	70198	3742
—	1698	10949	64479	4518
—	1783	11889	66682	3203
—	2566	17599	68587	4184
—	864	6975	80725	2160
—	816	5928	72646	660
7839	**15049**	**75745**	**50332**	**35200**
760	1555	8152	52426	6992
1586	2104	10911	51858	7427
618	1144	6008	52520	1543
567	2681	12723	47456	5907
1370	1429	7863	55027	3174
1366	1848	8655	46835	3862
897	1786	9136	51151	3059
675	2502	12297	49149	3236
9049	**20333**	**125457**	**61701**	**38668**
1402	1817	10292	56643	3971
2074	3376	17610	52161	6749
605	2371	14623	61676	5230
715	1536	10307	67101	2169
398	1962	17255	87946	3500
1078	2207	12902	58460	5343
626	1453	9247	63644	2127
1197	1892	9867	52149	3285
697	2118	13902	65638	4916
257	1601	9452	59038	1378
11065	**67384**	**269314**	**39967**	**161949**
270	3216	14147	43990	10615
119	3381	15588	46105	14243
411	3256	15458	47476	12042
1709	2218	9825	44297	10758
—	3124	14499	46411	8961

东北、内蒙古重点国有林区 87 个

单位名称	年末人数(人)			
	单位从业人员			
	在岗职工			其他从业人员
	按学历结构分			
	中专及大专学历	大学本科学历	研究生学历	
海林	700	324	5	—
林口	1424	686	1	—
八面通	721	238	5	—
桦南	1122	246	3	—
双鸭山	1047	278	2	—
鹤立	962	205	2	—
鹤北	1131	415	18	—
东方红	1548	201	7	—
迎春	483	210	5	—
清河	685	223	11	—
山河屯	842	66	1	—
苇河	1106	239	4	—
亚布力	1329	259	2	—
方正	990	442	6	—
兴隆	1304	337	16	—
绥棱	3884	234	18	—
通北	698	201	17	—
沾河	3960	844	10	—
伊春森工集团	**27280**	**7598**	**96**	**2**
双丰	1975	1104	17	—
铁力	2003	420	15	—
桃山	1515	219	3	—
朗乡	2431	561	8	—
南岔	3776	622	—	—
金山屯	696	197	3	1
美溪	1173	160	—	—
乌马河	2326	620	4	—
翠峦	1350	735	9	—
友好	1027	431	12	—
上甘岭	1815	667	12	—
五营	626	270	1	—
红星	1819	362	4	—
新青	1398	562	4	—
汤旺河	1107	463	2	—
乌伊岭	412	64	2	1
带岭	1831	141	—	—
大兴安岭林业集团	**9252**	**3628**	**56**	**14**
松岭	664	250	5	8
新林	606	241	2	—
塔河	1277	1084	1	—
呼中	1348	300	2	—
阿木尔	423	209	4	—
图强	575	220	12	—
西林吉	1818	584	4	—
十八站	746	193	7	—
韩家园	692	279	14	6
加格达奇	1103	268	5	—

森工企业从业人员和劳动报酬情况(四)

离开本单位仍保留劳动关系人员	在岗职工年平均人数(人)	在岗职工年工资总额(万元)	在岗职工年平均工资(元)	年末实有离退休人员(人)
—	1741	8103	46544	6996
309	3990	11922	29879	6018
—	2442	8807	36063	3481
1533	3856	12922	33512	5283
146	2573	10055	39079	5379
52	2488	7459	29979	3720
1322	3880	14654	37768	5052
1062	3170	13788	43496	9039
—	2315	9675	41794	2572
153	1551	6974	44964	4463
540	2297	11605	50522	4926
299	2878	10115	35148	16792
1257	2549	11536	45258	4902
1171	3010	10951	36383	4776
189	3206	14358	44783	6161
68	3643	10072	27648	6522
455	3065	10696	34897	5443
—	3535	16104	45557	3805
47758	**62958**	**216099**	**34324**	**157092**
2137	4436	11130	25090	7942
3675	3589	11916	33203	13162
2553	4136	14401	34819	18324
1371	5661	18957	33487	17039
3246	4398	24736	56244	9812
4904	1983	6832	34455	13876
3357	4849	16992	35043	6706
2663	3270	12526	38307	5327
5014	3907	15222	38961	6299
4077	3788	14832	39155	9553
1416	2115	8017	37907	9186
513	3293	9806	29779	2030
2523	4847	13338	27518	9932
4960	4529	11401	25173	8917
2595	2773	11061	39889	6060
2655	766	2785	36360	9000
99	4618	12144	26298	3927
289	**32191**	**131912**	**40978**	**53552**
—	3291	13086	39763	9494
—	3150	12924	41029	6166
—	4341	14908	34342	6076
—	3247	13485	41531	7027
32	2821	12863	45597	3628
—	3043	13044	42866	5964
—	4510	18028	39973	4882
—	2760	11731	42504	4780
257	2124	9906	46638	1516
—	2904	11937	41105	4019

东北、内蒙古重点国有林区

指标名称	计量单位
自年初累计完成投资	**万元**
一、生态修复治理	万元
其中：造林与森林抚育	万元
草原保护修复	万元
湿地保护与恢复	万元
防沙治沙	万元
二、林(草)产品加工制造	万元
三、林业草原服务、保障和公共管理	万元
其中：林业草原有害生物防治	万元
林业草原防火	万元
自然保护地监测管理	万元
野生动植物保护	万元

森工企业林草投资完成情况

企业合计
2000220
1001927
634911
45
4829
—
575
997718
1990
36195
2901
5674

东北、内蒙古重点国有林区 87 个森工

单位名称	自年初累计				
	总计	其中：国家投资	生态修复治理		
			合计	其	
				造林与森林抚育	草原保护修复
全国合计	**2000220**	**1949659**	**1001927**	**634911**	**45**
内蒙古森工集团	**535099**	**520269**	**93126**	**89948**	**—**
阿尔山	23363	22416	5482	5463	—
绰尔	26138	25736	4977	4937	—
绰源	18283	17583	3897	3752	—
乌尔旗汉	30467	30089	5948	5794	—
库都尔	32623	31881	6346	6320	—
图里河	30460	29448	5638	5588	—
伊图里河	21655	20898	4255	4195	—
克一河	22094	21303	4875	4825	—
甘河	31152	30254	4778	4735	—
吉文	24026	23551	4909	4862	—
阿里河	24120	23625	5217	5208	—
根河	38352	37524	6761	6555	—
金河	35200	33424	5990	4350	—
阿龙山	29930	29016	3986	3944	—
满归	33593	32878	4341	4226	—
得耳布尔	33892	32495	3097	3017	—
莫尔道嘎	37859	37416	5307	5257	—
大杨树	25460	24528	5064	4721	—
毕拉河	16432	16204	2258	2199	—
吉林森工集团	**182485**	**181548**	**174512**	**174300**	**—**
临江	21339	21335	19613	19401	—
三岔子	27375	27096	27341	27341	—
湾沟	14045	13695	13452	13452	—
松江河	24698	24698	23811	23811	—
泉阳	15680	15680	15530	15530	—
露水河	26964	26964	24214	24214	—
白石山	21438	21134	20446	20446	—
红石	30946	30946	30105	30105	—
长白山森工集团	**260483**	**243903**	**221781**	**127089**	**—**
黄泥河	28138	25867	19816	3569	—
敦化	27909	27134	25241	2640	—
大石头	23300	22911	22911	5640	—
八家子	23032	21825	21832	21491	—
和龙	35420	33985	31652	6436	—
汪清	26738	25712	24814	24814	—
大兴沟	24730	18703	17988	17988	—
天桥岭	23462	22850	19343	18913	—
白河	26213	24196	21443	21443	—
珲春	21541	20720	16741	4155	—
龙江森工集团	**404616**	**402209**	**312755**	**150550**	**45**
大海林	19993	19915	16854	3341	—
柴河	19999	19999	19994	5893	—
东京城	24597	24597	4932	4932	—
穆棱	22222	21749	18047	3249	—
绥阳	19207	18861	18036	18036	—

企业林草投资完成情况(一)

单位：万元

完成投资							
中		林(草)产品加工制造	林业草原服务、保障和公共管理				
湿地保护与恢复	防沙治沙		合计	林业草原有害生物防治	林业草原防火	自然保护地监测管理	野生动植物保护
4829	**—**	**575**	**997718**	**1990**	**36195**	**2901**	**5674**
1842	**—**	**75**	**441898**	**—**	**5947**	**—**	**30**
—	—	—	17881	—	440	—	—
—	—	—	21161	—	—	—	—
63	—	—	14386	—	315	—	—
139	—	—	24519	—	—	—	—
—	—	—	26277	—	—	—	—
—	—	75	24747	—	2149	—	—
—	—	—	17400	—	120	—	—
—	—	—	17219	—	—	—	—
38	—	—	26374	—	153	—	—
—	—	—	19117	—	—	—	—
—	—	—	18903	—	—	—	—
—	—	—	31591	—	—	—	—
1602	—	—	29210	—	—	—	—
—	—	—	25944	—	—	—	30
—	—	—	29252	—	—	—	—
—	—	—	30795	—	482	—	—
—	—	—	32552	—	—	—	—
—	—	—	20396	—	1396	—	—
—	—	—	14174	—	892	—	—
—	**—**	**—**	**7973**	**344**	**4510**	**108**	**90**
—	—	—	1726	53	1398	—	40
—	—	—	34	34	—	—	—
—	—	—	593	10	28	—	—
—	—	—	887	61	129	108	20
—	—	—	150	50	—	—	—
—	—	—	2750	90	1567	—	—
—	—	—	992	35	623	—	—
—	—	—	841	11	765	—	30
1076	**—**	**—**	**38702**	**385**	**8821**	**326**	**5240**
—	—	—	8322	—	—	—	222
—	—	—	2668	23	920	—	10
200	—	—	389	—	—	—	—
341	—	—	1200	35	6	—	—
395	—	—	3768	98	1853	326	10
—	—	—	1924	40	—	—	232
—	—	—	6742	23	—	—	461
140	—	—	4119	13	312	—	2572
—	—	—	4770	140	4630	—	—
—	—	—	4800	13	1100	—	1733
903	**—**	**500**	**91361**	**79**	**5805**	**2396**	**158**
—	—	—	3139	17	—	—	—
—	—	—	5	5	—	—	—
—	—	—	19665	—	—	—	—
—	—	500	3675	—	545	2396	—
—	—	—	1171	—	1171	—	—

东北、内蒙古重点国有林区 87 个森工

单位名称	自年初累计				
	总计	其中：国家投资	生态修复治理		
			合计	其	
				造林与森林抚育	草原保护修复
海林	15035	14892	13652	13652	—
林口	14329	14329	14318	3395	—
八面通	12943	12804	2523	2523	—
桦南	17921	17921	17921	2758	—
双鸭山	15373	15373	15373	15373	—
鹤立	14863	14553	10848	1662	—
鹤北	23498	23220	23498	5002	—
东方红	21538	21162	18772	2864	—
迎春	11746	11746	1612	1612	—
清河	11513	11498	10870	1405	—
山河屯	14836	14791	14836	14791	45
苇河	15477	15457	14618	2719	—
亚布力	16682	16637	2235	2235	—
方正	14537	14537	14452	14452	—
兴隆	17857	17817	17602	3222	—
绥棱	17587	17488	17587	3259	—
通北	18354	18354	2578	2578	—
沾河	24509	24509	21597	21597	—
伊春森工集团	**334351**	**327257**	**40474**	**39916**	**—**
双丰	18604	12510	1301	1301	—
铁力	17231	17221	3066	3066	—
桃山	34898	34428	1886	1886	—
朗乡	22090	22090	3134	3134	—
南岔	29743	29529	3260	3260	—
金山屯	14430	14430	2084	2084	—
美溪	19086	19086	2704	2704	—
乌马河	19574	19574	2093	2093	—
翠峦	17537	17537	1587	1587	—
友好	18713	18708	2682	2682	—
上甘岭	14504	14376	2075	1959	—
五营	16598	16598	1377	1377	—
红星	15049	15049	3350	3129	—
新青	24629	24456	3246	3246	—
汤旺河	21939	21939	2328	2328	—
乌伊岭	16328	16328	2939	2718	—
带岭	13398	13398	1362	1362	—
大兴安岭林业集团	**283186**	**274473**	**159279**	**53108**	**—**
松岭	27360	27153	14639	4529	—
新林	30575	30379	19126	6236	—
塔河	33968	33836	19746	5606	—
呼中	25418	24094	15950	6790	—
阿木尔	22955	22955	13255	5034	—
图强	23985	23234	11300	3790	—
西林吉	37845	37755	15976	4702	—
十八站	26876	21925	13919	5089	—
韩家园	23726	22955	16973	5937	—
加格达奇	30478	30187	18395	5395	—

企业林草投资完成情况(二)

单位：万元

完成投资							
中		林(草)产品加工制造	林业草原服务、保障和公共管理				
湿地保护与恢复	防沙治沙		合计	林业草原有害生物防治	林业草原防火	自然保护地监测管理	野生动植物保护
—	—	—	1383	—	—	—	—
—	—	—	11	—	—	—	—
—	—	—	10420	—	—	—	—
—	—	—	—	—	—	—	—
—	—	—	—	—	—	—	—
—	—	—	4015	14	—	—	—
—	—	—	—	—	—	—	—
903	—	—	2766	5	1125	—	118
—	—	—	10134	4	—	—	—
—	—	—	643	4	549	—	—
—	—	—	—	—	—	—	—
—	—	—	859	—	719	—	—
—	—	—	14447	5	496	—	—
—	—	—	85	—	—	—	—
—	—	—	255	5	—	—	10
—	—	—	—	—	—	—	—
—	—	—	15776	9	561	—	—
—	—	—	2912	11	639	—	30
558	**—**	**—**	**293877**	**159**	**7789**	**71**	**156**
—	—	—	17303	—	—	—	—
—	—	—	14165	7	70	—	—
—	—	—	33012	2	74	—	—
—	—	—	18956	—	900	—	6
—	—	—	26483	64	1653	—	—
—	—	—	12346	6	777	—	35
—	—	—	16382	—	—	—	—
—	—	—	17481	—	—	71	—
—	—	—	15950	6	662	—	—
—	—	—	16031	—	1199	—	—
116	—	—	12429	2	595	—	—
—	—	—	15221	50	—	—	—
221	—	—	11699	7	829	—	—
—	—	—	21383	4	100	—	—
—	—	—	19611	8	930	—	—
221	—	—	13389	2	—	—	—
—	—	—	12036	1	—	—	115
450	**—**	**—**	**123907**	**1023**	**3323**	**—**	**—**
—	—	—	12721	—	—	—	—
—	—	—	11449	48	—	—	—
—	—	—	14222	—	120	—	—
—	—	—	9468	—	1446	—	—
—	—	—	9700	—	—	—	—
—	—	—	12685	43	1080	—	—
—	—	—	21869	—	677	—	—
—	—	—	12957	—	—	—	—
—	—	—	6753	94	—	—	—
450	—	—	12083	838	—	—	—

东北、内蒙古重点国有林区森工企业林草固定资产投资完成情况(一)

指标名称	计量单位	企业合计
一、本年计划投资	**万元**	**250298**
二、自年初累计完成投资	**万元**	**302194**
其中：国家投资	万元	256257
按构成分	—	—
1. 建筑工程	万元	191036
2. 安装工程	万元	8569
3. 设备工器具购置	万元	12453
4. 其他	万元	90136
按性质分	—	—
1. 新建	万元	171803
2. 扩建	万元	64261
3. 改建和技术改造	万元	45710
4. 单纯建造生活设施	万元	455
5. 迁建	万元	—
6. 恢复	万元	2670
7. 单纯购置	万元	8792

东北、内蒙古重点国有林区森工企业林草固定资产投资完成情况(二)

指标名称	计量单位	企业合计
8. 其他	万元	8503
三、本年新增固定资产	**万元**	**194609**
四、本年实际到位资金合计	**万元**	**342984**
1. 上年末结转和结余资金	万元	74674
2. 本年实际到位资金小计	万元	268310
(1)国家预算资金	万元	226341
①中央资金	万元	225721
②地方资金	万元	620
(2)国内贷款	万元	—
(3)债券	万元	—
(4)利用外资	万元	6094
(5)自筹资金	万元	35463
(6)其他资金	万元	412
五、本年各项应付款合计	**万元**	**4218**
其中：工程款	万元	1014

东北、内蒙古重点国有林区 87 个森工

单位名称	本年计划投资				
		总计	其中：国家投资	按构	
				建筑工程	安装工程
全国合计	**250298**	**302194**	**256257**	**191036**	**8569**
内蒙古森工集团	**97479**	**154896**	**138809**	**125325**	**48**
阿尔山	6913	4622	4304	972	—
绰尔	5319	5732	5471	4790	—
绰源	1914	5793	5439	4529	38
乌尔旗汉	2389	8541	7481	6789	—
库都尔	7873	11943	7968	9766	—
图里河	5724	5724	5724	3023	—
伊图里河	4449	7155	6553	5885	—
克一河	4779	4932	4141	3848	—
甘河	1842	5650	4758	4714	10
吉文	5368	4155	4155	3400	—
阿里河	2371	1373	1373	174	—
根河	6377	2928	2106	1145	—
金河	6002	13804	11708	12480	—
阿龙山	2930	10693	9816	9650	—
满归	9243	16565	16003	15607	—
得耳布尔	5676	14965	12815	14239	—
莫尔道嘎	9409	9251	9251	8467	—
大杨树	7422	14562	13560	10817	—
毕拉河	1479	6508	6183	5030	—
吉林森工集团	**18816**	**15869**	**13549**	**1522**	**814**
临江	3288	1890	1890	—	—
三岔子	3103	3103	3103	—	814
湾沟	3013	1523	1523	143	—
松江河	2208	2149	2149	559	—
泉阳	1500	1500	1500	—	—
露水河	1584	1584	1584	—	—
白石山	1800	1800	1800	—	—
红石	2320	2320	—	820	—
长白山森工集团	**21784**	**21668**	**18531**	**10503**	**1253**
黄泥河	5558	5558	5558	—	—
敦化	1529	1529	1529	1529	—
大石头	600	600	600	550	—
八家子	—	—	—	—	—
和龙	1769	1653	1653	—	—
汪清	3458	3458	3335	3458	—
大兴沟	3005	3005	—	3005	—
天桥岭	2768	2768	2759	337	—
白河	1078	1078	1078	1078	—
珲春	2019	2019	2019	546	1253
龙江森工集团	**61759**	**54301**	**51497**	**23428**	**360**
大海林	3122	3122	3044	—	—
柴河	99	99	99	99	—
东京城	2351	1801	1801	—	—
穆棱	6906	5039	5039	4175	—
绥阳	1454	1491	320	558	—

企业林草固定资产投资完成情况(一)

单位：万元

自年初累计完成投资									
成分		按性质分							
设备工器具购置	其他	新建	扩建	改建和技术改造	单纯建造生活设施	迁建	恢复	单纯购置	其他
12453	**90136**	**171803**	**64261**	**45710**	**455**	**—**	**2670**	**8792**	**8503**
4877	**24646**	**75786**	**41699**	**32444**	**215**	**—**	**—**	**4752**	**—**
27	3623	537	3623	435	—	—	—	27	—
—	942	4766	942	—	—	—	—	24	—
215	1011	4256	1009	311	—	—	—	217	—
51	1701	1148	7342	—	—	—	—	51	—
80	2097	9766	2097	—	—	—	—	80	—
1122	1579	140	4425	188	—	—	—	971	—
139	1131	5915	1101	—	—	—	—	139	—
85	999	3853	950	44	—	—	—	85	—
117	809	4692	803	38	—	—	—	117	—
25	730	3400	730	—	—	—	—	25	—
223	976	174	976	—	—	—	—	223	—
213	1570	—	2715	—	—	—	—	213	—
474	850	12576	750	—	—	—	—	478	—
435	608	797	642	8837	—	—	—	417	—
71	887	15703	708	83	—	—	—	71	—
187	539	1603	529	12646	—	—	—	187	—
177	607	185	8883	—	—	—	—	183	—
1154	2591	1218	2323	9862	—	—	—	1159	—
82	1396	5057	1151	—	215	—	—	85	—
—	**13533**	**14906**	**—**	**963**	**—**	**—**	**—**	**—**	**—**
—	1890	1890	—	—	—	—	—	—	—
—	2289	3103	—	—	—	—	—	—	—
—	1380	1380	—	143	—	—	—	—	—
—	1590	2149	—	—	—	—	—	—	—
—	1500	1500	—	—	—	—	—	—	—
—	1584	1584	—	—	—	—	—	—	—
—	1800	1800	—	—	—	—	—	—	—
—	1500	1500	—	820	—	—	—	—	—
2472	**7440**	**17981**	**1764**	**220**	**—**	**—**	**1653**	**50**	**—**
—	5558	5558	—	—	—	—	—	—	—
—	—	1529	—	—	—	—	—	—	—
50	—	550	—	—	—	—	—	50	—
—	—	—	—	—	—	—	—	—	—
—	1653	—	—	—	—	—	1653	—	—
—	—	3458	—	—	—	—	—	—	—
—	—	3005	—	—	—	—	—	—	—
2422	9	2768	—	—	—	—	—	—	—
—	—	567	511	—	—	—	—	—	—
—	220	546	1253	220	—	—	—	—	—
550	**29963**	**26127**	**20798**	**4901**	**240**	**—**	**1017**	**—**	**1218**
—	3122	—	3122	—	—	—	—	—	—
—	—	99	—	—	—	—	—	—	—
—	1801	1801	—	—	—	—	—	—	—
—	864	1234	3805	—	—	—	—	—	—
550	383	1491	—	—	—	—	—	—	—

东北、内蒙古重点国有林区 87 个森工

单位名称	本年计划投资	总计	其中：国家投资	按构	
				建筑工程	安装工程
海林	1754	1754	1611	1383	—
林口	435	435	435	—	—
八面通	697	697	558	697	—
桦南	300	300	300	—	—
双鸭山	1516	1516	1516	—	—
鹤立	6622	5663	5363	3988	—
鹤北	7468	7468	7190	2466	—
东方红	5500	5500	5124	2636	—
迎春	1612	1612	1612	—	—
清河	2044	2044	2029	639	—
山河屯	600	600	500	360	—
苇河	1566	1566	1546	140	—
亚布力	1166	1166	1121	496	360
方正	3651	85	85	85	—
兴隆	831	831	791	831	—
绥棱	2503	2503	2404	2004	—
通北	1961	1823	1823	—	—
沾河	7601	7186	7186	2871	—
伊春森工集团	**20332**	**20332**	**7144**	**13466**	**6094**
双丰	7208	7208	—	1114	6094
铁力	796	796	—	796	—
桃山	2980	2980	—	2980	—
朗乡	900	900	900	900	—
南岔	1653	1653	1653	1653	—
金山屯	717	717	717	717	—
美溪	1851	1851	—	1851	—
乌马河	—	—	—	—	—
翠峦	—	—	—	—	—
友好	1169	1169	934	427	—
上甘岭	595	595	477	565	—
五营	—	—	—	—	—
红星	663	663	663	663	—
新青	—	—	—	—	—
汤旺河	900	900	900	900	—
乌伊岭	900	900	900	900	—
带岭	—	—	—	—	—
大兴安岭林业集团	**30128**	**35128**	**26727**	**16792**	**—**
松岭	1657	1137	930	207	—
新林	1690	1393	1393	153	—
塔河	1130	722	722	82	—
呼中	4004	5223	3899	885	—
阿木尔	4503	2457	2457	657	—
图强	2971	2771	2020	806	—
西林吉	1830	6746	6746	5260	—
十八站	6901	6802	1651	3757	—
韩家园	2775	3705	3028	2076	—
加格达奇	2667	4172	3881	2909	—

企业林草固定资产投资完成情况(二)

单位：万元

自年初累计完成投资									
成分		按性质分							
设备工器具购置	其他	新建	扩建	改建和技术改造	单纯建造生活设施	迁建	恢复	单纯购置	其他
—	371	1383	371	—	—	—	—	—	—
—	435	435	—	—	—	—	—	—	—
—	—	697	—	—	—	—	—	—	—
—	300	—	300	—	—	—	—	—	—
—	1516	1516	—	—	—	—	—	—	—
—	1675	13	5650	—	—	—	—	—	—
—	5002	7378	—	90	—	—	—	—	—
—	2864	2936	2564	—	—	—	—	—	—
—	1612	—	1612	—	—	—	—	—	—
—	1405	639	1405	—	—	—	—	—	—
—	240	360	—	—	240	—	—	—	—
—	1426	140	—	—	—	—	707	—	719
—	310	360	—	496	—	—	310	—	—
—	—	35	50	—	—	—	—	—	—
—	—	831	—	—	—	—	—	—	—
—	499	110	1894	—	—	—	—	—	499
—	1823	1823	—	—	—	—	—	—	—
—	4315	2846	25	4315	—	—	—	—	—
665	**107**	**11302**	**—**	**1080**	**—**	**—**	**—**	**665**	**7285**
—	—	—	—	—	—	—	—	—	7208
—	—	796	—	—	—	—	—	—	—
—	—	2980	—	—	—	—	—	—	—
—	—	900	—	—	—	—	—	—	—
—	—	753	—	900	—	—	—	—	—
—	—	717	—	—	—	—	—	—	—
—	—	1851	—	—	—	—	—	—	—
—	—	—	—	—	—	—	—	—	—
—	—	—	—	—	—	—	—	—	—
665	77	247	—	180	—	—	—	665	77
—	30	595	—	—	—	—	—	—	—
—	—	—	—	—	—	—	—	—	—
—	—	663	—	—	—	—	—	—	—
—	—	—	—	—	—	—	—	—	—
—	—	900	—	—	—	—	—	—	—
—	—	900	—	—	—	—	—	—	—
—	—	—	—	—	—	—	—	—	—
3889	**14447**	**25701**	**—**	**6102**	**—**	**—**	**—**	**3325**	**—**
—	930	1137	—	—	—	—	—	—	—
—	1240	1240	—	153	—	—	—	—	—
—	640	672	—	50	—	—	—	—	—
727	3611	3796	—	1122	—	—	—	305	—
—	1800	2307	—	150	—	—	—	—	—
1215	750	750	—	766	—	—	—	1255	—
—	1486	6467	—	279	—	—	—	—	—
1525	1520	3554	—	1723	—	—	—	1525	—
119	1510	3077	—	509	—	—	—	119	—
303	960	2701	—	1350	—	—	—	121	—

东北、内蒙古重点国有林区 87 个森工

单位名称	本年新增固定资产	本年实际			
				本年实际	
					国家
		总计	上年末结转和结余资金	合计	小计
全国合计	**194609**	**342984**	**74674**	**268310**	**226341**
内蒙古森工集团	**105218**	**154184**	**50165**	**104019**	**89591**
阿尔山	—	5945	1225	4720	3623
绰尔	24	4143	—	4143	3823
绰源	4785	5732	2661	3071	1860
乌尔旗汉	1611	1907	—	1907	1529
库都尔	11943	28141	11055	17086	16467
图里河	15191	16309	10165	6144	5185
伊图里河	7155	7073	5422	1651	1100
克一河	1741	4595	—	4595	3804
甘河	127	11529	4949	6580	5601
吉文	4025	7171	5966	1205	730
阿里河	1373	2070	—	2070	1489
根河	1362	2712	—	2712	2048
金河	13804	6681	745	5936	3955
阿龙山	10693	6669	—	6669	5784
满归	794	8510	—	8510	8074
得耳布尔	14965	6002	470	5532	4288
莫尔道嘎	9251	12954	2464	10490	10047
大杨树	261	6037	—	6037	5253
毕拉河	6113	10004	5043	4961	4931
吉林森工集团	**15814**	**17624**	**2977**	**14647**	**14647**
临江	1890	2258	368	1890	1890
三岔子	3103	2357	707	1650	1650
湾沟	1523	2880	1200	1680	1680
松江河	2149	2925	618	2307	2307
泉阳	1500	1500	—	1500	1500
露水河	1584	1584	84	1500	1500
白石山	1800	1800	—	1800	1800
红石	2265	2320	—	2320	2320
长白山森工集团	**18427**	**54990**	**11465**	**43525**	**37766**
黄泥河	5558	5558	1243	4315	3626
敦化	1529	3370	3340	30	25
大石头	600	600	—	600	600
八家子	—	—	—	—	—
和龙	—	1769	—	1769	1769
汪清	3458	3458	—	3458	3335
大兴沟	3005	3005	—	3005	—
天桥岭	2650	7599	4070	3529	3520
白河	1078	27089	2732	24357	22429
珲春	549	2542	80	2462	2462
龙江森工集团	**29259**	**56673**	**—**	**56673**	**53553**
大海林	3122	3122	—	3122	3044
柴河	99	99	—	99	99
东京城	—	1801	—	1801	1801
穆棱	—	5039	—	5039	4566
绥阳	—	1491	—	1491	1145

企业林草固定资产投资完成情况(三)

单位：万元

到位资金							本年各项应付款	
到位资金								
预算资金								
中央资金	地方资金	国内贷款	债券	利用外资	自筹资金	其他资金	合计	其中：工程款
225721	**620**	**—**	**—**	**6094**	**35463**	**412**	**4218**	**1014**
89247	**344**	**—**	**—**	**—**	**14428**	**—**	**—**	**—**
3623	—	—	—	—	1097	—	—	—
3823	—	—	—	—	320	—	—	—
1799	61	—	—	—	1211	—	—	—
1529	—	—	—	—	378	—	—	—
16467	—	—	—	—	619	—	—	—
5180	5	—	—	—	959	—	—	—
1100	—	—	—	—	551	—	—	—
3804	—	—	—	—	791	—	—	—
5481	120	—	—	—	979	—	—	—
730	—	—	—	—	475	—	—	—
1489	—	—	—	—	581	—	—	—
2048	—	—	—	—	664	—	—	—
3935	20	—	—	—	1981	—	—	—
5784	—	—	—	—	885	—	—	—
8074	—	—	—	—	436	—	—	—
4288	—	—	—	—	1244	—	—	—
10047	—	—	—	—	443	—	—	—
5115	138	—	—	—	784	—	—	—
4931	—	—	—	—	30	—	—	—
14647	**—**	**—**	**—**	**—**	**—**	**—**	**52**	**—**
1890	—	—	—	—	—	—	—	—
1650	—	—	—	—	—	—	52	—
1680	—	—	—	—	—	—	—	—
2307	—	—	—	—	—	—	—	—
1500	—	—	—	—	—	—	—	—
1500	—	—	—	—	—	—	—	—
1800	—	—	—	—	—	—	—	—
2320	—	—	—	—	—	—	—	—
37766	**—**	**—**	**—**	**—**	**5347**	**412**	**350**	**350**
3626	—	—	—	—	689	—	—	—
25	—	—	—	—	5	—	—	—
600	—	—	—	—	—	—	—	—
—	—	—	—	—	—	—	—	—
1769	—	—	—	—	—	—	—	—
3335	—	—	—	—	123	—	—	—
—	—	—	—	—	3005	—	—	—
3520	—	—	—	—	9	—	—	—
22429	—	—	—	—	1516	412	—	—
2462	—	—	—	—	—	—	350	350
53427	**126**	**—**	**—**	**—**	**3120**	**—**	**3221**	**99**
3044	—	—	—	—	78	—	3122	—
99	—	—	—	—	—	—	99	99
1801	—	—	—	—	—	—	—	—
4566	—	—	—	—	473	—	—	—
1145	—	—	—	—	346	—	—	—

东北、内蒙古重点国有林区 87 个森工

单位名称	本年新增固定资产	本年实际			
		总计	上年末结转和结余资金	本年实际	
				合计	国家
					小计
海林	1754	1754	—	1754	1611
林口	—	—	—	—	—
八面通	—	697	—	697	558
桦南	—	300	—	300	300
双鸭山	—	1516	—	1516	1516
鹤立	4001	6556	—	6556	5626
鹤北	—	7468	—	7468	7190
东方红	—	5500	—	5500	5124
迎春	—	1612	—	1612	1612
清河	639	2044	—	2044	2029
山河屯	360	240	—	240	240
苇河	—	1566	—	1566	1546
亚布力	1166	1166	—	1166	1121
方正	14416	2221	—	2221	2221
兴隆	831	831	—	831	791
绥棱	—	2503	—	2503	2404
通北	—	1961	—	1961	1823
沾河	2871	7186	—	7186	7186
伊春森工集团	**1965**	**20332**	**1114**	**19218**	**8844**
双丰	—	7208	1114	6094	—
铁力	796	796	—	796	—
桃山	—	2980	—	2980	—
朗乡	—	900	—	900	900
南岔	—	1653	—	1653	1502
金山屯	—	717	—	717	717
美溪	—	1851	—	1851	1851
乌马河	—	—	—	—	—
翠峦	—	—	—	—	—
友好	1169	1169	—	1169	934
上甘岭	—	595	—	595	477
五营	—	—	—	—	—
红星	—	663	—	663	663
新青	—	—	—	—	—
汤旺河	—	900	—	900	900
乌伊岭	—	900	—	900	900
带岭	—	—	—	—	—
大兴安岭林业集团	**23926**	**39181**	**8953**	**30228**	**21940**
松岭	930	1657	—	1657	1415
新林	1240	1690	—	1690	1690
塔河	640	1095	—	1095	1095
呼中	3574	5450	1446	4004	2655
阿木尔	1950	4503	—	4503	4478
图强	2731	2941	—	2941	2190
西林吉	6357	6712	4917	1795	1795
十八站	2845	6861	—	6861	1910
韩家园	1629	3734	930	2804	2125
加格达奇	2030	4538	1660	2878	2587

企业林草固定资产投资完成情况(四)

单位：万元

到位资金							本年各项应付款	
到位资金							合计	其中：工程款
预算资金		国内贷款	债券	利用外资	自筹资金	其他资金		
中央资金	地方资金							
1611	—	—	—	—	143	—	—	—
—	—	—	—	—	—	—	—	—
558	—	—	—	—	139	—	—	—
300	—	—	—	—	—	—	—	—
1516	—	—	—	—	—	—	—	—
5626	—	—	—	—	930	—	—	—
7064	126	—	—	—	278	—	—	—
5124	—	—	—	—	376	—	—	—
1612	—	—	—	—	—	—	—	—
2029	—	—	—	—	15	—	—	—
240	—	—	—	—	—	—	—	—
1546	—	—	—	—	20	—	—	—
1121	—	—	—	—	45	—	—	—
2221	—	—	—	—	—	—	—	—
791	—	—	—	—	40	—	—	—
2404	—	—	—	—	99	—	—	—
1823	—	—	—	—	138	—	—	—
7186	—	—	—	—	—	—	—	—
8694	**150**	**—**	**—**	**6094**	**4280**	**—**	**595**	**565**
—	—	—	—	6094	—	—	—	—
—	—	—	—	—	796	—	—	—
—	—	—	—	—	2980	—	—	—
900	—	—	—	—	—	—	—	—
1502	—	—	—	—	151	—	—	—
717	—	—	—	—	—	—	—	—
1701	150	—	—	—	—	—	—	—
—	—	—	—	—	—	—	—	—
—	—	—	—	—	—	—	—	—
934	—	—	—	—	235	—	—	—
477	—	—	—	—	118	—	595	565
—	—	—	—	—	—	—	—	—
663	—	—	—	—	—	—	—	—
—	—	—	—	—	—	—	—	—
900	—	—	—	—	—	—	—	—
900	—	—	—	—	—	—	—	—
—	—	—	—	—	—	—	—	—
21940	**—**	**—**	**—**	**—**	**8288**	**—**	**—**	**—**
1415	—	—	—	—	242	—	—	—
1690	—	—	—	—	—	—	—	—
1095	—	—	—	—	—	—	—	—
2655	—	—	—	—	1349	—	—	—
4478	—	—	—	—	25	—	—	—
2190	—	—	—	—	751	—	—	—
1795	—	—	—	—	—	—	—	—
1910	—	—	—	—	4951	—	—	—
2125	—	—	—	—	679	—	—	—
2587	—	—	—	—	291	—	—	—

附录二

林业工作站和乡村林场

ANNEX Ⅱ

各地区地、县级

地区	地(市)								
	林业工作站总数(个)	管理人员(人)							
		文化程度				专业技术人员			
		合计	本科及以上学历	大专学历	中专及以下学历	合计	高级	中级	初级
全国总计	**203**	**2380**	**1700**	**468**	**212**	**1524**	**518**	**662**	**344**
北京	—	—	—	—	—	—	—	—	—
天津	—	—	—	—	—	—	—	—	—
河北	10	73	56	9	8	67	37	15	15
山西	9	78	59	10	9	56	13	26	17
内蒙古	13	172	120	35	17	94	34	39	21
辽宁	14	75	60	9	6	43	18	20	5
吉林	9	58	39	14	5	11	5	3	3
黑龙江	4	41	30	10	1	24	6	13	5
上海	—	—	—	—	—	—	—	—	—
江苏	12	131	116	11	4	105	50	30	25
浙江	2	36	31	5	—	17	5	11	1
安徽	9	50	38	11	1	37	14	17	6
福建	—	30	27	3	—	22	6	11	5
江西	10	56	34	17	5	27	3	18	6
山东	9	90	70	10	10	66	32	28	6
河南	18	284	209	51	24	223	83	107	33
湖北	4	76	37	16	23	24	8	10	6
湖南	5	34	30	4	—	17	7	9	1
广东	9	76	48	10	18	16	2	12	2
广西	11	72	54	12	6	37	3	19	15
海南	—	17	17	—	—	—	—	—	—
重庆	—	—	—	—	—	—	—	—	—
四川	9	61	55	4	2	38	15	17	6
贵州	1	25	24	1	—	21	7	11	3
云南	—	54	48	6	—	15	4	7	4
西藏	—	—	—	—	—	—	—	—	—
陕西	12	355	204	110	41	258	76	114	68
甘肃	11	135	92	39	4	95	27	49	19
青海	8	63	44	13	6	52	20	20	12
宁夏	4	86	69	11	6	54	24	12	18
新疆	10	152	89	47	16	105	19	44	42
新疆兵团	—	—	—	—	—	—	—	—	—

林业工作站基本情况

林业工作站总数(个)	县(市、区)							
	管理人员(人)							
	文化程度				专业技术人员			
	合计	本科及以上学历	大专学历	中专及以下学历	合计	高级	中级	初级
1766	**21852**	**9886**	**7791**	**4175**	**14144**	**3054**	**6536**	**4554**
12	240	189	41	10	131	19	64	48
1	11	8	3	—	6	3	2	1
131	855	431	286	138	651	198	225	228
106	1133	431	438	264	707	78	335	294
97	1063	592	339	132	653	187	235	231
75	362	190	141	31	252	40	160	52
62	523	282	153	88	412	120	169	123
82	652	315	253	84	553	169	244	140
9	203	167	28	8	168	34	73	61
64	762	483	215	64	648	268	254	126
46	507	374	118	15	400	82	232	86
50	477	231	190	56	403	120	186	97
10	236	155	66	15	195	62	77	56
87	555	193	227	135	351	63	155	133
101	777	512	169	96	578	134	304	140
139	1843	603	703	537	1065	177	465	423
2	1188	265	445	478	562	31	344	187
68	558	163	231	164	299	34	210	55
44	554	194	212	148	239	13	117	109
86	502	204	237	61	346	18	215	113
—	—	—	—	—	—	—	—	—
23	346	211	102	33	191	32	125	34
72	833	354	361	118	485	117	232	136
40	1110	559	388	163	676	95	287	294
—	387	269	111	7	213	89	86	38
27	111	74	29	8	62	2	18	42
100	2961	976	1246	739	1834	399	819	616
81	1105	532	320	253	675	167	297	211
37	376	195	127	54	278	43	130	105
21	393	273	105	15	322	142	121	59
93	1229	461	507	261	789	118	355	316
13	89	68	18	3	84	20	29	35

各地区乡镇林业

地　区	年末实有乡镇林业					
	总计	合计	其中:片站		其中:加挂林业站站牌	
			小计	管理乡镇数	农业综合服务中心加挂林业站牌子站数	其他乡镇机构加挂林业站牌子站数
全国总计	**25067**	**22220**	**1458**	**4226**	**6048**	**1240**
北　京	163	163	—	—	50	—
天　津	—	—	—	—	—	—
河　北	1217	398	72	246	71	69
山　西	1126	1119	43	96	555	33
内蒙古	672	406	10	24	66	19
辽　宁	1052	878	—	—	174	12
吉　林	680	637	4	10	125	20
黑龙江	845	844	16	40	75	3
上　海	106	106	—	—	46	45
江　苏	430	402	—	—	98	90
浙　江	681	442	36	116	66	23
安　徽	754	736	119	361	59	93
福　建	897	897	27	70	11	14
江　西	831	813	174	525	60	—
山　东	1210	951	—	—	266	29
河　南	1780	1719	83	253	887	19
湖　北	904	903	97	272	21	94
湖　南	1319	1168	154	400	386	59
广　东	1101	943	86	247	219	56
广　西	1105	999	14	40	40	70
海　南	197	117	—	—	114	—
重　庆	862	820	1	5	335	15
四　川	1496	1276	241	781	287	68
贵　州	1357	1338	43	88	127	213
云　南	1391	1292	—	—	519	92
西　藏	353	353	—	—	353	—
陕　西	702	686	71	174	345	33
甘　肃	467	450	94	308	97	14
青　海	251	250	—	—	162	8
宁　夏	180	180	46	107	13	3
新　疆	938	934	27	63	421	46
新疆兵团	148	148	—	—	—	—

工作站基本情况(一)

机构数(个)					本年新设站数(个)	林业站加挂其他机构牌子数(个)
总站数				其他涉林乡镇机构数		
其中:无机构编制文件但正常履职的“林业站”数	按管理体制					
	派出机构	双重领导	乡镇管理			已加挂野保站牌子站数
4660	**4778**	**2693**	**14749**	**2847**	**269**	**3458**
—	—	53	110	—	—	3
—	—	—	—	—	—	—
103	96	—	302	819	—	17
218	—	305	814	7	—	84
47	19	10	377	266	—	—
161	182	162	534	174	1	245
89	102	40	495	43	7	139
517	231	21	592	1	2	25
15	—	18	88	—	—	—
179	11	12	379	28	—	—
193	49	44	349	239	5	11
60	488	115	133	18	13	166
3	897	—	—	—	—	622
19	232	52	529	18	1	327
624	20	50	881	259	14	13
594	72	139	1508	61	10	24
69	714	128	61	1	16	124
120	397	137	634	151	21	410
77	250	102	591	158	—	74
21	248	271	480	106	2	2
3	—	—	117	80	—	3
466	—	63	757	42	5	11
374	452	244	580	220	133	95
50	—	202	1136	19	20	407
75	1	—	1291	99	4	305
—	—	—	353	—	—	—
91	124	96	466	16	—	177
182	98	86	266	17	—	36
60	13	47	190	1	—	5
35	80	43	57	—	14	25
215	2	253	679	4	1	108
148	—	148	—	—	—	—

各地区乡镇林业

地区	林业站加挂其他机构牌子数(个)					
	已加挂科技推广站牌子站数	已加挂公益林管护站牌子站数	已加挂森林防火指挥部(所)牌子站数	已加挂病虫害防治(林业有害生物防治)站牌子站数	已加挂天然林资源管护站牌子站数	已加挂生态监测站牌子站数
全国总计	**2194**	**2819**	**2650**	**2029**	**2130**	**525**
北京	3	1	5	4	—	—
天津	—	—	—	—	—	—
河北	50	25	27	8	6	—
山西	38	278	125	109	161	4
内蒙古	45	47	24	10	32	—
辽宁	33	209	113	63	22	10
吉林	150	94	93	106	40	31
黑龙江	47	2	17	10	2	—
上海	—	—	—	—	—	—
江苏	1	—	11	1	—	—
浙江	4	58	9	11	2	2
安徽	22	8	41	94	9	18
福建	310	94	209	168	42	39
江西	81	237	113	294	87	79
山东	5	16	41	23	—	2
河南	78	118	133	52	75	6
湖北	119	67	90	51	230	33
湖南	397	472	340	362	175	110
广东	151	99	93	60	5	11
广西	12	24	41	6	—	—
海南	10	15	38	3	3	3
重庆	7	11	25	16	10	3
四川	46	53	77	43	80	22
贵州	88	195	319	114	407	71
云南	204	341	511	163	306	20
西藏	—	—	—	—	—	—
陕西	93	66	53	74	322	31
甘肃	31	54	3	10	17	—
青海	9	104	—	5	12	—
宁夏	5	22	—	14	56	—
新疆	155	109	99	155	29	30
新疆兵团	—	—	—	—	—	—

工作站基本情况(二)

至本年底核定编制数(人)	年末在岗职工总数(人)		经费渠道(人)			
	合计	其中长期职工人数	财政全额	财政差额	林业经费	自收自支
71397	**80580**	**76646**	**71404**	**2891**	**3427**	**2858**
857	957	872	649	151	12	145
—	—	—	—	—	—	—
1134	2050	1795	1613	179	7	251
1468	1835	1693	1464	150	105	116
1360	1746	1653	1705	—	25	16
3075	3002	2844	2558	94	118	232
3094	2929	2886	2695	11	157	66
1720	1954	1916	1554	194	10	196
293	381	381	342	5	—	34
577	1099	925	797	211	24	67
1488	1661	1631	1600	44	15	2
2815	2508	2493	2419	2	44	43
3612	3143	3028	2597	56	297	193
2564	3147	2974	2488	140	248	271
1708	2792	2733	2629	48	14	101
3507	4543	4172	3764	307	238	234
3648	4613	4442	3091	455	424	643
5384	6325	5716	5905	190	102	128
3876	4317	4231	3783	343	149	42
3703	3606	3545	3420	18	129	39
249	387	310	360	13	14	—
1253	1876	1731	1854	7	11	4
4070	5388	5179	4551	22	798	17
5403	4344	4189	4123	102	114	5
7654	6889	6819	6871	—	15	3
—	314	156	314	—	—	—
1983	2504	2468	2173	69	262	—
1223	1521	1407	1492	5	19	5
408	483	460	483	—	—	—
706	661	661	651	—	10	—
2565	3605	3336	3459	75	66	5
380	385	385	385	—	—	—

各地区乡镇林业工作站

地区	年末在岗职工数	文化程度情况				
		大专及以上学历人数	中专学历人数	高中学历人数	初中及以下学历人数	其中:涉林专业人数
全国总计	**80580**	**53949**	**13894**	**9046**	**3691**	**24760**
北　京	957	760	76	59	62	158
天　津	—	—	—	—	—	—
河　北	2050	1449	339	222	40	363
山　西	1835	905	334	479	117	123
内蒙古	1746	1314	261	158	13	456
辽　宁	3002	2298	352	125	227	592
吉　林	2929	1796	822	241	70	1009
黑龙江	1954	1305	510	112	27	464
上　海	381	320	25	22	14	18
江　苏	1099	741	243	78	37	306
浙　江	1661	1415	130	99	17	701
安　徽	2508	1873	504	116	15	1355
福　建	3143	2283	437	344	79	1782
江　西	3147	1462	593	870	222	860
山　东	2792	1876	646	187	83	499
河　南	4543	2614	945	818	166	433
湖　北	4613	2603	894	793	323	1661
湖　南	6325	3361	1319	1341	304	1695
广　东	4317	2438	854	710	315	740
广　西	3606	2681	506	298	121	1629
海　南	387	215	90	63	19	47
重　庆	1876	1549	179	112	36	214
四　川	5388	3473	906	617	392	1761
贵　州	4344	3544	540	180	80	1309
云　南	6889	5633	797	265	194	3745
西　藏	314	280	30	4	—	167
陕　西	2504	1601	528	282	93	763
甘　肃	1521	1088	170	174	89	497
青　海	483	386	57	31	9	174
宁　夏	661	532	85	25	19	292
新　疆	3605	2154	722	221	508	947
新疆兵团	385	374	10	1	—	293

人员素质和培训情况

单位:人

专业技术人员			年龄结构情况			年度培训情况			
						站长			站员培训人次数
高级	中级	初级	35 岁以下	36~50 岁	51 岁以上	计	初任培训人次数	能力提升培训人次数	
5802	**19364**	**18677**	**15531**	**46031**	**19018**	**28252**	**5844**	**22408**	**81723**
14	56	99	332	392	233	129	26	103	1366
—	—	—	—	—	—	—	—	—	—
160	362	297	449	1358	243	396	110	286	1225
96	210	221	297	936	602	809	106	703	974
241	462	269	209	1103	434	187	30	157	799
95	865	484	421	1836	745	1329	309	1020	1594
248	816	966	362	1454	1113	258	27	231	2489
317	638	349	233	1167	554	469	121	348	547
18	52	77	145	148	88	11	5	6	303
82	325	337	147	519	433	573	135	438	1334
48	745	393	490	431	740	449	76	373	1065
479	1000	660	370	1514	624	1035	176	859	2591
304	862	987	736	1387	1020	487	70	417	2549
161	548	741	477	1824	846	1043	115	928	1623
181	711	681	340	1790	662	1208	168	1040	1296
100	666	1104	716	3023	804	2223	612	1611	3180
127	1373	788	391	2853	1369	1486	314	1172	4587
277	1294	1173	785	3974	1566	1325	358	967	7263
25	576	857	851	2190	1276	861	163	698	3034
37	863	1201	848	1934	824	1739	271	1468	6330
1	14	90	59	230	98	224	76	148	226
124	535	278	477	926	473	771	246	525	1567
408	1232	1241	951	3166	1271	1212	228	984	4608
230	918	1277	1452	2291	601	2365	547	1818	3560
1496	2029	1798	1877	3929	1083	5760	1206	4554	20046
12	26	103	185	94	35	—	—	—	85
165	634	432	535	1519	450	796	178	618	2507
85	363	327	444	824	253	297	68	229	852
24	153	128	100	329	54	55	6	49	61
127	212	128	102	400	159	193	30	163	2591
120	824	1191	750	2490	365	562	67	495	1471
35	156	123	128	197	60	121	—	121	504

各地区乡镇林业工作站

地区	本年完成投资(万元)				至本年底自有	
	合计	国家投资	地方投资		自有业务用房林业站数量(个)	自有业务用房面积(公顷)
			计	其中:省级投资		
全国总计	**26951**	**11971**	**14980**	**6041**	**12911**	**2338022**
北京	408	140	268	—	82	17992
天津	—	—	—	—	—	—
河北	300	300	—	—	192	13973
山西	509	460	49	—	556	20937
内蒙古	640	640	—	—	209	16027
辽宁	839	560	279	210	393	45287
吉林	1156	800	356	329	481	69081
黑龙江	580	580	—	—	361	18437
上海	2100	40	2060	60	100	14174
江苏	770	420	350	195	37	6081
浙江	303	100	203	103	170	33343
安徽	1872	360	1512	40	465	120635
福建	3665	700	2965	2069	724	317675
江西	1816	700	1116	430	422	124005
山东	56	40	16	—	512	18313
河南	848	460	388	141	873	73048
湖北	798	600	198	—	617	260772
湖南	1771	755	1016	283	514	186388
广东	1553	360	1193	743	627	96175
广西	1048	500	548	173	852	178081
海南	7	—	7	—	75	1656
重庆	1278	189	1089	856	454	15109
四川	1196	540	656	409	662	136052
贵州	375	300	75	—	926	125906
云南	677	400	277	—	1135	245516
西藏	—	—	—	—	11	1228
陕西	679	320	359	—	429	51330
甘肃	180	180	—	—	275	35698
青海	592	592	—	—	225	19448
宁夏	220	220	—	—	68	4705
新疆	715	715	—	—	464	70949
新疆兵团	295	295	—	—	29	2749

投资完成情况

业务用房情况		至本年底交通工具配备情况			至本年底计算机配备情况		
其中:本年新建站数（个）	其中:本年新建面积（公顷）	有交通工具林业站数量（个）	交通工具数量（辆）	其中:本年新增交通工具的站数（个）	有计算机林业站数量（个）	计算机数量（台）	其中:本年新增计算机的站数（个）
180	**44660**	**7051**	**10707**	**367**	**18393**	**47352**	**1495**
2	500	82	225	12	138	808	16
—	—	—	—	—	—	—	—
7	1220	107	132	5	336	517	12
9	765	315	383	30	696	810	13
—	140	220	268	2	422	974	12
5	1131	423	568	49	769	1785	58
3	542	283	358	6	630	1915	43
2	62	172	188	9	636	1045	15
—	15	43	96	7	105	369	5
—	—	34	104	21	129	440	10
—	—	155	171	1	547	1408	26
15	6604	298	436	14	656	2172	112
18	9544	554	970	32	830	3229	88
6	1861	269	326	9	580	1244	57
—	122	128	187	2	749	1001	19
12	2940	367	496	17	1107	1625	69
11	6192	321	341	3	772	2534	103
6	675	207	265	14	929	2046	95
7	2446	637	1450	32	926	2796	102
8	1867	507	768	23	1004	2642	78
—	—	16	38	1	90	98	28
13	905	66	81	1	724	1618	60
44	3815	180	221	16	1026	2569	121
5	569	364	474	13	1250	3304	100
—	—	792	1366	32	1351	6473	143
—	—	7	9	—	5	5	—
1	1054	60	68	—	525	952	43
2	250	56	71	—	359	709	19
1	1000	79	158	2	191	339	11
3	441	29	35	3	133	346	13
—	—	280	454	11	778	1579	24
—	—	80	147	3	148	385	—

各地区乡镇林业工作站

地　区	营造林情况				
	本年造林面积(公顷)		本年育苗面积(公顷)	森林抚育面积(公顷)	四旁(零星)植树(万株)
	计	其中:林业重点工程造林面积			
全国总计	**2919510**	**1335525**	**277462**	**3799749**	**99624**
北　京	12510	10080	4057	86478	112
天　津	1065	73	4905	4210	122
河　北	157043	70129	18847	128941	2278
山　西	139849	102436	26997	13257	5969
内蒙古	252913	139199	9004	79037	817
辽　宁	126162	49062	11611	44734	2185
吉　林	44209	16684	3350	30186	1276
黑龙江	30514	18699	5020	13839	1333
上　海	2945	—	896	1502	652
江　苏	25446	2671	21859	47270	2264
浙　江	22449	—	3386	40026	1287
安　徽	50110	19606	6284	379974	5179
福　建	62336	2961	808	159378	1379
江　西	82653	28675	12256	172740	2104
山　东	96182	3893	24126	159045	7983
河　南	210756	24933	29930	177459	9427
湖　北	156236	80064	25142	189161	11843
湖　南	132723	44734	7518	299476	8602
广　东	85226	11005	2144	231118	4115
广　西	139399	18100	6723	372955	3423
海　南	6484	274	539	16322	283
重　庆	124013	75507	6424	91348	3432
四　川	67732	24789	4760	103442	5066
贵　州	242588	160994	5655	173135	2610
云　南	215413	155744	3661	59638	7710
西　藏	2688	1267	27	9154	21.10
陕　西	90087	57330	11170	69419	2825
甘　肃	85031	41475	10082	75979	2472
青　海	97107	72828	334	47164	612
宁　夏	62548	30948	4437	17014	462
新　疆	95094	71366	5509	506347	1779
新疆兵团	6606	3961	733	73619	43

职能作用发挥情况(一)

林业有害生物防治面积(公顷)	受委托行使林业行政执法权站数(个)	具有林业行政执法证人数(人)	直接办理林政案件数(个)	协助办理林政案件数(个)	参与调处林权纠纷(件)
6542790	**6571**	**24452**	**24450**	**46316**	**34881**
18401	—	44	43	142	83
31346	—	—	—	51	6
298356	80	227	205	226	173
76915	56	56	8	287	250
191263	86	268	135	2141	830
366162	267	641	1168	1157	1250
158869	375	1396	533	1120	416
51134	264	487	176	835	122
7323	—	—	1	21	—
70681	3	136	3	116	56
184940	56	459	76	1246	922
327332	242	1546	294	2170	1529
263647	387	1483	850	2790	1269
408268	437	1831	2541	1663	1867
254353	6	85	4	539	139
325054	61	299	328	994	1185
332774	382	2488	2017	2116	3025
195990	565	2131	1420	1929	3605
290772	236	950	370	1502	1625
75420	187	893	2062	8718	6166
3284	4	16	52	175	223
230375	316	585	414	861	944
369545	274	1645	633	2069	1248
147100	628	1141	984	2221	3119
264352	1094	4099	9358	9525	3571
2206	2	38	26	18	—
259755	204	754	602	908	806
121215	66	255	41	257	207
143965	12	23	—	101	7
87198	39	48	34	53	63
984795	242	428	72	365	175
131163	148	220	—	149	57

各地区乡镇林业工作站

地区	受理林业承包合同纠纷(件)	政策等宣传数(人天)	开展一站式、全程代理服务站数(个)	参与森林保险工作的站数(个)
全国总计	**6822**	**2185577**	**5983**	**9449**
北京	166	4186	60	4
天津	5	15444	—	—
河北	20	10482	26	140
山西	40	14170	49	277
内蒙古	211	48216	147	270
辽宁	423	41912	335	611
吉林	78	25989	404	39
黑龙江	82	6438	86	—
上海	—	1047	—	106
江苏	31	4117	—	11
浙江	127	16319	128	224
安徽	495	39486	301	520
福建	231	162018	299	692
江西	192	50278	207	424
山东	47	21361	50	367
河南	289	27746	106	203
湖北	922	45021	358	257
湖南	680	38263	789	808
广东	443	43763	46	309
广西	419	140568	119	652
海南	46	3070	8	29
重庆	226	55320	270	484
四川	117	126792	389	646
贵州	435	147794	380	1024
云南	838	976955	932	936
西藏	—	157	1	2
陕西	163	42644	157	116
甘肃	9	16497	130	124
青海	—	7251	2	74
宁夏	10	11702	5	10
新疆	77	40571	199	90
新疆兵团	32	11110	148	—

职能作用发挥情况(二)

指导、扶持的林业经济合作组织个数		培训林农(人次)	科技推广	
计(个)	带动农户(户)		站办示范基地面积(公顷)	本年推广面积(公顷)
125557	**2728454**	**5419273**	**149465**	**425110**
56	7382	13814	270	133
22	4349	8269	310	1805
825	71111	153439	2266	9529
2607	62000	90093	622	6288
245	11038	41863	114	13050
964	23579	60965	119	446
2041	9531	32098	318	1804
78	2633	11687	470	357
237	1549	3322	—	—
181	17053	14126	1062	4725
744	49745	48503	2073	3544
3587	194701	190636	14340	28231
7231	75082	77457	3334	15743
4476	44777	47418	2480	9189
2389	93501	164909	5337	21081
3212	100321	181618	3850	12541
10758	330920	266513	17315	56166
4511	229549	189833	14580	13953
752	28745	52492	1860	124
1406	26302	185649	6099	8815
283	890	5074	60	136
1659	162694	323049	5061	8425
2552	177128	389068	5500	25612
7636	458226	401495	20553	58537
61046	326125	969904	5559	46379
193	6342	2698	0. 01	0. 03
1399	89982	215554	9855	28889
1790	52539	218604	6952	9559
311	6732	12440	13	60
921	13190	51386	1218	4467
1445	50738	995297	17876	35523
138	9852	100290	385	4835

各地区乡村

地　区	护林员总人数	按人员类别		按文化程度		
		专职	兼职	大专以上	中专高中	初中以下
全国总计	**1593611**	**799249**	**794362**	**23092**	**193000**	**1377519**
北　京	47493	45374	2119	1405	8050	38038
天　津	1206	273	933	34	296	876
河　北	58447	35195	23252	1084	9353	48010
山　西	49659	28053	21606	412	11109	38138
内蒙古	47065	34050	13015	1219	10732	35114
辽　宁	16214	14133	2081	759	3274	12181
吉　林	12044	9522	2522	203	2007	9834
黑龙江	16189	8849	7340	42	665	15482
上　海	6619	6255	364	184	1426	5009
江　苏	5562	2048	3514	232	1303	4027
浙　江	15617	8699	6918	537	4250	10830
安　徽	40979	17019	23960	295	3461	37223
福　建	15454	7356	8098	578	4542	10334
江　西	34104	24228	9876	229	5297	28578
山　东	30712	16272	14440	530	6266	23916
河　南	54631	25163	29468	533	11827	42271
湖　北	76855	14471	62384	1504	11757	63594
湖　南	47911	27245	20666	1230	9385	37296
广　东	26128	19992	6136	1159	7624	17345
广　西	60369	15687	44682	263	6816	53290
海　南	6184	4046	2138	106	417	5661
重　庆	41428	4390	37038	1179	4424	35825
四　川	94153	16878	77275	2084	8706	83363
贵　州	183772	119637	64135	1937	14299	167536
云　南	234490	126254	108236	1724	13335	219431
西　藏	168091	32993	135098	234	2983	164874
陕　西	52128	47451	4677	1543	8024	42561
甘　肃	66990	28971	38019	1045	8676	57269
青　海	28708	27143	1565	197	2281	26230
宁　夏	13062	4900	8162	32	831	12199
新　疆	41347	26702	14645	579	9584	31184
新疆兵团	2902	933	1969	48	839	2015

护林员情况

单位：人

按年龄结构			按报酬来源			管护林地总面积（公顷）
45 岁以下	46~60 岁	61 岁以上	财政补助	林业经费	乡镇、村组自筹	
574429	**897108**	**122074**	**1265320**	**263305**	**64986**	**169392925**
7697	26886	12910	43349	2060	2084	708731
317	797	92	179	143	884	46430
9452	36196	12799	44583	8398	5466	4380727
8858	33093	7708	24478	20553	4628	4350557
14370	29006	3689	32773	13903	389	8733919
8326	7730	158	8648	7147	419	4164632
2513	7190	2341	8881	1096	2067	1430162
3164	10603	2422	15026	4	1159	749966
832	5672	115	5832	51	736	28583
424	2947	2191	1866	2103	1593	178182
2448	9587	3582	6078	8433	1106	4159272
5940	28477	6562	31137	1920	7922	3635356
4650	10075	729	8364	6270	820	6908576
7627	24693	1784	25856	7759	489	8553050
5918	18585	6209	17445	4302	8965	1051281
11326	36116	7189	44076	6459	4096	4516476
15170	55032	6653	43935	21248	11672	5340355
11158	32493	4260	41629	5241	1041	9075127
9586	15969	573	18639	5827	1662	10726051
24945	34436	988	53197	6921	251	9643557
3622	2492	70	5582	576	26	1029620
9359	26932	5137	23777	14932	2719	3712047
35990	50194	7969	72674	19409	2070	13129791
67401	109459	6912	151477	30317	1978	9856960
119308	111132	4050	189523	44358	609	26626089
105793	54282	8016	168091	—	—	9320983
16094	33834	2200	47423	4702	3	6272830
19297	44797	2896	58646	8333	11	3583829
14716	13320	672	24944	3764	—	3526866
3408	8984	670	11396	1666	—	917737
24720	16099	528	35816	5410	121	3035183
1324	1565	13	507	2395	—	1134599

各地区乡村林场基本情况

地区	林场个数(个)			经营面积(公顷)				年末实有从业人员(人)
	计	其中		合计	公益林	商品林	其他	
		集体林场	家庭林场					
全国总计	**20840**	**10254**	**10141**	**7013717**	**3533646**	**2677784**	**802286**	**196011**
北京	52	52	—	34192	34192	—	—	6243
天津	55	55	—	6463	5247	773	443	39
河北	110	28	82	31177	17217	7509	6451	751
山西	162	72	86	148364	105382	3367	39615	1167
内蒙古	312	94	213	873335	712389	12494	148452	1796
辽宁	565	12	552	212772	94191	118402	179	2134
吉林	36	17	19	95393	10483	45019	39890	291
黑龙江	195	58	137	23965	5229	18632	103	326
上海	—	—	—	—	—	—	—	—
江苏	35	35		21632	10152	9473	2007	874
浙江	647	176	468	84728	45769	31221	7739	3784
安徽	3385	1804	1551	394512	106832	252099	35581	26164
福建	929	399	529	389151	103620	267634	17897	10008
江西	991	530	415	458688	165344	256865	36478	11713
山东	609	338	271	158546	49293	102371	6883	13092
河南	891	170	721	198866	99815	75482	23570	7397
湖北	3137	1472	1585	697178	249400	287068	160709	57518
湖南	3549	2284	1008	854318	290959	383631	179728	23907
广东	498	274	224	200285	65688	131265	3332	3750
广西	697	601	96	239464	81496	156223	1745	5565
海南	17	15	2	40130	24269	15861	—	68
重庆	213	114	99	58006	29824	25572	2610	598
四川	335	181	148	401543	258386	134109	9048	4918
贵州	2201	1029	1163	1027466	689456	309442	28569	4885
云南	67	55	12	36902	21483	14822	597	424
西藏	—	—	—	—	—	—	—	—
陕西	176	154	22	90424	61940	7828	20656	635
甘肃	591	134	455	92041	78067	6974	7000	3817
青海	74	73	1	15544	14641	344	558	70
宁夏	302	21	281	17695	14667	2092	936	2692
新疆	9	7	1	110938	88217	1208	21513	1385
新疆兵团	—	—	—	—	—	—	—	—

附录三

林草主要灾害

ANNEX Ⅲ

全国林业主

指 标 名 称	单 位
林业有害生物	
1. 发生面积	千公顷
2. 防治面积	千公顷
3. 防治率	%
一、林业病害	
1. 发生面积	千公顷
2. 防治面积	千公顷
3. 防治率	%
二、林业虫害	
1. 发生面积	千公顷
2. 防治面积	千公顷
3. 防治率	%
三、林业鼠(兔)害	
1. 发生面积	千公顷
2. 防治面积	千公顷
3. 防治率	%
四、有害植物	
1. 发生面积	千公顷
2. 防治面积	千公顷
3. 防治率	%

要灾害情况

2020 年	2019 年	2020 年比 2019 年增减(%)
12784	12368	0.03
10092	10153	-0.01
78.94	82.09	-0.04
2951	2295	0.29
2374	1652	0.44
80.43	71.96	0.12
7906	8115	-0.03
6271	7013	-0.11
79.31	86.43	-0.08
1740	1780	-0.02
1331	1385	-0.04
76.48	77.81	-0.02
187	177	0.05
117	103	0.14
62.70	58.06	0.08

各地区林业有害

地 区	发生面积				寄主树种面积	发生率（%）	
	总计	轻度	中度	重度			总 计
全国合计	**12784471**	**9753717**	**2023072**	**1007682**	**260993014**	**4.90**	**10092402**
北 京	31347	31194	153	—	1641080	1.91	31347
天 津	48599	42131	5491	977	237290	20.48	48599
河 北	482842	416157	47196	19489	6569333	7.35	443364
山 西	243483	213651	27765	2067	3604000	6.76	225261
内蒙古	970901	543122	295883	131896	24099616	4.03	590014
辽 宁	554515	450440	78233	25842	5977574	9.28	490649
吉 林	367037	236790	79661	50586	8297853	4.42	330916
黑龙江	462953	180793	260056	22104	11665451	3.97	381844
上 海	12496	11407	917	172	102800	12.16	12475
江 苏	115134	111196	2099	1839	1815333	6.34	96802
浙 江	519716	476851	36257	6608	6049900	8.59	435008
安 徽	442464	418254	16680	7530	4364570	10.14	363702
福 建	272087	195583	24934	51570	8012700	3.40	263647
江 西	548524	264520	55866	228138	9533333	5.75	525021
山 东	459285	435714	15491	8080	3500294	13.12	433310
河 南	545526	506332	32503	6691	4598884	11.86	464363
湖 北	465138	371127	49419	44592	9367205	4.97	369749
湖 南	417693	385149	24766	7778	11123600	3.76	244987
广 东	529530	488923	33645	6962	9461754	5.60	375339
广 西	383423	290223	49316	43884	13159590	2.91	83800
海 南	26420	17708	6583	2129	1983006	1.33	5595
重 庆	392483	233981	13976	144526	3045147	12.89	392461
四 川	663092	456884	154201	52007	24790000	2.67	490982
贵 州	177918	165805	9895	2218	7524856	2.36	163444
云 南	381770	302237	62588	16945	22735600	1.68	377646
西 藏	259714	155828	77914	25972	15443441	1.68	166217
陕 西	383286	324297	44478	14511	10941345	3.50	324694
甘 肃	399834	325692	60368	13774	7483925	5.34	327129
青 海	281284	185194	83527	12563	5853265	4.81	198942
宁 夏	282299	211959	64479	5861	1404333	20.10	120579
新 疆	1493658	1221422	222089	50147	10328890	14.46	1286430
大兴安岭	170020	83153	86643	224	6277046	2.71	28086

生物发生防治情况

单位：公顷

防治面积						累计防治面积（公顷次）	防治率（%）	无公害防治率（%）
化学农药防治	无公害防治							
	生物化学农药防治	人工物理防治	生物防治	营造林措施防治	其 他			
671349	**4175195**	**2594838**	**992842**	**1658178**	**—**	**16912700**	**78.94**	**93.35**
775	20720	9680	172	—	—	252873	100	97.53
1662	42357	4567	—	13	—	272091	100	96.58
37332	345916	58340	878	898	—	893890	91.82	91.58
12975	87873	107539	4929	11945	—	240644	92.52	94.24
51446	426429	46244	50817	15078	—	669544	60.77	91.28
32919	236478	162233	35345	23674	—	657594	88.48	93.29
16870	252504	50434	6971	4137	—	441456	90.16	94.90
41502	172881	128128	21056	18277	—	407406	82.48	89.13
1389	9578	1301	—	207	—	38371	99.83	88.87
2499	76302	5431	583	11987	—	579510	84.08	97.42
1886	12103	103233	4019	313767	—	472467	83.70	99.57
17256	179457	68520	28997	69472	—	1150108	82.20	95.26
154	12068	38242	87331	125852	—	398582	96.90	99.94
12287	19470	180074	24703	288487	—	839415	95.72	97.66
29324	274937	39488	10510	79051	—	2819033	94.34	93.23
57242	357163	27047	7893	15018	—	886029	85.12	87.67
32200	127011	107923	25638	76977	—	555368	79.49	91.29
29545	68941	41619	72676	32206	—	272281	58.65	87.94
57122	60823	142137	10581	104676	—	532165	70.88	84.78
9138	5744	12454	32057	24407	—	106296	21.86	89.10
1700	367	605	2919	4	—	6591	21.18	69.62
7	29491	217575	16330	129058	—	405102	99.99	100
36466	91401	213928	28229	120958	—	549622	74.04	92.57
5914	11750	106580	11923	27277	—	177801	91.86	96.38
25465	138685	160565	18635	34296	—	386849	98.92	93.26
16622	49865	33243	39892	26595	—	167726	64.00	90.00
24273	66744	162410	11669	59598	—	415100	84.71	92.52
34677	164726	88689	8684	30353	—	423213	81.82	89.40
24090	68450	86149	17793	2460	—	212888	70.73	87.89
10268	32292	57696	12018	8305	—	129137	42.71	91.48
45249	709099	129881	399056	3145	—	1518667	86.13	96.48
1095	23570	2883	538	—	—	34881	16.52	96.10

各地区林业病害

地　　区	发生面积				寄主树种面积	发生率（%）	
	总计	轻度	中度	重度			总　计
全国合计	**2951416**	**2070770**	**323620**	**557026**	**260993014**	**1.13**	**2373697**
北　京	1190	1190	—	—	1641080	0.07	1190
天　津	6022	5067	755	200	237290	2.54	6022
河　北	20002	18744	1071	187	6569333	0.30	17808
山　西	16069	15105	849	115	3604000	0.45	13704
内蒙古	139232	68118	54473	16641	24099616	0.58	78476
辽　宁	37613	28923	5463	3227	5977574	0.63	30869
吉　林	20381	19838	495	48	8297853	0.25	20190
黑龙江	34801	22036	11223	1542	11665451	0.30	22402
上　海	862	732	112	18	102800	0.84	861
江　苏	13423	11560	256	1607	1815333	0.74	13418
浙　江	491078	451513	33376	6189	6049900	8.12	407659
安　徽	142460	132527	5724	4209	4364570	3.26	96056
福　建	97497	42813	10718	43966	8012700	1.22	97473
江　西	334286	88360	30469	215457	9533333	3.51	331977
山　东	132645	124378	3247	5020	3500294	3.79	128599
河　南	105022	95941	7620	1461	4598884	2.28	95496
湖　北	117854	77193	3277	37384	9367205	1.26	96944
湖　南	96566	89590	3894	3082	11123600	0.87	49203
广　东	298983	275173	18665	5145	9461754	3.16	224484
广　西	74982	33467	9583	31932	13159590	0.57	31328
海　南	28	28	—	—	1983006	—	4
重　庆	149418	6462	1700	141256	3045147	4.91	149395
四　川	126889	87167	29346	10376	24790000	0.51	98600
贵　州	25406	22287	2093	1026	7524856	0.34	19482
云　南	74515	60654	11273	2588	22735600	0.33	73623
西　藏	65867	39520	19760	6587	15443441	0.43	42154
陕　西	81187	68618	9086	3483	10941345	0.74	65175
甘　肃	76822	56431	14843	5548	7483925	1.03	63726
青　海	38712	28903	8790	1019	5853265	0.66	22167
宁　夏	2096	1776	230	90	1404333	0.15	1537
新　疆	89747	67375	14973	7399	10328890	0.87	65333
大兴安岭	39761	29281	10256	224	6277046	0.63	8342

发生防治情况

单位:公顷

防治面积						累计防治面积(公顷次)	防治率(%)	无公害防治率(%)
化学农药防治	无公害防治							
	生物化学农药防治	人工物理防治	生物防治	营造林措施防治	其 他			
207002	**408427**	**521449**	**24691**	**1212128**	**—**	**3167367**	**80.43**	**91.28**
120	—	1070	—	—	—	1190	100	90.00
1432	2967	1623	—	—	—	11383	100	76.22
10657	4328	2123	—	700	—	19361	89.03	40.16
3353	4608	2367	—	3376	—	13934	85.28	75.53
17188	56465	3383	287	1153	—	106730	56.36	78.10
8289	15016	3328	—	4236	—	34921	82.07	73.15
10610	6876	499	—	2205	—	21785	99.06	47.45
1938	10559	7470	420	2015	—	27302	64.37	91.35
612	116	—	—	133	—	1756	99.88	28.92
439	460	1412	—	11107	—	15990	99.96	96.73
370	2032	92154	1	313102	—	432316	83.01	99.91
1594	14474	24763	564	54661	—	123160	67.43	98.34
120	2354	6537	720	87742	—	139398	99.98	99.88
8198	6772	87122	504	229381	—	453139	99.31	97.53
12835	30082	9734	248	75700	—	393426	96.95	90.02
26132	56085	4082	—	9197	—	107708	90.93	72.64
6744	9238	30654	608	49700	—	142720	82.26	93.04
3051	1868	17402	3239	23643	—	50291	50.95	93.80
22237	22362	82900	315	96670	—	348553	75.08	90.09
3545	2439	682	4745	19917	—	34306	41.78	88.68
—	—	—	—	4	—	4	14.29	100
—	1960	49455	—	97980	—	160386	99.98	100
5431	4410	18168	22	70569	—	116723	77.71	94.49
5127	3486	5035	962	4872	—	22044	76.68	73.68
18526	25938	22573	53	6533	—	74825	98.80	74.84
4215	12646	8431	10117	6745	—	42323	64.00	90.00
5530	5378	23325	1007	29935	—	74810	80.28	91.52
16391	29840	8596	—	8899	—	71662	82.95	74.28
6719	12917	1065	812	654	—	28455	57.26	69.69
47	714	776	—	—	—	1737	73.33	97.00
4585	55952	3430	67	1299	—	84779	72.80	92.98
967	6085	1290	—	—	—	10250	20.98	88.41

各地区林业虫害

地　区	发生面积				寄主树种面积	发生率（%）	
	总计	轻度	中度	重度			总　计
全国合计	**7906231**	**6211388**	**1295793**	**399050**	**260993014**	**3.03**	**6270728**
北　京	30157	30004	153	—	1641080	1.84	30157
天　津	42577	37064	4736	777	237290	17.94	42577
河　北	433157	377175	38622	17360	6569333	6.59	401467
山　西	168269	146349	20107	1813	3604000	4.67	155492
内蒙古	639541	350146	189734	99661	24099616	2.65	398893
辽　宁	510498	415894	72076	22528	5977574	8.54	454598
吉　林	311094	182746	77817	50531	8297853	3.75	275317
黑龙江	270491	99059	151248	20184	11665451	2.32	222171
上　海	11634	10675	805	154	102800	11.32	11614
江　苏	100660	98645	1783	232	1815333	5.54	82334
浙　江	28638	25338	2881	419	6049900	0.47	27349
安　徽	300004	285727	10956	3321	4364570	6.87	267646
福　建	174590	152770	14216	7604	8012700	2.18	166174
江　西	214229	176151	25397	12681	9533333	2.25	193044
山　东	326640	311336	12244	3060	3500294	9.33	304711
河　南	440504	410391	24883	5230	4598884	9.58	368867
湖　北	270515	227739	38270	4506	9367205	2.89	224143
湖　南	321126	295558	20872	4696	11123600	2.89	195784
广　东	175482	167514	7962	6	9461754	1.85	109503
广　西	296077	246760	37571	11746	13159590	2.25	47250
海　南	8486	6767	1404	315	1983006	0.43	4659
重　庆	230501	214968	12263	3270	3045147	7.57	230501
四　川	502362	344875	116589	40898	24790000	2.03	364112
贵　州	146956	139797	6005	1154	7524856	1.95	138653
云　南	279608	218132	47450	14026	22735600	1.23	276782
西　藏	140687	84412	42206	14069	15443441	0.91	90039
陕　西	236450	195669	31057	9724	10941345	2.16	198595
甘　肃	179986	145575	29003	5408	7483925	2.40	148510
青　海	106451	75986	27579	2886	5853265	1.82	76225
宁　夏	112235	81817	26980	3438	1404333	7.99	46583
新　疆	858153	630365	190435	37353	10328890	8.31	710594
大兴安岭	38473	25984	12489	—	6277046	0.61	6384

发生防治情况

单位：公顷

防治面积						累计防治面积（公顷次）	防治率（%）	无公害防治率（%）
化学农药防治	无公害防治							
	生物化学农药防治	人工物理防治	生物防治	营造林措施防治	其　他			
366198	**3536906**	**1478605**	**517602**	**371417**	**—**	**12153923**	**79.31**	**94.16**
655	20720	8610	172	—	—	251683	100	97.83
230	39390	2944	—	13	—	260708	100	99.46
25229	330653	44509	878	198	—	850440	92.68	93.72
9112	77867	59752	3462	5299	—	166199	92.41	94.14
7239	305382	30394	41953	13925	—	446475	62.37	98.19
23622	221397	154796	35345	19438	—	617490	89.05	94.80
2435	214546	49433	6971	1932	—	367252	88.50	99.12
36832	131705	39248	11797	2589	—	236877	82.14	83.42
777	9462	1301	—	74	—	36615	99.83	93.31
2060	75842	3188	583	661	—	561963	81.79	97.50
1516	10071	11079	4018	665	—	40151	95.50	94.46
15662	164983	43757	28433	14811	—	1026948	89.21	94.15
34	9714	31705	86611	38110	—	259184	95.18	99.98
4089	12698	92952	24199	59106	—	386276	90.11	97.88
16489	244855	29754	10262	3351	—	2425607	93.29	94.59
31110	301078	22965	7893	5821	—	778321	83.74	91.57
25456	117773	40619	24723	15572	—	363658	82.86	88.64
26494	67073	24217	69437	8563	—	221990	60.97	86.47
10251	38461	44691	10184	5916	—	128769	62.40	90.64
5290	3305	10742	27312	601	—	62775	15.96	88.80
1339	367	34	2919	—	—	5465	54.90	71.26
7	27531	163882	11130	27951	—	232151	100	100
27764	86512	180966	28207	40663	—	403327	72.48	92.37
780	8264	97449	10961	21199	—	149670	94.35	99.44
6005	110554	115892	18552	25779	—	284378	98.99	97.83
9004	27012	18008	21609	14406	—	90969	64.00	90.00
18502	59777	82292	10320	27704	—	273380	83.99	90.68
10487	107164	16162	6034	8663	—	173739	82.51	92.94
1838	47059	24609	1780	939	—	83744	71.61	97.59
8730	18683	12732	124	6314	—	50569	41.50	81.26
37107	642395	18743	11195	1154	—	909902	82.81	94.78
53	4613	1180	538	—	—	7248	16.59	99.00

各地区林业鼠(兔)害

地　　区	发生面积				寄主树种面积	发生率(%)	
	总计	轻度	中度	重度			总　计
全国合计	**1740039**	**1315904**	**379279**	**44856**	**198568470**	**0.88**	**1330859**
北　京	—	—	—	—	—	—	—
天　津	—	—	—	—	—	—	—
河　北	29683	20238	7503	1942	6569333	0.45	24089
山　西	57285	50770	6376	139	3604000	1.59	54238
内蒙古	192128	124858	51676	15594	24099616	0.80	112645
辽　宁	6404	5623	694	87	5977574	0.11	5182
吉　林	35562	34206	1349	7	8297853	0.43	35409
黑龙江	157661	59698	97585	378	11665451	1.35	137271
上　海	—	—	—	—	—	—	—
江　苏	—	—	—	—	—	—	—
浙　江	—	—	—	—	—	—	—
安　徽	—	—	—	—	—	—	—
福　建	—	—	—	—	—	—	—
江　西	—	—	—	—	—	—	—
山　东	—	—	—	—	—	—	—
河　南	—	—	—	—	—	—	—
湖　北	3298	2552	551	195	9367205	0.04	3039
湖　南	—	—	—	—	—	—	—
广　东	—	—	—	—	—	—	—
广　西	231	140	91	—	13159590	—	221
海　南	—	—	—	—	—	—	—
重　庆	11438	11438	—	—	3045147	0.38	11438
四　川	33772	24789	8250	733	24790000	0.14	28201
贵　州	3181	1581	1600	—	7524856	0.04	2944
云　南	11173	7534	3388	251	22735600	0.05	11040
西　藏	52510	31506	15753	5251	15443441	0.34	33607
陕　西	65629	59990	4335	1304	10941345	0.60	60904
甘　肃	143026	123686	16522	2818	7483925	1.91	114893
青　海	131546	77359	45758	8429	5853265	2.25	99416
宁　夏	167968	128366	37269	2333	1404333	11.96	72459
新　疆	545758	523682	16681	5395	10328890	5.28	510503
大兴安岭	91786	27888	63898	—	6277046	1.46	13360

发生防治情况

单位:公顷

防治面积						累计防治面积(公顷次)	防治率(%)	无公害防治率(%)
化学农药防治	无公害防治							
	生物化学农药防治	人工物理防治	生物防治	营造林措施防治	其　他			
72054	**229737**	**526756**	**450030**	**52282**	**—**	**1454593**	**76.48**	**94.59**
—	—	—	—	—	—	—	—	—
—	—	—	—	—	—	—	—	—
1446	10935	11708	—	—	—	24089	81.15	94.00
410	5398	43693	1467	3270	—	58684	94.68	99.24
27019	64582	12467	8577	—	—	116339	58.63	76.01
1008	65	4109	—	—	—	5183	80.92	80.55
3825	31082	502	—	—	—	52419	99.57	89.20
2732	30617	81410	8839	13673	—	143227	87.07	98.01
—	—	—	—	—	—	—	—	—
—	—	—	—	—	—	—	—	—
—	—	—	—	—	—	—	—	—
—	—	—	—	—	—	—	—	—
—	—	—	—	—	—	—	—	—
—	—	—	—	—	—	—	—	—
—	—	—	—	—	—	—	—	—
—	—	—	—	—	—	—	—	—
—	—	3032	—	7	—	3044	92.15	100
—	—	—	—	—	—	—	—	—
—	—	—	—	—	—	—	—	—
—	—	125	—	96	—	221	96.00	100
—	—	—	—	—	—	—	—	—
—	—	4238	5200	2000	—	11438	100	100
3271	479	14725	—	9726	—	29502	83.50	88.40
—	—	2781	—	163	—	2946	92.55	100
286	2193	8024	—	537	—	11077	98.81	97.41
3361	10082	6721	8066	5377	—	34000	64.00	90.00
241	1589	56773	342	1959	—	66890	92.80	99.60
7799	27722	63931	2650	12791	—	177812	80.33	93.21
15533	8474	60208	15201	—	—	99522	75.58	84.00
1491	12895	44188	11894	1991	—	76831	43.14	97.94
3557	10752	107708	387794	692	—	523986	93.54	99.30
75	12872	413	—	—	—	17383	14.56	99.44

各地区林业有害植物

地 区	发生面积				寄主树种面积	发生率（%）	
	总计	轻度	中度	重度			总 计
全国合计	**186785**	**155655**	**24380**	**6750**	**150381475**	**0.12**	**117118**
北 京	—	—	—	—	—	—	—
天 津	—	—	—	—	—	—	—
河 北	—	—	—	—	—	—	—
山 西	1860	1427	433	—	3604000	0.05	1827
内蒙古	—	—	—	—	—	—	—
辽 宁	—	—	—	—	—	—	—
吉 林	—	—	—	—	—	—	—
黑龙江	—	—	—	—	—	—	—
上 海	—	—	—	—	—	—	—
江 苏	1051	991	60	—	1815333	0.06	1050
浙 江	—	—	—	—	—	—	—
安 徽	—	—	—	—	—	—	—
福 建	—	—	—	—	—	—	—
江 西	9	9	—	—	9533333	—	—
山 东	—	—	—	—	—	—	—
河 南	—	—	—	—	—	—	—
湖 北	73471	63643	7321	2507	9367205	0.78	45623
湖 南	1	1	—	—	11123600	—	—
广 东	55065	46236	7018	1811	9461754	0.58	41352
广 西	12133	9856	2071	206	13159590	0.09	5001
海 南	17906	10913	5179	1814	1983006	0.90	932
重 庆	1126	1113	13	—	3045147	0.04	1127
四 川	69	53	16	—	24790000	—	69
贵 州	2375	2140	197	38	7524856	0.03	2365
云 南	16474	15917	477	80	22735600	0.07	16201
西 藏	650	390	195	65	15443441	—	417
陕 西	20	20	—	—	10941345	—	20
甘 肃	—	—	—	—	—	—	—
青 海	4575	2946	1400	229	5853265	0.08	1134
宁 夏	—	—	—	—	—	—	—
新 疆	—	—	—	—	—	—	—
大兴安岭	—	—	—	—	—	—	—

发生防治情况

单位:公顷

防治面积						累计防治面积（公顷次）	防治率（%）	无公害防治率（%）
化学农药防治	无公害防治							
	生物化学农药防治	人工物理防治	生物防治	营造林措施防治	其 他			
26095	**125**	**68028**	**519**	**22351**	**—**	**136817**	**62. 70**	**77. 72**
—	—	—	—	—	—	—	—	—
—	—	—	—	—	—	—	—	—
—	—	—	—	—	—	—	—	—
100	—	1727	—	—	—	1827	98. 23	94. 53
—	—	—	—	—	—	—	—	—
—	—	—	—	—	—	—	—	—
—	—	—	—	—	—	—	—	—
—	—	—	—	—	—	—	—	—
—	—	—	—	—	—	—	—	—
—	—	831	—	219	—	1557	99. 90	100
—	—	—	—	—	—	—	—	—
—	—	—	—	—	—	—	—	—
—	—	—	—	—	—	—	—	—
—	—	—	—	—	—	—	—	—
—	—	—	—	—	—	—	—	—
—	—	—	—	—	—	—	—	—
—	—	33618	307	11698	—	45946	62. 10	100
—	—	—	—	—	—	—	—	—
24634	—	14546	82	2090	—	54843	75. 10	40. 43
303	—	905	—	3793	—	8994	41. 22	93. 94
361	—	571	—	—	—	1122	5. 20	61. 27
—	—	—	—	1127	—	1127	100	100
—	—	69	—	—	—	70	100	100
7	—	1315	—	1043	—	3141	99. 58	99. 70
648	—	14076	30	1447	—	16569	98. 34	96. 00
42	125	83	100	67	—	434	64. 15	89. 93
—	—	20	—	—	—	20	100	100
—	—	—	—	—	—	—	—	—
—	—	267	—	867	—	1167	24. 79	100
—	—	—	—	—	—	—	—	—
—	—	—	—	—	—	—	—	—
—	—	—	—	—	—	—	—	—

全国草原主要灾害情况

指标名称	单位	2020 年
一、草原鼠害		
1. 危害面积	千公顷	34447
2. 防治面积	千公顷	5422
3. 防治率	%	15. 74
二、草原虫害		
1. 危害面积	千公顷	9839
2. 防治面积	千公顷	3482
3. 防治率	%	35. 39

各地区草原有害生物发生防治情况(一)

单位:公顷

地　区	草原鼠害			
	危害面积		防治面积	防治率(%)
	总计	其中:严重危害面积		
全国合计	**34447258**	**14550046**	**5422332**	**15.74**
北　京	—	—	—	—
天　津	—	—	—	—
河　北	175333	30413	135867	77.49
山　西	376335	135481	51127	13.59
内蒙古	8108185	4275079	3066533	37.82
辽　宁	193333	72467	72933	37.72
吉　林	17800	—	29645	166.55
黑龙江	51320	12307	43000	83.79
上　海	—	—	—	—
江　苏	—	—	—	—
浙　江	—	—	—	—
安　徽	—	—	—	—
福　建	—	—	—	—
江　西	—	—	—	—
山　东	—	—	—	—
河　南	—	—	—	—
湖　北	—	—	—	—
湖　南	—	—	—	—
广　东	—	—	—	—
广　西	—	—	—	—
海　南	—	—	—	—
重　庆	—	—	—	—
四　川	2751333	1599333	226667	8.24
贵　州	—	—	—	—
云　南	44140	—	45667	103.46
西　藏	10666667	1333333	666667	6.25
陕　西	226333	80267	66000	29.16
甘　肃	2833667	1262667	438407	15.47
青　海	7475311	5427080	173000	2.31
宁　夏	105267	49200	40187	38.18
新　疆	1422234	272420	366633	25.78

各地区草原有害生物发生防治情况(二)

单位:公顷

地区	草原虫害			
	危害面积		防治面积	防治率(%)
	总计	其中:严重危害面积		
全国合计	**9838934**	**4356281**	**3482120**	**35.39**
北京	—	—	—	—
天津	—	—	—	—
河北	207867	30667	134000	64.46
山西	316000	126400	47333	14.98
内蒙古	4205060	2318400	1825333	43.41
辽宁	232347	82987	100613	43.30
吉林	35600	—	25987	73.00
黑龙江	104600	20867	84533	80.82
上海	—	—	—	—
江苏	—	—	—	—
浙江	—	—	—	—
安徽	—	—	—	—
福建	—	—	—	—
江西	—	—	—	—
山东	—	—	—	—
河南	—	—	—	—
湖北	—	—	—	—
湖南	—	—	—	—
广东	—	—	—	—
广西	—	—	—	—
海南	—	—	—	—
重庆	—	—	—	—
四川	830667	253333	123333	14.85
贵州	—	—	—	—
云南	50615	—	54867	108.40
西藏	17400	2667	12667	72.80
陕西	48533	12680	8667	17.86
甘肃	992667	446667	227673	22.94
青海	1350380	736280	124000	9.18
宁夏	113573	38187	36200	31.87
新疆	1333626	287148	676913	50.76

附录四

分县造林

ANNEX Ⅳ

分县造林完成情况

单位：公顷

单位名称	人工造林	飞播造林	无林地和疏林地新封山育林	退化林修复	人工更新
全国合计	**3000060**	**151496**	**1025026**	**1619648**	**387884**
北京	**14909**	**—**	**3067**	**—**	**120**
朝阳区	462	—	—	—	—
丰台区	187	—	—	—	—
石景山区	118	—	—	—	—
海淀区	108	—	—	—	—
门头沟区	885	—	—	—	—
房山区	1356	—	—	—	—
通州区	2159	—	—	—	—
顺义区	1399	—	—	—	—
昌平区	1426	—	—	—	—
大兴区	2733	—	—	—	5
怀柔区	674	—	3067	—	—
平谷区	392	—	—	—	56
密云区	940	—	—	—	—
延庆区	827	—	—	—	59
十三陵林场	486	—	—	—	—
京西林场	528	—	—	—	—
园林绿化局本级	229	—	—	—	—
天津	**1878**	**—**	**—**	**10**	**647**
东丽区	224	—	—	—	—
西青区	68	—	—	—	—
津南区	633	—	—	—	—
北辰区	84	—	—	—	67
武清区	89	—	—	—	—
宝坻区	31	—	—	—	144
滨海新区	466	—	—	10	—
宁河区	140	—	—	—	—
静海区	143	—	—	—	133
蓟州区	—	—	—	—	303
河北	**241999**	**36732**	**126419**	**13306**	**5100**
石家庄市	**18712**	**—**	**28180**	**133**	**—**
井陉矿区	16	—	—	—	—
裕华区	1	—	—	—	—
藁城区	400	—	—	—	—
鹿泉区	667	—	3000	—	—
栾城区	352	—	—	—	—
井陉县	3111	—	4061	—	—
正定县	827	—	—	—	—
行唐县	2333	—	2000	—	—
灵寿县	1800	—	4666	—	—
高邑县	400	—	—	—	—
深泽县	460	—	—	—	—
赞皇县	2333	—	5333	133	—
无极县	524	—	—	—	—
平山县	2840	—	8453	—	—
元氏县	1180	—	667	—	—

分县造林完成情况

单位:公顷

单位名称	人工造林	飞播造林	无林地和疏林地新封山育林	退化林修复	人工更新
赵县	380	—	—	—	—
循环化工园区	147	—	—	—	—
晋州市	341	—	—	—	—
新乐市	600	—	—	—	—
唐山市	**18111**	**—**	**8333**	**—**	**538**
路南区	80	—	—	—	—
路北区	179	—	—	—	—
古冶区	484	—	—	—	—
开平区	480	—	200	—	38
丰南区	1360	—	—	—	500
丰润区	2160	—	800	—	—
曹妃甸区	1123	—	—	—	—
高新技术开发区	280	—	—	—	—
海港开发区	161	—	—	—	—
芦台开发区	80	—	—	—	—
汉沽管理区	82	—	—	—	—
唐山国际旅游岛	80	—	—	—	—
滦南县	1387	—	—	—	—
乐亭县	1442	—	—	—	—
迁西县	1046	—	3333	—	—
玉田县	1440	—	400	—	—
遵化市	2200	—	2000	—	—
迁安市	1800	—	1600	—	—
滦州市	2247	—	—	—	—
秦皇岛市	**17020**	**—**	**6400**	**—**	**964**
海港区	2047	—	—	—	964
山海关区	493	—	—	—	—
北戴河区	154	—	—	—	—
抚宁区	2460	—	—	—	—
青龙满族自治县	4643	—	4667	—	—
昌黎县	2420	—	—	—	—
卢龙县	4093	—	1733	—	—
经济技术开发区	170	—	—	—	—
北戴河新区	540	—	—	—	—
邯郸市	**26707**	**23332**	**5714**	**874**	**89**
邯山区	368	—	—	—	—
丛台区	780	—	—	20	20
复兴区	1172	—	—	67	67
峰峰矿区	1254	933	667	—	—
肥乡区	908	—	—	—	—
永年区	918	—	379	—	—
临漳县	882	—	—	—	—
成安县	689	—	—	—	—
大名县	1192	—	—	—	—
涉县	3733	9333	1667	267	—
磁县	4467	3733	2334	—	—
邱县	934	—	—	—	—

分县造林完成情况

单位：公顷

单位名称	人工造林	飞播造林	无林地和疏林地新封山育林	退化林修复	人工更新
鸡泽县	1101	—	—	—	—
广平县	806	—	—	20	—
馆陶县	615	—	—	—	—
魏县	700	—	—	—	—
曲周县	1220	—	—	—	2
武安市	4066	9333	667	500	—
经济技术开发区	313	—	—	—	—
冀南新区	589	—	—	—	—
邢台市	**25615**	**13400**	**8686**	**766**	**33**
襄都区	206	—	—	—	—
信都区	3000	5333	3333	333	—
临城县	720	2667	2000	—	—
内丘县	1580	2733	1353	333	—
柏乡县	1148	—	—	—	—
隆尧县	1280	—	—	—	—
任泽区	2015	—	—	—	—
南和区	1233	—	—	—	—
宁晋县	2028	—	—	—	—
巨鹿县	667	—	—	—	—
新河县	667	—	—	—	—
广宗县	646	—	—	—	—
平乡县	1200	—	—	—	—
威县	2553	—	—	—	—
清河县	930	—	—	—	—
临西县	1048	—	—	—	—
经济开发区	694	—	—	—	—
南宫市	2333	—	—	—	—
沙河市	1667	2667	2000	100	33
保定市	**31401**	**—**	**24666**	**1267**	**680**
竞秀区	28	—	—	—	—
莲池区	27	—	—	—	—
满城区	1000	—	1333	—	—
清苑区	667	—	—	—	—
徐水区	1073	—	—	—	—
涞水县	2733	—	3333	600	—
阜平县	3667	—	4667	—	—
定兴县	681	—	—	—	—
唐县	3337	—	1333	—	—
高阳县	1019	—	—	—	—
涞源县	5333	—	4667	—	—
望都县	500	—	—	—	—
易县	4533	—	4667	667	—
曲阳县	2733	—	2666	—	—
蠡县	512	—	—	—	—
顺平县	1000	—	2000	—	—
博野县	500	—	—	—	680
涿州市	667	—	—	—	—

分县造林完成情况

单位:公顷

单位名称	人工造林	飞播造林	无林地和疏林地新封山育林	退化林修复	人工更新
安国市	600	—	—	—	—
高碑店市	666	—	—	—	—
高新区	16	—	—	—	—
白沟新城	109	—	—	—	—
张家口市	**30466**	**—**	**15799**	**5800**	**3**
桥东区	133	—	—	133	—
宣化区	1000	—	2467	—	—
下花园区	686	—	—	167	—
万全区	1867	—	600	400	—
崇礼区	3533	—	2000	1333	—
张北县	1787	—	—	467	—
康保县	1867	—	—	—	—
沽源县	2493	—	—	—	—
尚义县	3667	—	1533	—	—
蔚县	2667	—	2000	—	—
阳原县	1133	—	2533	833	—
怀安县	2133	—	1333	467	—
怀来县	1867	—	2000	667	—
涿鹿县	1500	—	—	—	3
赤城县	4133	—	1333	1333	—
承德市	**24912**	**—**	**28641**	**4466**	**1549**
双桥区	153	—	—	—	—
双滦区	226	—	—	—	—
承德县	1393	—	5440	—	—
兴隆县	667	—	—	—	133
平泉市	1333	—	—	—	204
滦平县	3413	—	8667	—	69
隆化县	1800	—	3467	—	193
丰宁满族自治县	7667	—	3333	3333	267
宽城满族自治县	1267	—	—	—	—
围场满族蒙古族自治县	6747	—	7334	1133	550
市直属单位	—	—	—	—	133
鹰手营子矿区	179	—	267	—	—
高新区	67	—	133	—	—
沧州市	**11909**	**—**	**—**	**—**	**—**
新华区	87	—	—	—	—
沧县	1071	—	—	—	—
青县	1006	—	—	—	—
东光县	800	—	—	—	—
海兴县	606	—	—	—	—
盐山县	815	—	—	—	—
肃宁县	668	—	—	—	—
南皮县	609	—	—	—	—
吴桥县	800	—	—	—	—
献县	942	—	—	—	—
孟村回族自治县	804	—	—	—	—
泊头市	668	—	—	—	—

分县造林完成情况

单位:公顷

单位名称	人工造林	飞播造林	无林地和疏林地新封山育林	退化林修复	人工更新
任丘市	864	—	—	—	—
黄骅市	667	—	—	—	—
河间市	827	—	—	—	—
中捷产业园区	272	—	—	—	—
南大港产业园区	403	—	—	—	—
廊坊市	**12067**	**—**	**—**	**—**	**945**
安次区	597	—	—	—	378
广阳区	200	—	—	—	—
固安县	2000	—	—	—	—
永清县	1476	—	—	—	—
香河县	541	—	—	—	—
大城县	2667	—	—	—	—
文安县	2670	—	—	—	—
大厂回族自治县	172	—	—	—	—
霸州市	1100	—	—	—	567
三河市	604	—	—	—	—
开发区	40	—	—	—	—
衡水市	**15017**	**—**	**—**	**—**	**120**
桃城区	254	—	—	—	—
冀州区	2000	—	—	—	—
枣强县	1398	—	—	—	—
武邑县	1200	—	—	—	—
武强县	1016	—	—	—	—
饶阳县	936	—	—	—	—
安平县	986	—	—	—	—
故城县	1667	—	—	—	—
景县	2186	—	—	—	100
阜城县	1464	—	—	—	—
深州市	1600	—	—	—	—
高新技术产业开发区	142	—	—	—	—
滨湖新区	168	—	—	—	20
辛集市	**878**	**—**	**—**	**—**	**—**
定州市	**1400**	**—**	**—**	**—**	**—**
雄安新区	**7332**	**—**	**—**	**—**	**—**
木兰围场	**95**	**—**	**—**	**—**	**—**
塞罕坝机械林场	**357**	**—**	**—**	**—**	**179**
山西	**201658**	**—**	**46666**	**23747**	**—**
太原市	**8900**	**—**	**1360**	**—**	**—**
阳曲县	4533	—	993	—	—
娄烦县	3767	—	367	—	—
古交市	600	—	—	—	—
大同市	**20587**	**—**	**—**	**1800**	**—**
云冈区	67	—	—	—	—
新荣区	1267	—	—	400	—
阳高县	4686	—	—	—	—
天镇县	4073	—	—	267	—
广灵县	2227	—	—	133	—

分县造林完成情况

单位:公顷

单位名称	人工造林	飞播造林	无林地和疏林地新封山育林	退化林修复	人工更新
灵丘县	1000	—	—	333	—
浑源县	5133	—	—	667	—
左云县	467	—	—	—	—
云州区	1667	—	—	—	—
阳泉市	**2567**	**—**	**67**	**420**	**—**
郊区	800	—	—	187	—
平定县	900	—	—	233	—
盂县	867	—	67	—	—
长治市	**8694**	**—**	**1865**	**1600**	**—**
潞州区	67	—	—	—	—
上党区	67	—	—	—	—
襄垣县	600	—	—	—	—
屯留区	467	—	133	200	—
平顺县	2400	—	533	334	—
黎城县	—	—	333	333	—
壶关县	333	—	67	333	—
长子县	400	—	—	200	—
武乡县	1200	—	—	—	—
沁县	1700	—	133	200	—
沁源县	1060	—	333	—	—
潞城区	400	—	333	—	—
晋城市	**1067**	**—**	**201**	**—**	**—**
沁水县	333	—	67	—	—
阳城县	200	—	67	—	—
陵川县	300	—	—	—	—
泽州县	167	—	67	—	—
高平市	67	—	—	—	—
朔州市	**6079**	**—**	**3200**	**3933**	**—**
朔城区	333	—	—	667	—
平鲁区	1846	—	1333	1133	—
山阴县	400	—	—	—	—
应县	3033	—	867	800	—
右玉县	267	—	1000	1333	—
怀仁市	200	—	—	—	—
晋中市	**6580**	**—**	**840**	**794**	**—**
榆次区	267	—	67	—	—
榆社县	1600	—	—	280	—
左权县	1400	—	—	—	—
和顺县	133	—	—	327	—
昔阳县	1200	—	—	187	—
寿阳县	1280	—	107	—	—
太谷县	133	—	333	—	—
祁县	267	—	—	—	—
平遥县	167	—	133	—	—
灵石县	133	—	200	—	—
运城市	**5987**	**—**	**1133**	**—**	**—**
盐湖区	600	—	—	—	—

分县造林完成情况

单位:公顷

单位名称	人工造林	飞播造林	无林地和疏林地新封山育林	退化林修复	人工更新
万荣县	133	—	—	—	—
闻喜县	1343	—	—	—	—
稷山县	300	—	467	—	—
新绛县	266	—	—	—	—
绛县	467	—	400	—	—
垣曲县	234	—	133	—	—
夏县	527	—	—	—	—
平陆县	1097	—	—	—	—
芮城县	133	—	—	—	—
永济市	400	—	133	—	—
河津市	487	—	—	—	—
忻州市	**31186**	**—**	**7800**	**3866**	**—**
忻府区	200	—	333	—	—
定襄县	333	—	—	—	—
五台县	540	—	—	—	—
代县	1000	—	—	—	—
繁峙县	933	—	1333	—	—
宁武县	1460	—	400	—	—
静乐县	7534	—	3333	1000	—
神池县	2833	—	1334	333	—
五寨县	3567	—	—	533	—
岢岚县	3533	—	1067	133	—
河曲县	3533	—	—	867	—
保德县	1920	—	—	—	—
偏关县	3200	—	—	867	—
原平市	600	—	—	133	—
临汾市	**17887**	**—**	**5734**	**3067**	**—**
尧都区	667	—	200	—	—
曲沃县	133	—	200	—	—
襄汾县	200	—	333	—	—
洪洞县	—	—	267	—	—
古县	726	—	—	—	—
安泽县	827	—	200	—	—
浮山县	1147	—	—	—	—
吉县	600	—	333	—	—
乡宁县	3267	—	1600	667	—
大宁县	3800	—	—	1667	—
隰县	1187	—	1334	—	—
永和县	3400	—	800	333	—
蒲县	800	—	467	333	—
汾西县	1133	—	—	67	—
吕梁市	**35535**	**—**	**2166**	**5401**	**—**
离石区	933	—	—	867	—
兴县	12800	—	667	667	—
临县	11334	—	233	667	—
柳林县	2333	—	333	667	—
石楼县	3534	—	400	800	—

分县造林完成情况

单位:公顷

单位名称	人工造林	飞播造林	无林地和疏林地新封山育林	退化林修复	人工更新
岚县	1800	—	—	667	—
方山县	1467	—	533	333	—
中阳县	67	—	—	—	—
交口县	734	—	—	200	—
孝义市	133	—	—	333	—
汾阳市	400	—	—	200	—
管涔山国有林管理局	**8380**	**—**	**2933**	**1200**	**—**
五台山林局	**8867**	**—**	**2800**	**266**	**—**
关帝山林局	**7167**	**—**	**4500**	**400**	**—**
太行山林局	**6440**	**—**	**1000**	**1000**	**—**
太岳山国有林管理局	**7773**	**—**	**3067**	**—**	**—**
吕梁山国有林管理局	**4700**	**—**	**1400**	**—**	**—**
中条山林局	**2080**	**—**	**3333**	**—**	**—**
黑茶山林局	**7200**	**—**	**3200**	**—**	**—**
杨树局	**3842**	**—**	**—**	**—**	**—**
林业职业技术学院实验林场	**140**	**—**	**67**	**—**	**—**
内蒙古	**301516**	**28665**	**102501**	**183933**	**5998**
呼和浩特市	**19733**	**—**	**2000**	**6801**	**667**
赛罕区	133	—	—	134	—
托克托县	867	—	—	2000	—
和林格尔县	333	—	—	1333	—
清水河县	13000	—	2000	2667	—
武川县	5400	—	—	667	667
包头市	**34898**	**—**	**17333**	**3227**	**—**
东河区	200	—	—	—	—
昆都仑区	20	—	—	—	—
青山区	2400	—	—	—	—
石拐区	1733	—	—	—	—
九原区	33	—	—	—	—
土默特右旗	873	—	4000	—	—
固阳县	29639	—	6666	—	—
达尔罕茂明安联合旗	—	—	6667	3227	—
乌海市	**113**	**—**	**—**	**—**	**—**
海勃湾区	21	—	—	—	—
海南区	77	—	—	—	—
乌达区	15	—	—	—	—
赤峰市	**36640**	**—**	**3666**	**30392**	**2339**
元宝山区	666	—	—	706	—
松山区	2393	—	333	2380	13
阿鲁科尔沁旗	4780	—	—	1133	933
巴林左旗	1787	—	—	9613	133
巴林右旗	4667	—	1333	887	1220
林西县	1867	—	—	3400	—
克什克腾旗	11073	—	1333	2067	—
翁牛特旗	2467	—	667	2480	—
宁城县	1560	—	—	2247	—
敖汉旗	3887	—	—	2293	—

分县造林完成情况

单位：公顷

单位名称	人工造林	飞播造林	无林地和疏林地新封山育林	退化林修复	人工更新
喀喇沁旗	1493	—	—	3186	40
通辽市	**34925**	**—**	**15333**	**14666**	**2659**
科尔沁区	1991	—	—	—	—
科尔沁左翼中旗	11334	—	—	666	—
科尔沁左翼后旗	13600	—	—	2000	366
开鲁县	—	—	—	6667	—
库伦旗	2000	—	13333	—	666
奈曼旗	5333	—	—	5333	294
扎鲁特旗	667	—	2000	—	1333
鄂尔多斯市	**38255**	**3333**	**1333**	**35334**	**—**
东胜区	1081	—	—	—	—
康巴什区	107	—	—	—	—
达拉特旗	3641	—	—	—	—
准格尔旗	3753	—	—	—	—
鄂托克前旗	3333	—	—	4667	—
鄂托克旗	4335	—	—	—	—
杭锦旗	15646	3333	1333	20000	—
乌审旗	3759	—	—	7667	—
伊金霍洛旗	1667	—	—	3000	—
造林总场	933	—	—	—	—
呼伦贝尔市	**27231**	**—**	**8533**	**2900**	**—**
市直属单位	87	—	—	—	—
海拉尔分局	400	—	—	—	—
阿荣旗	1667	—	—	—	—
莫力达瓦达斡尔族自治旗	1800	—	—	67	—
鄂伦春自治旗	267	—	—	133	—
鄂温克旗	3066	—	—	—	—
陈巴尔虎旗	8733	—	—	1267	—
新巴尔虎左旗	3713	—	8200	—	—
新巴尔虎右旗	333	—	—	—	—
牙克石市	1933	—	333	333	—
扎兰屯市	1333	—	—	—	—
额尔古纳市	133	—	—	—	—
根河市	93	—	—	—	—
免渡河	—	—	—	467	—
乌奴耳	333	—	—	133	—
巴林	400	—	—	267	—
南木	267	—	—	200	—
红花尔基	2333	—	—	—	—
柴河	200	—	—	33	—
海拉尔农垦集团	100	—	—	—	—
大兴安岭农垦集团	40	—	—	—	—
巴彦淖尔市	**12333**	**7333**	**12000**	**6066**	**—**
临河区	673	—	—	1000	—
五原县	666	—	—	1333	—
磴口县	4000	1333	1333	1333	—
乌拉特前旗	1467	2000	—	667	—

分县造林完成情况

单位:公顷

单位名称	人工造林	飞播造林	无林地和疏林地新封山育林	退化林修复	人工更新
乌拉特中旗	2740	—	6000	1333	—
乌拉特后旗	1720	4000	4667	—	—
杭锦后旗	1067	—	—	400	—
乌兰察布市	**19809**	**—**	**6667**	**7203**	**—**
市直属单位	186	—	—	1200	—
丰镇市	4234	—	400	667	—
卓资县	1361	—	—	—	—
化德县	1113	—	667	667	—
商都县	767	—	—	667	—
兴和县	4773	—	—	667	—
凉城县	1814	—	1200	667	—
察哈尔右翼前旗	884	—	—	667	—
察哈尔右翼中旗	1787	—	—	667	—
察哈尔右翼后旗	1041	—	2000	667	—
四子王旗	1849	—	2400	667	—
兴安盟	**23420**	**—**	**6300**	**2000**	**—**
乌兰浩特市	467	—	—	—	—
阿尔山市	3787	—	1000	—	—
科尔沁右翼前旗	3720	—	—	—	—
科尔沁右翼中旗	7666	—	4667	—	—
扎赉特旗	4980	—	—	2000	—
突泉县	2800	—	633	—	—
锡林郭勒盟	**6332**	**3333**	**21335**	**22333**	**—**
锡林浩特市	87	—	—	—	—
阿巴嘎旗	153	—	3335	—	—
苏尼特左旗	27	1333	5334	—	—
苏尼特右旗	114	667	2667	400	—
东乌珠穆沁旗	273	—	333	—	—
西乌珠穆沁旗	146	—	1000	667	—
太仆寺旗	240	—	—	2000	—
镶黄旗	773	—	1333	2000	—
正镶白旗	646	1333	3333	2000	—
正蓝旗	1680	—	4000	4533	—
多伦县	2193	—	—	10733	—
阿拉善盟	**35298**	**14666**	**7334**	**30987**	**—**
阿拉善左旗	9333	13333	—	—	—
阿拉善右旗	5333	—	6667	13333	—
额济纳旗	16666	—	667	17387	—
经济开发区	2333	—	—	—	—
生态示范区	—	1333	—	267	—
生态沙产业示范区	1633	—	—	—	—
二连浩特市	**7**	**—**	**667**	**—**	**—**
内蒙古集团	**12522**	**—**	**—**	**22024**	**333**
辽宁	**30152**	**13334**	**38368**	**51659**	**7529**
沈阳市	**1026**	**—**	**—**	**1000**	**1827**
康平县	513	—	—	533	—
法库县	247	—	—	—	—

分县造林完成情况

单位：公顷

单位名称	人工造林	飞播造林	无林地和疏林地新封山育林	退化林修复	人工更新
新民市	266	—	—	467	1827
大连市	**1000**	**—**	**—**	**266**	**67**
金普新区	133	—	—	—	—
普兰店市	67	—	—	266	—
瓦房店市	667	—	—	—	—
庄河市	133	—	—	—	67
鞍山市	**507**	**—**	**—**	**933**	**667**
台安县	220	—	—	133	—
岫岩满族自治县	220	—	—	733	200
海城市	67	—	—	67	467
抚顺市	**1813**	**—**	**666**	**3040**	**400**
市直属单位	33	—	—	333	7
新抚区	—	—	—	—	—
东洲区	60	—	—	74	19
望花区	—	—	—	—	—
顺城区	13	—	—	—	7
抚顺县	400	—	—	100	200
新宾满族自治县	267	—	666	1200	160
清原满族自治县	1040	—	—	1333	—
林业发展服务中心	—	—	—	—	7
本溪市	**53**	**—**	**—**	**140**	**27**
南芬区	—	—	—	—	27
本溪满族自治县	53	—	—	53	—
桓仁满族自治县	—	—	—	67	—
林业发展服务中心	—	—	—	20	—
丹东市	**193**	**—**	**667**	**1647**	**386**
振安区	—	—	—	247	53
宽甸满族自治县	60	—	667	200	—
东港市	—	—	—	533	—
凤城市	133	—	—	667	333
锦州市	**1626**	**—**	**4000**	**4120**	**467**
锦州市	80	—	—	720	—
黑山县	580	—	1333	667	—
义县	633	—	2667	1733	—
凌海市	267	—	—	533	467
北镇市	66	—	—	467	—
营口市	**67**	**—**	**—**	**100**	**—**
鲅鱼圈区	—	—	—	13	—
盖州市	34	—	—	67	—
大石桥市	33	—	—	20	—
阜新市	**2467**	**—**	**2000**	**8460**	**2754**
新邱区	67	—	—	—	—
细河区农业农村局	—	—	—	7	7
阜新蒙古族自治县	1867	—	2000	2933	2067
彰武县	533	—	—	5400	667
阜矿集团林业分公司	—	—	—	120	13
辽阳市	**473**	**—**	**—**	**—**	**—**

分县造林完成情况

单位:公顷

单位名称	人工造林	飞播造林	无林地和疏林地新封山育林	退化林修复	人工更新
文圣区	13	—	—	—	—
宏伟区	47	—	—	—	—
弓长岭区	180	—	—	—	—
太子河区	7	—	—	—	—
辽阳县	93	—	—	—	—
灯塔市	133	—	—	—	—
铁岭市	**1066**	**—**	**4667**	**1466**	**334**
市直属单位	—	—	—	—	67
清河区	233	—	—	—	—
铁岭县	220	—	4667	733	67
西丰县	133	—	—	533	200
昌图县	267	—	—	200	—
开原市	213	—	—	—	—
朝阳市	**9507**	**11334**	**21700**	**25307**	**600**
市直属单位	—	—	—	466	—
龙城区	400	—	667	427	—
朝阳县	1000	2667	5100	6640	333
建平县	667	—	600	3240	—
喀喇沁左翼蒙古族自治县	1773	3333	9333	3387	—
北票市	2667	2667	5333	6600	—
凌源市	3000	2667	667	4547	267
葫芦岛市	**10354**	**2000**	**4668**	**4807**	**—**
市直属单位	—	—	—	200	—
连山区	67	—	667	927	—
龙港区	53	—	—	147	—
南票区	200	—	—	1154	—
绥中县	167	—	667	833	—
建昌县	9800	2000	2667	333	—
兴城市	67	—	667	1213	—
省直属单位	**—**	**—**	**—**	**373**	**—**
吉林	**37573**	**—**	**—**	**77117**	**9202**
长春市	**4472**	**—**	**—**	**240**	**1312**
绿园区	12	—	—	—	12
双阳区	2000	—	—	20	75
九台区	133	—	—	20	100
朝阳区	5	—	—	—	5
农安县	597	—	—	43	351
榆树市	763	—	—	—	426
德惠市	942	—	—	157	343
莲花山旅游区	20	—	—	—	—
吉林市	**3429**	**—**	**—**	**4134**	**752**
昌邑区	355	—	—	—	22
龙潭区	—	—	—	—	23
船营区	—	—	—	—	38
丰满区	—	—	—	—	38
永吉县	—	—	—	—	167
蛟河市	281	—	—	—	81

分县造林完成情况

单位:公顷

单位名称	人工造林	飞播造林	无林地和疏林地新封山育林	退化林修复	人工更新
桦甸市	—	—	—	—	63
舒兰市	—	—	—	—	143
磐石市	2793	—	—	—	126
上营森林经营局	—	—	—	4134	51
四平市	**4049**	**—**	**—**	**991**	**1266**
铁西区	202	—	—	2	—
铁东区	116	—	—	3	13
梨树县	774	—	—	329	496
伊通满族自治县	927	—	—	—	92
公主岭市	981	—	—	157	150
双辽市	509	—	—	500	500
国有林总场	540	—	—	—	15
辽源市	**11133**	**—**	**—**	**—**	**520**
龙山区	—	—	—	—	11
东丰县	7467	—	—	—	286
东辽县	3666	—	—	—	200
国有林保护中心	—	—	—	—	18
经济开发区	—	—	—	—	5
通化市	**1500**	**—**	**—**	**—**	**1387**
东昌区	—	—	—	—	50
二道江区	—	—	—	—	54
通化县	200	—	—	—	384
辉南县	533	—	—	—	277
柳河县	162	—	—	—	162
梅河口市	437	—	—	—	318
集安市	163	—	—	—	142
哈泥自然保护区	5	—	—	—	—
白山市	**46**	**—**	**—**	**400**	**131**
江源区	—	—	—	—	29
抚松县	27	—	—	—	—
长白朝鲜族自治县	—	—	—	—	59
临江市	19	—	—	—	43
长白森林经营局	—	—	—	400	—
松原市	**3116**	**—**	**—**	**1379**	**1050**
宁江区	51	—	—	25	58
前郭尔罗斯蒙古族自治县	1040	—	—	600	348
长岭县	683	—	—	293	26
乾安县	518	—	—	456	518
扶余市	770	—	—	—	—
其他单位	54	—	—	5	100
白城市	**9530**	**—**	**—**	**1667**	**1489**
洮北区	86	—	—	38	113
镇赉县	72	—	—	116	—
通榆县	5198	—	—	1333	1000
洮南市	3794	—	—	80	290
大安市	289	—	—	80	43
其他单位	91	—	—	20	43

分县造林完成情况

单位:公顷

单位名称	人工造林	飞播造林	无林地和疏林地新封山育林	退化林修复	人工更新
延边朝鲜族自治州	**18**	**—**	**—**	**1**	**647**
延吉市	—	—	—	—	30
图们市	—	—	—	1	73
敦化市	—	—	—	—	109
珲春市	3	—	—	—	4
龙井市	—	—	—	—	262
和龙市	—	—	—	—	147
安图县	—	—	—	—	22
汪清县	15	—	—	—	—
省直属单位	**—**	**—**	**—**	**602**	**—**
吉林集团	**60**	**—**	**—**	**30972**	**78**
长白山集团	**220**	**—**	**—**	**36731**	**570**
黑龙江	**53725**	**—**	**20268**	**47287**	**—**
哈尔滨市	**10196**	**—**	**9360**	**2666**	**—**
市直属单位	1391	—	780	1248	—
依兰县	1003	—	1200	38	—
方正县	254	—	—	—	—
宾县	218	—	600	266	—
巴彦县	722	—	720	647	—
木兰县	198	—	1500	—	—
通河县	2813	—	1200	—	—
延寿县	1396	—	960	—	—
尚志市	1155	—	—	67	—
五常市	1046	—	2400	400	—
齐齐哈尔市	**6723**	**—**	**—**	**5320**	**—**
市局机关	333	—	—	67	—
龙江县	549	—	—	267	—
依安县	839	—	—	—	—
泰来县	566	—	—	133	—
甘南县	802	—	—	133	—
富裕县	312	—	—	267	—
克山县	496	—	—	—	—
克东县	371	—	—	—	—
拜泉县	1566	—	—	333	—
讷河市	889	—	—	4120	—
鸡西市	**1665**	**—**	**—**	**—**	**—**
市局机关	75	—	—	—	—
鸡东县	186	—	—	—	—
虎林市	155	—	—	—	—
密山市	1249	—	—	—	—
鹤岗市	**582**	**—**	**—**	**—**	**—**
市局机关	52	—	—	—	—
萝北县	73	—	—	—	—
绥滨县	457	—	—	—	—
双鸭山市	**507**	**—**	**527**	**171**	**—**
市局机关	89	—	—	—	—
集贤县	141	—	—	133	—

分县造林完成情况

单位:公顷

单位名称	人工造林	飞播造林	无林地和疏林地新封山育林	退化林修复	人工更新
宝清县	237	—	—	—	—
饶河县	40	—	527	38	—
大庆市	**3044**	**—**	**—**	**267**	**—**
市局机关	106	—	—	267	—
肇州县	411	—	—	—	—
肇源县	646	—	—	—	—
林甸县	961	—	—	—	—
杜尔伯特蒙古族自治县	920	—	—	—	—
伊春市	**1219**	**—**	**600**	**—**	**—**
市局机关	54	—	—	—	—
嘉荫县	612	—	—	—	—
伊美区	6	—	—	—	—
金林区	200	—	—	—	—
铁力市	347	—	600	—	—
佳木斯市	**1323**	**—**	**1860**	**422**	**—**
市局机关	—	—	—	100	—
市郊区	115	—	—	—	—
桦南县	510	—	—	133	—
桦川县	167	—	360	—	—
汤原县	233	—	300	189	—
同江市	76	—	—	—	—
富锦市	198	—	—	—	—
抚远市	24	—	1200	—	—
七台河市	**665**	**—**	**—**	**—**	**—**
市局机关	335	—	—	—	—
勃利县	330	—	—	—	—
牡丹江市	**5079**	**—**	**1227**	**287**	**—**
市局机关	766	—	27	—	—
林口县	3256	—	1200	—	—
海林市	166	—	—	—	—
宁安市	607	—	—	220	—
穆棱市	115	—	—	—	—
东宁市	169	—	—	67	—
黑河市	**2167**	**—**	**2400**	**2316**	**—**
市局机关	200	—	—	2038	—
爱辉区	594	—	—	171	—
逊克县	255	—	—	—	—
孙吴县	167	—	—	107	—
北安市	218	—	600	—	—
五大连池市	292	—	1200	—	—
嫩江市	434	—	—	—	—
五大连池风景名胜区	7	—	600	—	—
绥化市	**8729**	**—**	**1807**	**133**	**—**
北林区	593	—	—	—	—
望奎县	1025	—	1187	—	—
兰西县	1731	—	—	—	—
青冈县	2211	—	—	—	—

分县造林完成情况

单位:公顷

单位名称	人工造林	飞播造林	无林地和疏林地新封山育林	退化林修复	人工更新
庆安县	525	—	113	—	—
明水县	750	—	207	—	—
绥棱县	47	—	—	—	—
安达市	356	—	—	—	—
肇东市	472	—	—	—	—
海伦市	906	—	—	133	—
绥棱县国有林场发展服务中心	113	—	—	—	—
海伦市森林资源保护中心	—	—	300	—	—
大兴安岭地区	**275**	**—**	**—**	**—**	**—**
呼玛县	209	—	—	—	—
塔河县	55	—	—	—	—
漠河市	7	—	—	—	—
大兴安岭地区机关	4	—	—	—	—
省直属单位	**2991**	**—**	**87**	**11463**	**—**
庆安国有林场管理局	**1613**	**—**	**—**	**—**	**—**
尚志国有林场管理局	**790**	**—**	**—**	**—**	**—**
桦南林业局	**—**	**—**	**1200**	**667**	**—**
双鸭山新苑林业有限公司	**33**	**—**	**300**	**134**	**—**
鹤岗绿森林业有限公司	**400**	**—**	**900**	**1667**	**—**
龙江集团	**5057**	**—**	**—**	**15326**	**—**
伊春集团	**667**	**—**	**—**	**6448**	**—**
上海	**5444**	**—**	**—**	**—**	**—**
嘉定区	388	—	—	—	—
浦东新区	1217	—	—	—	—
金山区	600	—	—	—	—
松江区	367	—	—	—	—
青浦区	322	—	—	—	—
奉贤区	420	—	—	—	—
闵行区	223	—	—	—	—
崇明区	1907	—	—	—	—
江苏	**46336**	**—**	**—**	**115**	**5193**
南京市	**2193**	**—**	**—**	**—**	**12**
浦口区	—	—	—	—	12
栖霞区	19	—	—	—	—
江宁区	163	—	—	—	—
六合区	1259	—	—	—	—
溧水区	490	—	—	—	—
高淳区	262	—	—	—	—
无锡市	**780**	**—**	**—**	**—**	**78**
锡山区	37	—	—	—	2
惠山区	65	—	—	—	8
滨湖区	27	—	—	—	—
新吴区	95	—	—	—	5
江阴市	392	—	—	—	28
宜兴市	164	—	—	—	35
徐州市	**12680**	**—**	**—**	**—**	**927**
贾汪区	136	—	—	—	—

分县造林完成情况

单位：公顷

单位名称	人工造林	飞播造林	无林地和疏林地新封山育林	退化林修复	人工更新
铜山区	501	—	—	—	78
丰县	1495	—	—	—	3
沛县	1268	—	—	—	—
睢宁县	3877	—	—	—	—
新沂市	3150	—	—	—	207
邳州市	2253	—	—	—	639
常州市	**1370**	**—**	**—**	**—**	**5**
新北区	54	—	—	—	5
武进区	173	—	—	—	—
金坛区	216	—	—	—	—
经济开发区	34	—	—	—	—
溧阳市	873	—	—	—	—
市直属单位	20	—	—	—	—
苏州市	**877**	**—**	**—**	**—**	**26**
吴中区	18	—	—	—	—
相城区	21	—	—	—	—
常熟市	178	—	—	—	6
张家港市	373	—	—	—	5
昆山市	76	—	—	—	—
吴江区	43	—	—	—	5
太仓市	147	—	—	—	10
虎丘区	21	—	—	—	—
南通市	**2716**	**—**	**—**	**—**	**69**
经济技术开发区	91	—	—	—	—
崇川区	69	—	—	—	—
通州区	354	—	—	—	—
如东县	479	—	—	—	—
启东市	288	—	—	—	69
如皋市	420	—	—	—	—
海门市	557	—	—	—	—
海安市	354	—	—	—	—
通州湾江海联动开发示范区	104	—	—	—	—
连云港市	**3677**	**—**	**—**	**39**	**269**
连云区	49	—	—	20	—
海州区	411	—	—	—	—
赣榆区	789	—	—	—	126
东海县	909	—	—	—	—
灌云县	832	—	—	—	2
灌南县	473	—	—	—	141
市直属单位	214	—	—	19	—
淮安市	**1427**	**—**	**—**	**—**	**1748**
淮阴区	88	—	—	—	189
清江浦区	211	—	—	—	107
淮安区	177	—	—	—	239
洪泽区	45	—	—	—	163
涟水县	197	—	—	—	207
盱眙县	415	—	—	—	693

分县造林完成情况

单位：公顷

单位名称	人工造林	飞播造林	无林地和疏林地新封山育林	退化林修复	人工更新
金湖县	294	—	—	—	150
盐城市	**6866**	**—**	**—**	**—**	**459**
亭湖区	458	—	—	—	34
盐都区	673	—	—	—	—
大丰区	1443	—	—	—	122
响水县	272	—	—	—	—
滨海县	647	—	—	—	111
阜宁县	234	—	—	—	—
射阳县	1374	—	—	—	—
建湖县	241	—	—	—	—
东台市	1524	—	—	—	192
扬州市	**2882**	**—**	**—**	**72**	**473**
广陵区	287	—	—	—	—
邗江区	369	—	—	—	6
江都区	518	—	—	72	79
宝应县	487	—	—	—	181
仪征市	662	—	—	—	7
高邮市	559	—	—	—	200
镇江市	**1381**	**—**	**—**	**—**	**137**
京口区	35	—	—	—	—
润州区	10	—	—	—	—
丹徒区	65	—	—	—	29
丹阳市	378	—	—	—	72
扬中市	34	—	—	—	1
句容市	844	—	—	—	35
镇江新区	15	—	—	—	—
泰州市	**2336**	**—**	**—**	**4**	**102**
海陵区	190	—	—	—	—
高港区	180	—	—	—	—
姜堰区	387	—	—	—	66
兴化市	774	—	—	—	—
靖江市	268	—	—	4	—
泰兴市	419	—	—	—	36
泰州市	118	—	—	—	—
宿迁市	**7151**	**—**	**—**	**—**	**888**
宿城区	624	—	—	—	—
宿豫区	1101	—	—	—	50
沭阳县	754	—	—	—	62
泗阳县	1020	—	—	—	51
泗洪县	3652	—	—	—	725
浙江	**41759**	**—**	**1499**	**70341**	**5337**
杭州市	**3421**	**—**	**167**	**3726**	**1443**
江干区	30	—	—	—	—
拱墅区	17	—	—	—	—
西湖区	73	—	—	—	—
滨江区	0	—	—	—	—
萧山区	175	—	—	—	—

分县造林完成情况

单位:公顷

单位名称	人工造林	飞播造林	无林地和疏林地新封山育林	退化林修复	人工更新
余杭区	247	—	—	33	23
富阳区	552	—	—	93	73
临安市	490	—	—	—	279
桐庐县	488	—	—	1800	71
淳安县	816	—	—	133	464
建德市	533	—	167	1667	533
宁波市	**3841**	**—**	**—**	**2562**	**—**
海曙区	211	—	—	192	—
江北区	96	—	—	—	—
北仑区	158	—	—	63	—
镇海区	67	—	—	—	—
奉化区	325	—	—	180	—
象山县	425	—	—	1333	—
宁海县	1375	—	—	627	—
余姚市	446	—	—	100	—
慈溪市	267	—	—	—	—
鄞州区	471	—	—	67	—
温州市	**8872**	**—**	**—**	**26369**	**355**
龙湾区	112	—	—	—	—
瓯海区	201	—	—	3631	85
永嘉县	1905	—	—	1043	114
平阳县	1015	—	—	11372	—
苍南县	1141	—	—	533	114
文成县	1296	—	—	9533	—
泰顺县	1186	—	—	—	20
瑞安市	1119	—	—	—	—
乐清市	629	—	—	257	22
龙港市	41	—	—	—	—
鹿城区	227	—	—	—	—
嘉兴市	**1258**	**—**	**—**	**—**	**14**
南湖区	85	—	—	—	—
秀洲区	45	—	—	—	—
嘉善县	442	—	—	—	—
海盐县	137	—	—	—	13
海宁市	226	—	—	—	—
平湖市	203	—	—	—	1
桐乡市	120	—	—	—	—
湖州市	**876**	**—**	**—**	**2203**	**35**
吴兴区	140	—	—	533	3
南浔区	139	—	—	—	—
德清县	139	—	—	386	—
长兴县	168	—	—	551	12
安吉县	290	—	—	733	20
绍兴市	**1795**	**—**	**—**	**2023**	**—**
越城区	81	—	—	160	—
柯桥区	173	—	—	873	—
上虞区	203	—	—	320	—

分县造林完成情况

单位：公顷

单位名称	人工造林	飞播造林	无林地和疏林地新封山育林	退化林修复	人工更新
新昌县	534	—	—	—	—
诸暨市	449	—	—	670	—
嵊州市	355	—	—	—	—
金华市	**3925**	**—**	**365**	**756**	**748**
婺城区	339	—	—	—	205
金东区	110	—	146	—	199
武义县	606	—	—	689	280
浦江县	317	—	—	—	7
磐安县	670	—	34	67	13
兰溪市	471	—	—	—	11
义乌市	416	—	—	—	5
东阳市	490	—	185	—	28
永康市	506	—	—	—	—
衢州市	**3375**	**—**	**107**	**575**	**681**
柯城区	335	—	—	—	2
衢江区	387	—	—	—	103
常山县	675	—	—	—	137
开化县	826	—	107	575	233
龙游县	338	—	—	—	59
江山市	814	—	—	—	147
舟山市	**593**	**—**	**—**	**—**	**3**
定海区	172	—	—	—	3
普陀区	205	—	—	—	—
岱山县	155	—	—	—	—
嵊泗县	61	—	—	—	—
台州市	**5596**	**—**	**—**	**9238**	**127**
椒江区	110	—	—	—	—
黄岩区	587	—	—	352	—
路桥区	132	—	—	—	—
三门县	599	—	—	200	47
天台县	805	—	—	2000	40
仙居县	827	—	—	2469	19
温岭市	626	—	—	440	8
临海市	863	—	—	3333	13
玉环市	1047	—	—	444	—
丽水市	**8207**	**—**	**860**	**22889**	**1931**
莲都区	500	—	—	—	125
青田县	1233	—	—	—	—
缙云县	697	—	—	16667	112
遂昌县	1656	—	—	5527	298
松阳县	708	—	—	113	384
云和县	485	—	72	508	10
庆元县	806	—	65	74	463
景宁畲族自治县	1280	—	288	—	101
龙泉市	842	—	435	—	438
安徽	**59639**	**—**	**795**	**48433**	**1249**
合肥市	**6690**	**—**	**—**	**1661**	**110**

分县造林完成情况

单位:公顷

单位名称	人工造林	飞播造林	无林地和疏林地新封山育林	退化林修复	人工更新
庐阳区	71	—	—	—	—
瑶海区	81	—	—	—	—
包河区	126	—	—	233	100
蜀山区	143	—	—	359	10
长丰县	2002	—	—	—	—
肥东县	1906	—	—	268	—
肥西县	874	—	—	133	—
庐江县	938	—	—	335	—
巢湖市	549	—	—	333	—
芜湖市	**3967**	**—**	**—**	**800**	**240**
镜湖区	7	—	—	—	—
弋江区	247	—	—	—	—
鸠江区	206	—	—	—	—
湾沚区	601	—	—	—	—
繁昌县	178	—	—	200	—
南陵县	1004	—	—	200	240
无为县	1724	—	—	400	—
蚌埠市	**2058**	**—**	**—**	**140**	**—**
龙子湖区	15	—	—	—	—
蚌山区	36	—	—	—	—
禹会区	107	—	—	—	—
淮上区	202	—	—	—	—
怀远县	703	—	—	—	—
五河县	692	—	—	73	—
固镇县	267	—	—	67	—
市直属单位	36	—	—	—	—
淮南市	**3852**	**—**	**—**	**—**	**—**
大通区	28	—	—	—	—
田家庵区	33	—	—	—	—
谢家集区	412	—	—	—	—
八公山区	93	—	—	—	—
潘集区	623	—	—	—	—
毛集区	190	—	—	—	—
凤台县	920	—	—	—	—
寿县	1553	—	—	—	—
马鞍山市	**1395**	**—**	**—**	**546**	**—**
花山区	130	—	—	—	—
雨山区	75	—	—	—	—
博望区	245	—	—	67	—
当涂县	303	—	—	80	—
含山县	367	—	—	133	—
和县	270	—	—	266	—
市直属单位	5	—	—	—	—
淮北市	**1610**	**—**	**—**	**67**	**—**
杜集区	67	—	—	—	—
相山区	104	—	—	—	—
烈山区	96	—	—	67	—

分县造林完成情况

单位:公顷

单位名称	人工造林	飞播造林	无林地和疏林地新封山育林	退化林修复	人工更新
濉溪县	1343	—	—	—	—
铜陵市	**813**	**—**	**—**	**626**	**—**
铜官区	33	—	—	—	—
义安区	285	—	—	200	—
铜陵郊区	167	—	—	133	—
枞阳县	328	—	—	293	—
安庆市	**7203**	**—**	**284**	**5537**	**—**
迎江区	122	—	—	—	—
大观区	104	—	—	—	—
宜秀区	118	—	37	—	—
怀宁县	777	—	—	200	—
太湖县	2105	—	180	1227	—
宿松县	1262	—	—	200	—
望江县	902	—	—	133	—
桐城市	345	—	—	1347	—
岳西县	707	—	67	1647	—
潜山市	746	—	—	783	—
高新区	15	—	—	—	—
黄山市	**938**	**—**	**—**	**20104**	**—**
屯溪区	13	—	—	133	—
黄山区	218	—	—	4337	—
徽州区	21	—	—	333	—
歙县	343	—	—	2800	—
休宁县	68	—	—	3068	—
黟县	119	—	—	3000	—
祁门县	153	—	—	6433	—
市直属单位	3	—	—	—	—
滁州市	**12483**	**—**	**—**	**2141**	**546**
琅琊区	90	—	—	—	126
南谯区	865	—	—	—	—
来安县	2351	—	—	200	—
全椒县	1398	—	—	207	220
定远县	2770	—	—	67	—
凤阳县	1923	—	—	200	—
天长市	1239	—	—	—	—
明光市	1454	—	—	467	200
市直属单位	393	—	—	1000	—
阜阳市	**5121**	**—**	**—**	**674**	**—**
颍州区	135	—	—	68	—
颍东区	342	—	—	68	—
颍泉区	140	—	—	67	—
临泉县	2057	—	—	133	—
太和县	735	—	—	100	—
阜南县	711	—	—	137	—
颍上县	405	—	—	101	—
界首市	596	—	—	—	—
宿州市	**3311**	**—**	**—**	**1000**	**—**

分县造林完成情况

单位:公顷

单位名称	人工造林	飞播造林	无林地和疏林地新封山育林	退化林修复	人工更新
埇桥区	1129	—	—	333	—
砀山县	377	—	—	200	—
萧县	473	—	—	400	—
灵璧县	630	—	—	—	—
泗县	702	—	—	67	—
六安市	**3650**	**—**	**—**	**3045**	**353**
金安区	394	—	—	133	—
裕安区	439	—	—	133	51
叶集区	240	—	—	134	—
霍邱县	1437	—	—	400	—
舒城县	403	—	—	600	—
金寨县	162	—	—	800	302
霍山县	575	—	—	845	—
亳州市	**3093**	**—**	**—**	**—**	**—**
谯城区	337	—	—	—	—
涡阳县	791	—	—	—	—
蒙城县	819	—	—	—	—
利辛县	1146	—	—	—	—
池州市	**1921**	**—**	**482**	**8167**	**—**
贵池区	779	—	—	933	—
九华山区	7	—	—	153	—
东至县	879	—	113	2667	—
石台县	53	—	—	4000	—
青阳县	203	—	369	414	—
宣城市	**1534**	**—**	**29**	**3925**	**—**
宣州区	342	—	—	342	—
郎溪县	277	—	—	333	—
泾县	249	—	—	1074	—
绩溪县	67	—	—	533	—
旌德县	142	—	29	200	—
宁国市	131	—	—	1067	—
广德市	326	—	—	376	—
福建	**4895**	**—**	**—**	**17408**	**47157**
福州市	**1130**	**—**	**—**	**1231**	**3365**
马尾区	—	—	—	—	156
平潭综合实验区	358	—	—	336	—
晋安区	113	—	—	—	40
长乐区	95	—	—	7	129
闽侯县	—	—	—	—	350
连江县	99	—	—	—	489
罗源县	98	—	—	183	334
闽清县	—	—	—	—	770
永泰县	107	—	—	705	844
福清市	255	—	—	—	230
高新开发区	5	—	—	—	23
厦门市	**—**	**—**	**—**	**291**	**—**
海沧区	—	—	—	39	—

分县造林完成情况

单位:公顷

单位名称	人工造林	飞播造林	无林地和疏林地新封山育林	退化林修复	人工更新
集美区	—	—	—	99	—
同安区	—	—	—	57	—
翔安区	—	—	—	96	—
莆田市	**115**	**—**	**—**	**1946**	**413**
城厢区	5	—	—	238	27
涵江区	3	—	—	323	104
荔城区	9	—	—	24	15
秀屿区	46	—	—	83	—
仙游县	36	—	—	1278	267
湄洲岛国家旅游度假区	15	—	—	—	—
北岸管委会	1	—	—	—	—
三明市	**623**	**—**	**—**	**2496**	**9634**
梅列区	—	—	—	—	194
三元区	37	—	—	296	320
明溪县	15	—	—	154	548
清流县	12	—	—	275	593
宁化县	9	—	—	154	137
大田县	120	—	—	271	1177
尤溪县	246	—	—	316	1643
沙县	21	—	—	—	1603
将乐县	120	—	—	477	1090
泰宁县	37	—	—	258	504
建宁县	—	—	—	176	474
永安市	6	—	—	119	1351
泉州市	**655**	**—**	**—**	**1260**	**3672**
丰泽区	—	—	—	3	5
洛江区	6	—	—	7	118
泉港区	3	—	—	138	—
惠安县	145	—	—	20	—
安溪县	317	—	—	289	471
永春县	129	—	—	85	741
德化县	13	—	—	445	1079
晋江市	—	—	—	110	71
南安市	27	—	—	163	1187
台商区	15	—	—	—	—
漳州市	**287**	**—**	**—**	**299**	**9726**
芗城区	—	—	—	—	23
龙文区	—	—	—	—	30
云霄县	45	—	—	—	1328
漳浦县	10	—	—	67	1038
诏安县	—	—	—	—	1498
长泰县	—	—	—	—	685
东山县	24	—	—	7	23
南靖县	—	—	—	18	1590
平和县	163	—	—	207	1552
华安县	7	—	—	—	1366
龙海市	38	—	—	—	593

分县造林完成情况

单位：公顷

单位名称	人工造林	飞播造林	无林地和疏林地新封山育林	退化林修复	人工更新
南平市	**438**	**—**	**—**	**3252**	**11478**
延平区	73	—	—	190	1502
建阳区	35	—	—	704	1254
顺昌县	21	—	—	479	1027
浦城县	65	—	—	279	1126
光泽县	6	—	—	82	714
松溪县	39	—	—	162	678
政和县	70	—	—	30	356
邵武市	11	—	—	334	1422
武夷山市	38	—	—	325	627
建瓯市	80	—	—	667	2772
龙岩市	**764**	**—**	**—**	**4748**	**6636**
新罗区	79	—	—	107	249
永定区	169	—	—	443	523
长汀县	41	—	—	2853	1216
上杭县	47	—	—	380	805
武平县	310	—	—	354	1811
连城县	74	—	—	207	843
漳平市	44	—	—	404	1189
宁德市	**883**	**—**	**—**	**1885**	**2233**
蕉城区	169	—	—	313	129
霞浦县	30	—	—	404	207
古田县	156	—	—	394	396
屏南县	71	—	—	—	798
寿宁县	140	—	—	133	275
周宁县	13	—	—	—	245
柘荣县	49	—	—	144	61
福安市	176	—	—	181	45
福鼎市	79	—	—	316	77
江西	**72022**	**—**	**34664**	**119307**	**3628**
南昌市	**930**	**—**	**—**	**891**	**—**
湾里区	34	—	—	160	—
南昌县	78	—	—	18	—
新建区	207	—	—	280	—
安义县	244	—	—	100	—
进贤县	367	—	—	333	—
景德镇市	**1206**	**—**	**267**	**1067**	**200**
市辖区	103	—	—	133	—
昌江区	20	—	—	67	—
浮梁县	420	—	267	500	200
乐平市	663	—	—	367	—
萍乡市	**2795**	**—**	**3166**	**7560**	**60**
经济开发区	7	—	—	140	—
安源区	22	—	233	500	—
湘东区	743	—	567	1400	—
莲花县	952	—	1333	1853	60
上栗县	771	—	533	1600	—

分县造林完成情况

单位:公顷

单位名称	人工造林	飞播造林	无林地和疏林地新封山育林	退化林修复	人工更新
芦溪县	167	—	500	1800	—
市局武功山分局	133	—	—	267	—
九江市	**6337**	**—**	**2900**	**12287**	**179**
市辖区	27	—	—	—	—
濂溪区	167	—	—	—	—
柴桑区	153	—	—	293	28
武宁县	603	—	—	2133	—
修水县	1367	—	2000	3467	—
永修县	907	—	—	293	—
德安县	653	—	67	867	—
都昌县	333	—	333	334	—
湖口县	287	—	—	553	—
彭泽县	720	—	—	2220	151
瑞昌市	787	—	500	1920	—
共青城市	100	—	—	67	—
庐山市	233	—	—	140	—
新余市	**3070**	**—**	**400**	**2253**	**7**
渝水区	959	—	400	933	—
仙女湖	212	—	—	133	7
高新区	263	—	—	107	—
分宜县	1636	—	—	1080	—
鹰潭市	**1311**	**—**	**1142**	**2795**	**—**
月湖区	7	—	—	14	—
龙虎山	120	—	—	447	—
余江区	409	—	142	867	—
贵溪市	775	—	1000	1467	—
赣州市	**16362**	**—**	**8632**	**31652**	**714**
经开区	48	—	—	70	—
章贡区	85	—	—	53	—
南康区	485	—	666	1000	—
赣县区	667	—	—	2507	—
信丰县	1199	—	—	2634	—
大余县	873	—	267	1400	—
上犹县	820	—	—	1467	—
崇义县	965	—	—	667	—
安远县	2314	—	3600	2200	—
龙南县	334	—	—	1200	—
定南县	661	—	1333	1067	410
全南县	933	—	1000	2000	—
宁都县	1630	—	—	3120	—
于都县	803	—	433	2573	—
兴国县	1276	—	233	3600	—
会昌县	720	—	—	2067	304
寻乌县	752	—	400	800	—
石城县	722	—	500	1547	—
瑞金市	1075	—	200	1667	—
市辖区	—	—	—	13	—

分县造林完成情况

单位:公顷

单位名称	人工造林	飞播造林	无林地和疏林地新封山育林	退化林修复	人工更新
吉安市	**13034**	**—**	**3106**	**23676**	**1580**
市辖区	—	—	—	110	—
吉州区	53	—	—	213	—
青原区	260	—	—	133	—
吉安县	1395	—	—	2333	—
吉水县	1660	—	—	2335	—
峡江县	914	—	—	1600	—
新干县	1343	—	—	2086	—
永丰县	1000	—	1617	2466	433
泰和县	1073	—	1489	2000	—
遂川县	933	—	—	2000	—
万安县	1197	—	—	1600	—
安福县	2139	—	—	2867	—
永新县	667	—	—	2266	1147
井冈山市	400	—	—	1667	—
宜春市	**10891**	**—**	**5859**	**11846**	**—**
袁州区	1345	—	690	1630	—
明月山温泉风景名胜区	75	—	300	40	—
奉新县	431	—	334	267	—
万载县	1442	—	800	2434	—
上高县	1601	—	667	967	—
宜丰县	2541	—	1000	1467	—
靖安县	225	—	334	1234	—
铜鼓县	478	—	200	1420	—
丰城市	800	—	667	1220	—
樟树市	691	—	200	367	—
高安市	1262	—	667	800	—
抚州市	**7588**	**—**	**7865**	**13421**	**635**
市辖区	80	—	—	87	—
临川区	561	—	1333	1667	—
东乡区	930	—	1133	667	—
南城县	344	—	0	1200	—
黎川县	884	—	1533	1067	—
南丰县	308	—	267	933	—
崇仁县	733	—	666	733	—
乐安县	735	—	—	1333	—
宜黄县	533	—	—	1867	502
金溪县	1330	—	—	667	—
资溪县	561	—	1400	1200	—
广昌县	589	—	1533	2000	133
上饶市	**8498**	**—**	**1327**	**11859**	**253**
信州区	40	—	—	460	—
三清山	33	—	—	33	—
广丰区	593	—	—	1499	7
广信区	993	—	667	1667	100
玉山县	422	—	160	533	—
铅山县	307	—	100	840	—

分县造林完成情况

单位:公顷

单位名称	人工造林	飞播造林	无林地和疏林地新封山育林	退化林修复	人工更新
横峰县	512	—	—	1067	133
弋阳县	562	—	233	553	13
余干县	1003	—	67	533	—
鄱阳县	1334	—	—	1067	—
万年县	1142	—	—	933	—
婺源县	535	—	100	1207	—
德兴市	1022	—	—	1467	—
山东	**102830**	**—**	**—**	**10938**	**27985**
济南市	**10422**	**—**	**—**	**395**	**517**
历下区	—	—	—	43	—
市中区	566	—	—	—	—
槐荫区	3	—	—	—	24
天桥区	—	—	—	—	111
历城区	377	—	—	—	—
长清区	671	—	—	—	38
章丘区	1734	—	—	—	—
济阳区	480	—	—	—	—
莱芜区	2200	—	—	—	—
钢城区	993	—	—	30	—
高新区	67	—	—	—	—
平阴县	177	—	—	322	332
商河县	1052	—	—	—	—
南部山区	1873	—	—	—	—
莱芜高新技术产业开发区	209	—	—	—	—
济南新旧动能转换先行区	20	—	—	—	12
青岛市	**1482**	**—**	**—**	**—**	**787**
黄岛区	83	—	—	—	234
崂山区	—	—	—	—	87
城阳区	60	—	—	—	44
胶州市	354	—	—	—	113
平度市	751	—	—	—	169
莱西市	234	—	—	—	140
淄博市	**22284**	**—**	**—**	**656**	**2014**
淄川区	8481	—	—	—	70
张店区	—	—	—	—	157
博山区	6200	—	—	333	—
临淄区	612	—	—	323	—
周村区	141	—	—	—	369
桓台县	185	—	—	—	58
高青县	—	—	—	—	959
沂源县	6475	—	—	—	—
高新区	70	—	—	—	67
文昌湖省级旅游度假区	100	—	—	—	167
经济开发区	20	—	—	—	167
枣庄市	**2165**	**—**	**—**	**357**	**766**
市中区	90	—	—	—	32
薛城区	156	—	—	—	193

分县造林完成情况

单位:公顷

单位名称	人工造林	飞播造林	无林地和疏林地新封山育林	退化林修复	人工更新
峄城区	277	—	—	27	40
台儿庄区	134	—	—	—	76
山亭区	837	—	—	267	190
滕州市	671	—	—	63	167
高新区	—	—	—	—	68
东营市	**6781**	**—**	**—**	**—**	**253**
东营区	824	—	—	—	41
河口区	728	—	—	—	65
垦利区	1097	—	—	—	—
利津县	954	—	—	—	—
广饶县	651	—	—	—	147
市直属单位	1867	—	—	—	—
经济开发区	660	—	—	—	—
烟台市	**5340**	**—**	**—**	**1613**	**200**
高新技术产业开发区	7	—	—	7	—
芝罘区	20	—	—	20	—
福山区	187	—	—	53	13
牟平区	454	—	—	220	13
莱山区	73	—	—	33	—
长岛县	20	—	—	267	—
龙口市	214	—	—	80	54
莱阳市	604	—	—	53	13
莱州市	667	—	—	113	20
蓬莱市	243	—	—	67	21
招远市	674	—	—	133	—
栖霞市	773	—	—	400	13
海阳市	1280	—	—	80	53
昆嵛山自然保护区	20	—	—	67	—
烟台开发区	104	—	—	20	—
潍坊市	**9424**	**—**	**—**	**633**	**2047**
潍城区	50	—	—	—	—
寒亭区	128	—	—	—	39
坊子区	89	—	—	—	40
奎文区	—	—	—	7	15
临朐县	896	—	—	—	—
昌乐县	435	—	—	240	87
青州市	993	—	—	—	488
诸城市	1423	—	—	—	96
寿光市	543	—	—	—	74
安丘市	869	—	—	253	137
高密市	2835	—	—	—	457
昌邑市	366	—	—	—	383
高新区	52	—	—	—	—
滨海区	440	—	—	133	—
峡山区	305	—	—	—	231
济宁市	**6057**	**—**	**—**	**—**	**4385**
任城区	130	—	—	—	150

分县造林完成情况

单位:公顷

单位名称	人工造林	飞播造林	无林地和疏林地新封山育林	退化林修复	人工更新
兖州区	138	—	—	—	119
微山县	189	—	—	—	483
鱼台县	370	—	—	—	297
金乡县	440	—	—	—	156
嘉祥县	434	—	—	—	587
汶上县	667	—	—	—	300
泗水县	1682	—	—	—	541
梁山县	670	—	—	—	306
曲阜市	511	—	—	—	549
邹城市	826	—	—	—	897
泰安市	**2816**	**—**	**—**	**1655**	**75**
泰山区	—	—	—	13	10
岱岳区	160	—	—	50	—
宁阳县	640	—	—	430	—
东平县	410	—	—	320	—
新泰市	830	—	—	560	—
肥城市	560	—	—	210	—
高新区	86	—	—	33	50
泰山景区	—	—	—	—	15
徂汶景区	130	—	—	39	—
威海市	**606**	**—**	**—**	**2599**	**923**
环翠区	13	—	—	406	133
文登区	140	—	—	607	212
荣成市	167	—	—	733	200
乳山市	187	—	—	667	200
临港经济技术开发区	40	—	—	—	167
经济技术开发区	45	—	—	100	—
高新区	7	—	—	53	7
南海农业海洋发展局	7	—	—	33	4
日照市	**1553**	**—**	**—**	**233**	**1108**
东港区	733	—	—	—	133
岚山区	187	—	—	200	—
五莲县	230	—	—	—	400
莒县	233	—	—	—	567
山海天旅游度假区	100	—	—	—	—
经开区	70	—	—	—	—
高新技术产业开发区	—	—	—	33	8
临沂市	**4891**	**—**	**—**	**547**	**3424**
兰山区	308	—	—	66	244
罗庄区	266	—	—	—	200
河东区	133	—	—	—	60
沂南县	535	—	—	—	200
郯城县	233	—	—	13	346
沂水县	735	—	—	—	670
兰陵县	627	—	—	—	350
费县	400	—	—	—	460
平邑县	406	—	—	—	251

分县造林完成情况

单位:公顷

单位名称	人工造林	飞播造林	无林地和疏林地新封山育林	退化林修复	人工更新
莒南县	276	—	—	—	148
蒙阴县	631	—	—	467	357
临沭县	304	—	—	1	138
高新区	37	—	—	—	—
德州市	**2964**	**—**	**—**	**—**	**6527**
德城区	34	—	—	—	29
陵城区	196	—	—	—	502
宁津县	364	—	—	—	117
庆云县	255	—	—	—	—
临邑县	230	—	—	—	845
齐河县	752	—	—	—	1271
平原县	217	—	—	—	706
夏津县	—	—	—	—	733
武城县	318	—	—	—	97
乐陵市	245	—	—	—	1367
禹城市	300	—	—	—	688
经济技术开发区	53	—	—	—	135
运河开发区	—	—	—	—	37
聊城市	**4927**	**—**	**—**	**1700**	**1920**
东昌府区	469	—	—	310	120
阳谷县	535	—	—	—	201
莘县	760	—	—	—	133
茌平县	666	—	—	—	387
东阿县	470	—	—	—	258
冠县	202	—	—	1253	173
高唐县	534	—	—	—	255
临清市	668	—	—	—	211
江北水城旅游度假区	335	—	—	137	119
经济技术开发区	135	—	—	—	35
高新区	153	—	—	—	28
滨州市	**8876**	**—**	**—**	**550**	**1645**
滨城区	780	—	—	—	—
沾化区	1606	—	—	400	—
惠民县	1060	—	—	—	736
阳信县	1518	—	—	—	—
无棣县	1632	—	—	—	—
博兴县	1704	—	—	—	70
邹平市	496	—	—	150	743
高新技术产业开发区	80	—	—	—	96
菏泽市	**12242**	**—**	**—**	**—**	**1394**
牡丹区	346	—	—	—	277
曹县	1399	—	—	—	—
单县	2733	—	—	—	324
成武县	1475	—	—	—	58
巨野县	2342	—	—	—	—
郓城县	1066	—	—	—	—
鄄城县	667	—	—	—	735

分县造林完成情况

单位:公顷

单位名称	人工造林	飞播造林	无林地和疏林地新封山育林	退化林修复	人工更新
定陶区	801	—	—	—	—
东明县	1313	—	—	—	—
开发区新农办	100	—	—	—	—
河南	**171883**	**17951**	**14959**	**6416**	**—**
郑州市	**13256**	**—**	**—**	**—**	**—**
中原区	7	—	—	—	—
二七区	10	—	—	—	—
管城回族区	13	—	—	—	—
金水区	57	—	—	—	—
上街区	8	—	—	—	—
惠济区	69	—	—	—	—
中牟县	2976	—	—	—	—
巩义市	3593	—	—	—	—
荥阳市	696	—	—	—	—
新密市	1925	—	—	—	—
新郑市	997	—	—	—	—
登封市	2409	—	—	—	—
市辖区	496	—	—	—	—
开封市	**9678**	**—**	**—**	**—**	**—**
龙亭区	157	—	—	—	—
顺河回族区	106	—	—	—	—
鼓楼区	260	—	—	—	—
祥符区	3788	—	—	—	—
杞县	2193	—	—	—	—
通许县	828	—	—	—	—
尉氏县	1330	—	—	—	—
兰考县	1016	—	—	—	—
洛阳市	**16253**	**6916**	**1178**	**—**	**—**
洛龙区	67	—	—	—	—
伊滨区	33	333	—	—	—
孟津县	827	—	—	—	—
新安县	1193	1359	—	—	—
栾川县	1273	1438	—	—	—
嵩县	2327	342	481	—	—
汝阳县	2233	2054	—	—	—
宜阳县	3973	—	—	—	—
洛宁县	2593	334	697	—	—
伊川县	1207	335	—	—	—
偃师市	527	721	—	—	—
平顶山市	**7184**	**—**	**—**	**—**	**—**
新华区	10	—	—	—	—
卫东区	10	—	—	—	—
湛河区	27	—	—	—	—
城乡一体化示范区	13	—	—	—	—
高新区	13	—	—	—	—
宝丰县	883	—	—	—	—
叶县	825	—	—	—	—

分县造林完成情况

单位：公顷

单位名称	人工造林	飞播造林	无林地和疏林地新封山育林	退化林修复	人工更新
鲁山县	1593	—	—	—	—
郏县	2256	—	—	—	—
舞钢市	275	—	—	—	—
汝州市	1279	—	—	—	—
安阳市	**6624**	**—**	**558**	**—**	**—**
文峰区	26	—	—	—	—
北关区	27	—	—	—	—
殷都区	327	—	—	—	—
龙安区	1632	—	—	—	—
安阳县	272	—	—	—	—
汤阴县	631	—	—	—	—
滑县	911	—	—	—	—
内黄县	1019	—	—	—	—
林州市	1779	—	558	—	—
鹤壁市	**5637**	**667**	**—**	**—**	**—**
鹤山区	716	—	—	—	—
山城区	174	—	—	—	—
淇滨区	1153	—	—	—	—
浚县	1076	—	—	—	—
淇县	2518	667	—	—	—
新乡市	**5722**	**2000**	**—**	**—**	**—**
红旗区	56	—	—	—	—
凤泉区	267	—	—	—	—
牧野区	113	—	—	—	—
新乡县	308	—	—	—	—
获嘉县	618	—	—	—	—
原阳县	798	—	—	—	—
延津县	328	—	—	—	—
封丘县	393	—	—	—	—
卫辉市	908	667	—	—	—
辉县市	603	1333	—	—	—
长垣县	1330	—	—	—	—
焦作市	**2600**	**1334**	**140**	**—**	**—**
解放区	93	—	140	—	—
中站区	74	—	—	—	—
马村区	27	—	—	—	—
山阳区	38	—	—	—	—
修武县	242	667	—	—	—
博爱县	565	667	—	—	—
武陟县	892	—	—	—	—
温县	263	—	—	—	—
沁阳市	147	—	—	—	—
孟州市	159	—	—	—	—
示范区	73	—	—	—	—
市辖区	27	—	—	—	—
濮阳市	**5666**	**—**	**—**	**—**	**—**
华龙区	133	—	—	—	—

分县造林完成情况

单位:公顷

单位名称	人工造林	飞播造林	无林地和疏林地新封山育林	退化林修复	人工更新
开发区	300	—	—	—	—
清丰县	1067	—	—	—	—
南乐县	933	—	—	—	—
范县	800	—	—	—	—
台前县	700	—	—	—	—
濮阳县	1733	—	—	—	—
许昌市	**8511**	**667**	**249**	**—**	**—**
魏都区	40	—	—	—	—
东城区	7	—	—	—	—
经济技术开发区	7	—	—	—	—
城乡一体化示范区	20	—	—	—	—
建安区	550	—	—	—	—
鄢陵县	1414	—	—	—	—
襄城县	627	—	—	—	—
禹州市	5489	667	249	—	—
长葛市	357	—	—	—	—
漯河市	**2012**	**—**	**—**	**—**	**—**
源汇区	268	—	—	—	—
郾城区	386	—	—	—	—
召陵区	458	—	—	—	—
舞阳县	429	—	—	—	—
临颍县	471	—	—	—	—
三门峡市	**18440**	**2667**	**1951**	**—**	**—**
湖滨区	676	—	—	—	—
陕州区	1951	—	—	—	—
渑池县	655	667	—	—	—
卢氏县	11879	667	1951	—	—
义马市	643	—	—	—	—
灵宝市	2636	1333	—	—	—
南阳市	**26991**	**2700**	**7295**	**1382**	**—**
宛城区	537	—	—	—	—
卧龙区	1547	—	—	—	—
南召县	3308	1033	1726	—	—
方城县	2258	—	—	—	—
西峡县	1707	—	1367	700	—
镇平县	1928	—	3174	—	—
内乡县	2241	—	—	682	—
淅川县	4360	1667	334	—	—
社旗县	1233	—	—	—	—
唐河县	2325	—	—	—	—
新野县	592	—	—	—	—
桐柏县	3130	—	694	—	—
邓州市	1650	—	—	—	—
市辖区	175	—	—	—	—
商丘市	**6956**	**—**	**—**	**—**	**—**
梁园区	393	—	—	—	—
睢阳区	567	—	—	—	—

分县造林完成情况

单位：公顷

单位名称	人工造林	飞播造林	无林地和疏林地新封山育林	退化林修复	人工更新
民权县	790	—	—	—	—
睢县	790	—	—	—	—
宁陵县	874	—	—	—	—
柘城县	456	—	—	—	—
虞城县	773	—	—	—	—
夏邑县	704	—	—	—	—
永城市	1462	—	—	—	—
民权林场	147	—	—	—	—
信阳市	**20040**	**—**	**3155**	**5034**	**—**
浉河区	1465	—	698	—	—
平桥区	2800	—	667	667	—
罗山县	1900	—	—	—	—
光山县	4743	—	682	1433	—
新县	4270	—	560	2800	—
商城县	2153	—	548	134	—
固始县	447	—	—	—	—
潢川县	731	—	—	—	—
淮滨县	755	—	—	—	—
息县	576	—	—	—	—
市辖区	200	—	—	—	—
周口市	**5250**	**—**	**—**	**—**	**—**
扶沟县	470	—	—	—	—
西华县	362	—	—	—	—
商水县	418	—	—	—	—
沈丘县	380	—	—	—	—
郸城县	708	—	—	—	—
淮阳县	435	—	—	—	—
太康县	815	—	—	—	—
鹿邑县	920	—	—	—	—
项城市	742	—	—	—	—
驻马店市	**7630**	**—**	**433**	**—**	**—**
驿城区	426	—	—	—	—
西平县	563	—	—	—	—
上蔡县	701	—	—	—	—
平舆县	515	—	—	—	—
正阳县	1180	—	—	—	—
确山县	575	—	—	—	—
泌阳县	1066	—	433	—	—
汝南县	937	—	—	—	—
遂平县	468	—	—	—	—
新蔡县	1199	—	—	—	—
济源市	**3433**	**1000**	**—**	**—**	**—**
湖北	**111910**	**—**	**47528**	**52433**	**8592**
武汉市	**1930**	**—**	**—**	**600**	**141**
市直属单位	39	—	—	—	—
洪山区	6	—	—	—	—
东西湖区	106	—	—	—	—

分县造林完成情况

单位:公顷

单位名称	人工造林	飞播造林	无林地和疏林地新封山育林	退化林修复	人工更新
汉南区	119	—	—	—	—
蔡甸区	127	—	—	67	—
江夏区	—	—	—	—	141
黄陂区	1400	—	—	200	—
新洲区	133	—	—	333	—
黄石市	**3560**	**—**	**124**	**733**	**—**
阳新县	2928	—	124	533	—
大冶市	632	—	—	200	—
十堰市	**11606**	**—**	**12327**	**5606**	**334**
市直属单位	3	—	133	—	—
茅箭区	346	—	—	400	—
张湾区	47	—	—	200	—
郧阳区	2533	—	2067	140	—
郧西县	667	—	2849	—	334
竹山县	800	—	—	1333	—
竹溪县	3733	—	1944	667	—
房县	544	—	4667	1333	—
丹江口市	2800	—	667	1333	—
武当山特区	133	—	—	200	—
宜昌市	**2276**	**—**	**11760**	**2666**	**100**
西陵区	2	—	—	—	—
伍家岗区	29	—	—	—	—
点军区	18	—	—	133	—
猇亭区	13	—	—	—	—
夷陵区	96	—	2093	533	—
远安县	247	—	1000	333	—
兴山县	67	—	—	400	—
秭归县	56	—	2027	133	—
长阳土家族自治县	780	—	1200	200	—
五峰土家族自治县	653	—	4000	200	—
宜都市	34	—	1440	334	—
当阳市	128	—	—	200	—
枝江市	153	—	—	200	100
襄阳市	**6460**	**—**	**8516**	**2206**	**305**
市直属单位	700	—	—	67	—
高新区	100	—	—	—	—
襄城区	457	—	—	200	—
樊城区	253	—	—	133	—
襄州区	1500	—	—	200	—
南漳县	540	—	4000	333	—
谷城县	400	—	516	333	—
保康县	814	—	4000	333	—
老河口市	373	—	—	73	233
枣阳市	633	—	—	333	—
宜城市	690	—	—	201	72
鄂州市	**641**	**—**	**—**	**201**	**—**
市直属单位	26	—	—	—	—

分县造林完成情况

单位：公顷

单位名称	人工造林	飞播造林	无林地和疏林地新封山育林	退化林修复	人工更新
梁子湖	138	—	—	67	—
华容区	132	—	—	67	—
鄂城区	281	—	—	67	—
葛店开发区	64	—	—	—	—
荆门市	**4588**	**—**	**200**	**3624**	**617**
市直属单位	48	—	—	67	—
东宝区	350	—	200	333	—
掇刀区	131	—	—	97	—
漳河新区	280	—	—	13	—
沙洋县	1130	—	—	334	50
钟祥市	1126	—	—	1000	—
京山市	1297	—	—	1667	567
屈家岭管理区	200	—	—	35	—
十里牌林场	26	—	—	78	—
孝感市	**8959**	**—**	**260**	**1622**	**500**
市直属单位	53	—	—	—	—
孝南区	547	—	—	70	70
孝昌县	1162	—	—	266	—
大悟县	5000	—	260	460	230
云梦县	1053	—	—	200	—
应城市	333	—	—	333	—
安陆市	400	—	—	—	200
汉川市	411	—	—	293	—
荆州市	**26125**	**—**	**1334**	**5375**	**2429**
市直属单位	1767	—	—	333	—
沙市区	1440	—	—	545	—
荆州区	1000	—	—	667	—
公安县	5000	—	—	800	—
监利县	7680	—	—	667	1013
江陵县	667	—	—	800	333
石首市	3752	—	—	481	563
洪湖市	2765	—	—	667	—
松滋市	2054	—	1334	415	520
黄冈市	**13662**	**—**	**3777**	**6095**	**566**
黄州区	340	—	—	133	—
团风县	1539	—	—	200	—
红安县	1958	—	667	1000	333
罗田县	774	—	—	1000	—
英山县	1000	—	1333	1333	—
浠水县	2523	—	—	820	213
蕲春县	1778	—	667	533	—
黄梅县	536	—	—	209	—
麻城市	2080	—	1000	400	—
武穴市	800	—	110	467	—
龙感湖管理区	334	—	—	—	20
咸宁市	**12058**	**—**	**2405**	**8566**	**2514**
市直属单位	40	—	—	33	—

分县造林完成情况

单位:公顷

单位名称	人工造林	飞播造林	无林地和疏林地新封山育林	退化林修复	人工更新
咸安区	537	—	—	533	600
嘉鱼县	1564	—	—	1067	180
通城县	1133	—	—	1867	—
崇阳县	2667	—	2072	1733	67
通山县	5169	—	—	2000	1667
赤壁市	948	—	333	1333	—
随州市	**3512**	**—**	**—**	**5189**	**100**
市直属单位	7	—	—	133	—
曾都区	140	—	—	567	100
广水市	1047	—	—	989	—
随县	2177	—	—	3500	—
高新区	104	—	—	—	—
大洪山管理区	37	—	—	—	—
恩施土家族苗族自治州	**8571**	**—**	**6825**	**6001**	**18**
恩施市	1181	—	—	334	14
利川市	66	—	310	800	—
建始县	657	—	2287	600	4
巴东县	1916	—	2271	800	—
宣恩县	516	—	334	1000	—
咸丰县	2067	—	—	1000	—
来凤县	1600	—	—	800	—
鹤峰县	568	—	1623	667	—
仙桃市	**2387**	**—**	**—**	**—**	**533**
潜江市	**1975**	**—**	**—**	**122**	**245**
天门市	**3067**	**—**	**—**	**333**	**190**
神农架林区	**333**	**—**	**—**	**3227**	**—**
省直属单位	**200**	**—**	**—**	**267**	**—**
湖南	**129184**	**—**	**125653**	**208049**	**533**
长沙市	**1729**	**—**	**433**	**3248**	**—**
岳麓区	7	—	—	—	—
望城区	167	—	—	—	—
长沙县	133	—	—	333	—
浏阳市	947	—	—	2032	—
宁乡市	475	—	433	883	—
株洲市	**6641**	**—**	**14932**	**2801**	**—**
石峰区	267	—	—	67	—
渌口区	634	—	2000	467	—
攸县	1740	—	1466	667	—
茶陵县	1733	—	6000	667	—
炎陵县	667	—	133	333	—
醴陵市	1600	—	5333	600	—
湘潭市	**4087**	**—**	**740**	**4920**	**—**
市直属单位	—	—	—	53	—
雨湖区	33	—	—	—	—
岳塘区	13	—	—	—	—
湘潭县	2600	—	333	2000	—
湘乡市	1307	—	—	2467	—

分县造林完成情况

单位:公顷

单位名称	人工造林	飞播造林	无林地和疏林地新封山育林	退化林修复	人工更新
韶山市	67	—	—	333	—
经开区	27	—	407	—	—
高新区	7	—	—	—	—
昭山区	33	—	—	67	—
衡阳市	**25055**	**—**	**14535**	**34523**	**—**
珠晖区	80	—	70	—	—
雁峰区	66	—	66	—	—
石鼓区	36	—	—	—	—
蒸湘区	82	—	53	—	—
南岳区	12	—	—	—	—
衡阳县	5539	—	3333	6333	—
衡南县	2867	—	2333	4850	—
衡山县	667	—	2333	2667	—
衡东县	5000	—	—	4000	—
祁东县	2200	—	2667	5000	—
耒阳市	3812	—	3680	5340	—
常宁市	4694	—	—	6333	—
邵阳市	**14701**	**—**	**8983**	**31333**	**—**
双清区	67	—	67	47	—
大祥区	133	—	—	600	—
北塔区	120	—	134	540	—
邵东市	1240	—	200	3733	—
新邵县	1200	—	2133	3600	—
邵阳县	1333	—	435	3800	—
隆回县	1533	—	682	4400	—
洞口县	2554	—	1800	4067	—
绥宁县	1666	—	—	4200	—
新宁县	1533	—	333	2133	—
城步苗族自治县	1713	—	2666	4213	—
武冈市	1609	—	533	—	—
岳阳市	**9147**	**—**	**7800**	**18466**	**533**
岳阳楼区	27	—	—	—	—
云溪区	100	—	—	200	—
君山区	667	—	200	400	—
岳阳县	800	—	2000	3333	—
华容县	1067	—	—	1000	—
湘阴县	533	—	133	1000	—
平江县	3333	—	4267	8000	533
汨罗市	786	—	—	1466	—
临湘市	1547	—	1200	2667	—
屈原区	287	—	—	400	—
常德市	**11160**	**—**	**12000**	**26870**	**—**
武陵区	1087	—	1333	467	—
鼎城区	933	—	2200	4267	—
安乡县	1673	—	—	2667	—
汉寿县	2067	—	—	3467	—
澧县	1467	—	1733	2000	—

分县造林完成情况

单位:公顷

单位名称	人工造林	飞播造林	无林地和疏林地新封山育林	退化林修复	人工更新
临澧县	1200	—	1333	3667	—
桃源县	1400	—	1000	5000	—
石门县	733	—	3401	4002	—
津市市	600	—	1000	1333	—
张家界市	**2510**	**—**	**5525**	**7733**	**—**
永定区	477	—	1242	—	—
武陵源区	153	—	—	200	—
慈利县	900	—	950	2333	—
桑植县	980	—	3333	5200	—
益阳市	**5855**	**—**	**20400**	**8334**	**—**
资阳区	747	—	400	200	—
赫山区	901	—	—	1867	—
南县	1200	—	—	534	—
桃江县	667	—	—	3733	—
安化县	1167	—	20000	1867	—
沅江市	1000	—	—	—	—
大通湖区	140	—	—	120	—
高新区	33	—	—	13	—
郴州市	**11692**	**—**	**15891**	**31952**	**—**
北湖区	467	—	2667	1107	—
苏仙区	448	—	4862	2213	—
桂阳县	1867	—	890	1467	—
宜章县	1574	—	533	3673	—
永兴县	1333	—	427	2133	—
嘉禾县	800	—	—	1866	—
临武县	1533	—	333	4467	—
汝城县	687	—	1379	4000	—
桂东县	860	—	333	5733	—
安仁县	633	—	1267	1293	—
资兴市	1490	—	3200	4000	—
永州市	**17526**	**—**	**10032**	**12026**	**—**
零陵区	1340	—	540	1000	—
冷水滩区	560	—	167	800	—
祁阳县	840	—	133	1000	—
东安县	760	—	1573	1000	—
双牌县	1091	—	—	1200	—
道县	3260	—	2000	1333	—
江永县	600	—	—	1000	—
宁远县	2707	—	1733	1340	—
蓝山县	1247	—	1333	1000	—
新田县	1867	—	547	667	—
江华瑶族自治县	1927	—	1873	1220	—
经开区	34	—	—	—	—
回龙圩管理区	133	—	133	133	—
金洞管理区	1160	—	—	333	—
怀化市	**5957**	**—**	**5074**	**9441**	**—**
鹤城区	133	—	—	333	—

分县造林完成情况

单位:公顷

单位名称	人工造林	飞播造林	无林地和疏林地新封山育林	退化林修复	人工更新
中方县	1045	—	—	670	—
沅陵县	600	—	—	1000	—
辰溪县	706	—	680	680	—
溆浦县	400	—	667	1000	—
会同县	333	—	333	667	—
麻阳苗族自治县	467	—	667	667	—
新晃侗族自治县	295	—	—	667	—
芷江侗族自治县	367	—	667	667	—
靖州苗族侗族自治县	335	—	—	667	—
通道侗族自治县	807	—	2000	1333	—
洪江市	403	—	60	723	—
洪江区	33	—	—	167	—
市直属单位	33	—	—	200	—
娄底市	**6001**	**—**	**7774**	**5934**	**—**
娄星区	501	—	1167	540	—
双峰县	800	—	2467	1434	—
新化县	1833	—	2087	2147	—
冷水江市	1267	—	1733	440	—
涟源市	1600	—	320	1373	—
湘西土家族苗族自治州	**7123**	**—**	**1534**	**10468**	**—**
吉首市	200	—	267	1000	—
泸溪县	598	—	600	1667	—
凤凰县	1467	—	—	1667	—
花垣县	866	—	—	1467	—
保靖县	2000	—	—	1667	—
古丈县	—	—	667	1000	—
永顺县	792	—	—	—	—
龙山县	1200	—	—	2000	—
广东	**29625**	**—**	**31918**	**66180**	**65835**
广州市	**—**	**—**	**—**	**—**	**2046**
白云区	—	—	—	—	333
花都区	—	—	—	—	200
增城区	—	—	—	—	1500
增城林场	—	—	—	—	13
韶关市	**4431**	**—**	**2341**	**4452**	**3085**
武江区	77	—	—	30	—
浈江区	156	—	—	51	—
曲江区	76	—	—	—	33
始兴县	242	—	420	—	1236
仁化县	200	—	—	119	695
翁源县	1079	—	—	467	—
乳源瑶族自治县	333	—	1921	443	444
新丰县	145	—	—	213	—
乐昌市	600	—	—	1000	377
南雄市	1518	—	—	1325	—
韶关林场	—	—	—	133	—
曲江林场	—	—	—	—	267

分县造林完成情况

单位:公顷

单位名称	人工造林	飞播造林	无林地和疏林地新封山育林	退化林修复	人工更新
仁化林场	5	—	—	258	—
河口林场	—	—	—	200	—
九曲水林场	—	—	—	133	—
华溪林场	—	—	—	80	33
深圳市	**—**	**—**	**—**	**2382**	**—**
市直属单位	—	—	—	2382	—
珠海市	**260**	**—**	**—**	**169**	**171**
香洲区	10	—	—	72	—
斗门区	117	—	—	32	17
金湾区	69	—	—	—	—
高栏港经济区	11	—	—	65	—
横琴新区	53	—	—	—	154
汕头市	**1022**	**—**	**—**	**1203**	**—**
金平区	87	—	—	—	—
濠江区	—	—	—	133	—
潮阳区	33	—	—	318	—
潮南区	252	—	—	456	—
澄海区	7	—	—	—	—
南澳县	643	—	—	296	—
佛山市	**707**	**—**	**—**	**360**	**427**
南海区	133	—	—	—	67
顺德区	12	—	—	—	—
三水区	152	—	—	—	—
高明区	410	—	—	360	360
江门市	**198**	**—**	**45**	**884**	**17427**
蓬江区	—	—	—	67	211
江海区	2	—	—	—	—
新会区	—	—	—	238	1467
台山市	10	—	—	87	5963
开平市	167	—	—	100	3520
鹤山市	—	—	45	230	3260
恩平市	19	—	—	162	1133
古兜山林场	—	—	—	—	104
大沙林场	—	—	—	—	300
狮山林场	—	—	—	—	182
河排林场	—	—	—	—	680
西坑林场	—	—	—	—	14
古斗林场	—	—	—	—	27
四堡林场	—	—	—	—	566
湛江市	**1380**	**—**	**—**	**1165**	**833**
市直属单位	—	—	—	45	319
坡头区	20	—	—	313	—
麻章区	100	—	—	320	—
开发区	13	—	—	233	24
遂溪县	40	—	—	47	100
徐闻县	10	—	—	87	57
廉江市	977	—	—	—	69

分县造林完成情况

单位:公顷

单位名称	人工造林	飞播造林	无林地和疏林地新封山育林	退化林修复	人工更新
雷州市	180	—	—	53	105
吴川市	27	—	—	67	140
国营东海林场	13	—	—	—	6
国营吴川林场	—	—	—	—	13
茂名市	**459**	**—**	**1198**	**1525**	**4570**
市直属单位	—	—	—	—	33
茂南区	9	—	—	—	77
电白区	138	—	—	490	136
高州市	32	—	—	867	858
化州市	280	—	333	—	413
信宜市	—	—	865	168	2189
新田林场	—	—	—	—	127
荷塘林场	—	—	—	—	200
文楼林场	—	—	—	—	164
播扬林场	—	—	—	—	100
平定林场	—	—	—	—	68
国有丽岗林场	—	—	—	—	82
电白林场	—	—	—	—	123
肇庆市	**—**	**—**	**1440**	**1913**	**4480**
高要区	—	—	—	610	—
广宁县	—	—	—	533	397
怀集县	—	—	940	106	1433
封开县	—	—	—	67	980
德庆县	—	—	500	296	547
四会市	—	—	—	115	333
国有北岭山林场	—	—	—	53	—
清桂林场	—	—	—	—	28
葵洞林场	—	—	—	—	109
大南山林场	—	—	—	133	73
国有大水口林场	—	—	—	—	278
大坑山林场	—	—	—	—	114
国有新岗林场	—	—	—	—	188
惠州市	**997**	**—**	**—**	**906**	**1411**
惠城区	133	—	—	104	—
惠阳区	67	—	—	115	152
博罗县	—	—	—	—	154
惠东县	532	—	—	687	666
龙门县	199	—	—	—	167
梁化林场	—	—	—	—	117
九龙峰林场	13	—	—	—	—
象头山林场	—	—	—	—	11
汤泉林场	16	—	—	—	—
平安林场	27	—	—	—	—
鸡笼山林场	—	—	—	—	87
水东陂林场	—	—	—	—	57
罗浮山省级自然保护区	10	—	—	—	—
梅州市	**4858**	**—**	**—**	**9599**	**3617**

分县造林完成情况

单位:公顷

单位名称	人工造林	飞播造林	无林地和疏林地新封山育林	退化林修复	人工更新
梅江区	—	—	—	491	—
梅县区	25	—	—	1066	333
大埔县	266	—	—	—	—
丰顺县	2992	—	—	3929	1333
五华县	667	—	—	2248	968
平远县	424	—	—	316	—
蕉岭县	217	—	—	183	—
兴宁市	200	—	—	1333	983
大埔林场	—	—	—	33	—
水口林场	67	—	—	—	—
汕尾市	**1744**	**—**	**3226**	**8375**	**8451**
市直属单位	37	—	—	1155	—
红海湾开发区	333	—	—	1443	—
海丰县	140	—	—	5539	—
陆河县	667	—	—	—	3259
陆丰市	200	—	3226	178	5192
黄羌林场	300	—	—	—	—
罗经嶂林场	67	—	—	—	—
东海岸林场	—	—	—	60	—
河源市	**5524**	**—**	**15411**	**13074**	**3271**
市直属单位	—	—	25	25	—
紫金县	4609	—	8286	3949	—
龙川县	—	—	2667	2514	1306
连平县	—	—	—	2470	317
和平县	240	—	4106	4106	—
东源县	673	—	327	—	1205
新丰江林管局	—	—	—	—	413
牛岭水林场	2	—	—	—	—
下石林场	—	—	—	—	30
桂山林场	—	—	—	10	—
阳江市	**7**	**—**	**—**	**698**	**4271**
江城区	—	—	—	27	65
阳东区	—	—	—	300	1035
海陵区	7	—	—	7	73
高新区	—	—	—	—	13
阳西县	—	—	—	164	500
阳春市	—	—	—	200	1450
阳江林场	—	—	—	—	819
花滩林场	—	—	—	—	316
清远市	**5866**	**—**	**6718**	**4241**	**4143**
清城区	333	—	—	333	—
清新区	284	—	—	200	1076
佛冈县	—	—	—	279	466
阳山县	1677	—	6384	140	1260
连山壮族瑶族自治县	—	—	334	574	—
连南瑶族自治县	1503	—	—	903	—
英德市	458	—	—	477	1111

分县造林完成情况

单位：公顷

单位名称	人工造林	飞播造林	无林地和疏林地新封山育林	退化林修复	人工更新
连州市	1561	—	—	1335	—
英德林场	—	—	—	—	30
金鸡林场	7	—	—	—	7
小龙林场	—	—	—	—	143
杨梅林场	43	—	—	—	—
笔架山林场	—	—	—	—	23
天堂山林场	—	—	—	—	27
东莞市	**—**	**—**	**—**	**—**	**166**
市直属单位	—	—	—	—	166
中山市	**—**	**—**	**—**	**285**	**553**
潮州市	**344**	**—**	**—**	**2750**	**608**
湘桥区	—	—	—	100	—
潮安区	133	—	—	800	153
饶平县	211	—	—	1733	455
韩江林场	—	—	—	117	—
揭阳市	**408**	**—**	**—**	**5517**	**—**
榕城区	—	—	—	35	—
揭东区	33	—	—	604	—
揭西县	141	—	—	1533	—
惠来县	167	—	—	1491	—
普宁市	67	—	—	1854	—
云浮市	**324**	**—**	**1489**	**6147**	**1678**
云城区	26	—	—	911	—
云安区	37	—	695	2041	—
新兴县	20	—	67	1258	—
郁南县	33	—	—	449	1400
罗定市	67	—	727	1488	—
大云雾林场	141	—	—	—	141
国有龙埇林场	—	—	—	—	113
国有同乐林场	—	—	—	—	24
西江林场	**—**	**—**	**—**	**—**	**107**
乳阳林场	**240**	**—**	**—**	**13**	**—**
天井山林场	**—**	**—**	**—**	**222**	**—**
樟木头林场	**38**	**—**	**—**	**—**	**—**
乐昌林场	**—**	**—**	**—**	**133**	**142**
东江林场	**800**	**—**	**—**	**—**	**—**
九连山林场	**—**	**—**	**50**	**—**	**—**
德庆林场	**—**	**—**	**—**	**—**	**367**
郁南林场	**—**	**—**	**—**	**167**	**242**
云浮林场	**—**	**—**	**—**	**—**	**29**
湛江红树林国家级自然保护区	**18**	**—**	**—**	**—**	**—**
沙头角林场	**—**	**—**	**—**	**—**	**166**
连山林场	**—**	**—**	**—**	**—**	**66**
中林集团雷州林业局	**—**	**—**	**—**	**—**	**3508**
广西	**20998**	**—**	**3890**	**6487**	**163397**
南宁市	**553**	**—**	**—**	**107**	**14995**
兴宁区	—	—	—	—	666

分县造林完成情况

单位：公顷

单位名称	人工造林	飞播造林	无林地和疏林地新封山育林	退化林修复	人工更新
青秀区	32	—	—	—	383
江南区	30	—	—	—	1250
西乡塘区	55	—	—	—	363
良庆区	—	—	—	—	1240
邕宁区	7	—	—	13	845
武鸣区	11	—	—	94	1814
隆安县	8	—	—	—	954
马山县	133	—	—	—	1147
上林县	246	—	—	—	1325
宾阳县	31	—	—	—	2234
横县	—	—	—	—	2366
高新区	—	—	—	—	23
经开区	—	—	—	—	360
东盟经开区	—	—	—	—	25
柳州市	**1141**	**—**	**—**	**982**	**10059**
鱼峰区	—	—	—	—	250
柳南区	—	—	—	—	577
柳北区	—	—	—	—	406
柳江区	65	—	—	—	597
柳东新区	—	—	—	—	102
北部生态新区	—	—	—	—	35
柳城县	213	—	—	—	300
鹿寨县	723	—	—	—	1013
融安县	—	—	—	—	1827
融水苗族自治县	139	—	—	—	2730
三江侗族自治县	1	—	—	982	2222
桂林市	**1639**	**—**	**—**	**112**	**3366**
临桂区	22	—	—	—	692
阳朔县	133	—	—	—	67
灵川县	—	—	—	—	193
全州县	873	—	—	27	267
兴安县	—	—	—	—	134
永福县	82	—	—	—	169
灌阳县	127	—	—	—	467
龙胜各族自治县	107	—	—	18	546
资源县	—	—	—	—	367
平乐县	208	—	—	67	114
荔浦市	—	—	—	—	83
恭城瑶族自治县	87	—	—	—	267
梧州市	**2344**	**—**	**—**	**—**	**12975**
万秀区	40	—	—	—	296
长洲区	—	—	—	—	494
龙圩区	217	—	—	—	770
苍梧县	555	—	—	—	3659
藤县	1352	—	—	—	2535
蒙山县	78	—	—	—	1400
岑溪市	102	—	—	—	3821

分县造林完成情况

单位：公顷

单位名称	人工造林	飞播造林	无林地和疏林地新封山育林	退化林修复	人工更新
北海市	**48**	**—**	**—**	**—**	**1771**
银海区	—	—	—	—	148
铁山港区	—	—	—	—	142
合浦县	48	—	—	—	1481
防城港市	**2819**	**—**	**—**	**67**	**8601**
防城区	1771	—	—	67	1005
上思县	1048	—	—	—	7166
东兴市	—	—	—	—	430
钦州市	**342**	**—**	**—**	**—**	**7091**
钦南区	62	—	—	—	1464
钦北区	74	—	—	—	1663
灵山县	112	—	—	—	2135
浦北县	94	—	—	—	1829
贵港市	**298**	**—**	**—**	**—**	**7241**
港北区	148	—	—	—	327
港南区	—	—	—	—	1770
覃塘区	50	—	—	—	2657
平南县	100	—	—	—	1040
桂平市	—	—	—	—	1447
玉林市	**583**	**—**	**—**	**295**	**11544**
玉州区	—	—	—	—	92
福绵区	—	—	—	—	366
容县	121	—	—	127	2830
陆川县	7	—	—	—	2337
博白县	36	—	—	—	2993
兴业县	—	—	—	34	609
北流市	419	—	—	134	2317
百色市	**3820**	**—**	**3497**	**296**	**22701**
右江区	205	—	—	—	3534
田阳区	534	—	—	—	2133
田东县	133	—	—	—	3000
德保县	—	—	—	—	1048
那坡县	362	—	—	296	580
凌云县	1265	—	970	—	933
乐业县	467	—	400	—	800
田林县	139	—	—	—	4480
西林县	133	—	—	—	1516
隆林各族自治县	138	—	—	—	996
靖西市	190	—	2127	—	680
平果县	254	—	—	—	3001
贺州市	**1512**	**—**	**—**	**1323**	**9187**
八步区	876	—	—	420	4899
平桂区	353	—	—	273	780
昭平县	4	—	—	—	2339
钟山县	152	—	—	287	616
富川瑶族自治县	127	—	—	343	553
河池市	**4605**	**—**	**—**	**1158**	**16685**

分县造林完成情况

单位：公顷

单位名称	人工造林	飞播造林	无林地和疏林地新封山育林	退化林修复	人工更新
金城江区	194	—	—	—	808
宜州区	—	—	—	267	2741
南丹县	—	—	—	273	1800
天峨县	482	—	—	47	1322
凤山县	73	—	—	87	2052
东兰县	1950	—	—	410	413
罗城仫佬族自治县	—	—	—	27	1873
环江毛南族自治县	241	—	—	—	4147
巴马瑶族自治县	553	—	—	—	700
都安瑶族自治县	813	—	—	47	482
大化瑶族自治县	299	—	—	—	347
来宾市	**285**	**—**	**393**	**65**	**18601**
兴宾区	120	—	393	—	5101
忻城县	26	—	—	—	2308
象州县	44	—	—	—	6164
武宣县	92	—	—	65	2823
金秀瑶族自治县	3	—	—	—	1005
合山市	—	—	—	—	1200
崇左市	**1009**	**—**	**—**	**13**	**5677**
江州区	257	—	—	—	1054
扶绥县	18	—	—	13	1413
宁明县	80	—	—	—	1995
龙州县	602	—	—	—	—
大新县	36	—	—	—	580
天等县	16	—	—	—	265
凭祥市	—	—	—	—	370
南宁树木园	**—**	**—**	**—**	**68**	**68**
高峰林场	**—**	**—**	**—**	**339**	**1843**
七坡林场	**—**	**—**	**—**	**—**	**462**
博白林场	**—**	**—**	**—**	**—**	**3909**
六万林场	**—**	**—**	**—**	**63**	**171**
黄冕林场	**—**	**—**	**—**	**706**	**1295**
钦廉林场	**—**	**—**	**—**	**—**	**302**
雅长林场	**—**	**—**	**—**	**—**	**510**
大桂山林场	**—**	**—**	**—**	**200**	**1111**
三门江林场	**—**	**—**	**—**	**37**	**1308**
东门林场	**—**	**—**	**—**	**—**	**92**
派阳山林场	**—**	**—**	**—**	**—**	**1038**
维都林场	**—**	**—**	**—**	**536**	**387**
热林中心	**—**	**—**	**—**	**120**	**407**
海南	**2467**	**—**	**—**	**—**	**12695**
海口市	239	—	—	—	963
三亚市	22	—	—	—	117
儋州市	75	—	—	—	1016
五指山市	—	—	—	—	133
琼海市	21	—	—	—	789
文昌市	303	—	—	—	502

分县造林完成情况

单位：公顷

单位名称	人工造林	飞播造林	无林地和疏林地新封山育林	退化林修复	人工更新
万宁市	240	—	—	—	205
东方市	476	—	—	—	737
定安县	59	—	—	—	753
屯昌县	15	—	—	—	1100
澄迈县	16	—	—	—	1054
临高县	208	—	—	—	795
白沙黎族自治县	33	—	—	—	1004
昌江黎族自治县	605	—	—	—	266
乐东黎族自治县	146	—	—	—	731
陵水黎族自治县	7	—	—	—	232
保亭黎族苗族自治县	2	—	—	—	254
琼中黎族苗族自治县	—	—	—	—	2044
重庆	**78633**	**—**	**30867**	**145598**	**—**
万州区	4667	—	1867	14667	—
涪陵区	1533	—	1133	400	—
大渡口区	—	—	—	67	—
江北区	200	—	—	533	—
沙坪坝区	133	—	—	667	—
九龙坡区	—	—	—	1575	—
南岸区	—	—	266	1066	—
北碚区	867	—	—	4000	—
綦江区	6333	—	—	5933	—
大足区	667	—	667	2867	—
渝北区	733	—	—	7333	—
巴南区	333	—	—	5333	—
黔江区	3453	—	1433	133	—
长寿区	2667	—	—	9600	—
江津区	1400	—	—	15800	—
合川区	—	—	—	733	—
永川区	533	—	267	10000	—
南川区	2867	—	800	400	—
璧山区	100	—	—	4267	—
铜梁区	667	—	—	6000	—
潼南区	4000	—	—	—	—
荣昌区	1133	—	—	9667	—
开州区	4333	—	5733	3067	—
梁平区	—	—	333	9733	—
武隆区	2667	—	—	—	—
城口县	1308	—	933	867	—
丰都县	1820	—	2654	267	—
垫江县	720	—	1333	3533	—
忠县	2533	—	—	8533	—
云阳县	4733	—	1800	—	—
奉节县	5400	—	1333	2733	—
巫山县	3672	—	—	266	—
巫溪县	2400	—	4533	667	—
石柱土家族自治县	1644	—	333	—	—

分县造林完成情况

单位:公顷

单位名称	人工造林	飞播造林	无林地和疏林地新封山育林	退化林修复	人工更新
秀山土家族苗族自治县	118	—	1400	5533	—
酉阳土家族苗族自治县	6653	—	3383	3333	—
彭水苗族土家族自治县	4780	—	666	—	—
高新区	33	—	—	2025	—
万盛经开区	200	—	—	—	—
市直属单位	3333	—	—	4000	—
四川	**118658**	**—**	**33095**	**112064**	**12622**
成都市	**1827**	**—**	**—**	**809**	**224**
龙泉驿区	—	—	—	600	—
青白江区	—	—	—	41	—
双流区	234	—	—	—	—
金堂县	987	—	—	—	—
大邑县	53	—	—	134	—
新津县	15	—	—	—	—
都江堰市	39	—	—	—	—
彭州市	—	—	—	—	150
邛崃市	—	—	—	—	41
崇州市	133	—	—	34	33
简阳市	366	—	—	—	—
自贡市	**8233**	**—**	**—**	**2407**	**160**
自流井区	195	—	—	300	—
贡井区	266	—	—	67	—
大安区	480	—	—	467	—
沿滩区	806	—	—	266	—
荣县	4753	—	—	667	153
富顺县	1733	—	—	640	7
攀枝花市	**3466**	**—**	**—**	**2873**	**40**
东区	67	—	—	—	—
西区	80	—	—	—	—
仁和区	887	—	—	2440	40
米易县	1066	—	—	433	—
盐边县	1333	—	—	—	—
市直属单位	33	—	—	—	—
泸州市	**5100**	**—**	**—**	**4907**	**600**
江阳区	267	—	—	—	—
纳溪区	800	—	—	867	—
泸县	267	—	—	—	67
合江县	1367	—	—	1507	—
叙永县	1933	—	—	2533	533
古蔺县	466	—	—	—	—
德阳市	**1792**	**—**	**220**	**560**	**140**
旌阳区	159	—	—	13	—
中江县	1100	—	—	333	—
什邡市	173	—	—	67	100
绵竹市	360	—	220	147	40
绵阳市	**4638**	**—**	**433**	**3700**	**200**
涪城区	33	—	—	—	—

分县造林完成情况

单位：公顷

单位名称	人工造林	飞播造林	无林地和疏林地新封山育林	退化林修复	人工更新
游仙区	400	—	100	2133	—
安州区	1000	—	—	567	—
三台县	666	—	—	—	—
盐亭县	540	—	—	533	—
梓潼县	600	—	333	467	200
北川羌族自治县	533	—	—	—	—
平武县	333	—	—	—	—
江油市	533	—	—	—	—
广元市	**5432**	**—**	**1333**	**10200**	**1133**
利州区	1000	—	1333	1333	133
昭化区	1031	—	—	1000	—
朝天区	767	—	—	1000	—
旺苍县	567	—	—	1000	667
青川县	867	—	—	2000	—
剑阁县	533	—	—	2867	333
苍溪县	667	—	—	1000	—
遂宁市	**3468**	**—**	**—**	**—**	**—**
船山区	200	—	—	—	—
安居区	667	—	—	—	—
蓬溪县	667	—	—	—	—
大英县	667	—	—	—	—
射洪市	1267	—	—	—	—
内江市	**1053**	**—**	**—**	**447**	**47**
市中区	367	—	—	20	—
东兴区	133	—	—	—	—
威远县	353	—	—	—	47
隆昌市	200	—	—	427	—
乐山市	**4579**	**—**	**—**	**3152**	**1467**
市中区	—	—	—	40	—
高新区	200	—	—	200	—
沙湾区	400	—	—	640	—
五通桥区	—	—	—	133	—
金口河区	133	—	—	—	—
犍为县	—	—	—	466	1000
井研县	400	—	—	667	67
夹江县	233	—	—	—	400
沐川县	700	—	—	200	—
峨边彝族自治县	1113	—	—	73	—
马边彝族自治县	1400	—	—	533	—
峨眉山市	—	—	—	200	—
南充市	**5600**	**—**	**667**	**1579**	**453**
顺庆区	700	—	—	233	—
高坪区	533	—	—	133	—
嘉陵区	533	—	—	—	—
南部县	600	—	—	—	—
营山县	667	—	—	733	—
蓬安县	667	—	—	—	333

分县造林完成情况

单位:公顷

单位名称	人工造林	飞播造林	无林地和疏林地新封山育林	退化林修复	人工更新
仪陇县	667	—	667	—	—
西充县	433	—	—	367	—
阆中市	800	—	—	113	120
眉山市	**2914**	**—**	**—**	**686**	**946**
东坡区	800	—	—	267	133
彭山区	487	—	—	—	186
仁寿县	947	—	—	112	120
洪雅县	133	—	—	200	200
丹棱县	347	—	—	107	107
青神县	200	—	—	—	200
宜宾市	**11226**	**—**	**1700**	**16785**	**600**
翠屏区	567	—	—	1000	—
南溪区	1000	—	—	1333	133
叙州区	1733	—	693	1980	333
江安县	267	—	—	1833	67
长宁县	1753	—	—	1933	—
高县	1140	—	—	1400	—
珙县	853	—	—	1167	—
筠连县	2213	—	1007	1653	—
兴文县	1533	—	—	2233	67
屏山县	167	—	—	2253	—
广安市	**2486**	**—**	**666**	**2602**	**—**
广安区	193	—	—	667	—
前锋区	333	—	—	—	—
岳池县	733	—	—	333	—
武胜县	360	—	333	1007	—
邻水县	200	—	333	595	—
华蓥市	667	—	—	—	—
达州市	**11820**	**—**	**1333**	**1267**	**—**
通川区	733	—	—	—	—
达川区	2400	—	—	—	—
宣汉县	1220	—	—	—	—
开江县	3133	—	—	67	—
大竹县	400	—	—	1200	—
渠县	2067	—	—	—	—
万源市	1867	—	1333	—	—
雅安市	**3206**	**—**	**3933**	**566**	**607**
雨城区	200	—	—	—	—
名山区	240	—	—	—	—
荥经县	533	—	—	—	—
汉源县	867	—	1200	—	—
石棉县	453	—	—	333	—
天全县	380	—	—	233	74
芦山县	400	—	—	—	—
宝兴县	133	—	2733	—	533
巴中市	**5213**	**—**	**1666**	**2694**	**—**
巴州区	533	—	—	667	—

分县造林完成情况

单位:公顷

单位名称	人工造林	飞播造林	无林地和疏林地新封山育林	退化林修复	人工更新
恩阳区	467	—	333	667	—
通江县	1640	—	1333	560	—
南江县	1200	—	—	200	—
平昌县	1373	—	—	600	—
资阳市	**2933**	**—**	**—**	**133**	**—**
雁江区	533	—	—	—	—
安岳县	1067	—	—	133	—
乐至县	1333	—	—	—	—
阿坝藏族羌族自治州	**3459**	**—**	**4200**	**10732**	**—**
马尔康市	200	—	200	—	—
汶川县	671	—	—	1333	—
理县	406	—	—	—	—
茂县	2	—	—	1667	—
松潘县	20	—	—	1000	—
九寨沟县	368	—	—	133	—
金川县	565	—	—	1667	—
小金县	140	—	—	1133	—
黑水县	179	—	333	1800	—
壤塘县	246	—	2667	—	—
阿坝县	8	—	—	—	—
若尔盖县	615	—	—	—	—
红原县	39	—	—	—	—
松潘林业局	—	—	1000	333	—
马尔康林业局	—	—	—	533	—
小金林业局	—	—	—	133	—
观音桥林业局	—	—	—	1000	—
甘孜藏族自治州	**7422**	**—**	**8579**	**1100**	**6005**
康定市	1277	—	—	—	333
丹巴县	1153	—	247	—	533
九龙县	150	—	—	—	—
雅江县	718	—	—	—	—
道孚县	67	—	333	—	—
炉霍县	333	—	333	133	200
甘孜县	333	—	667	—	—
新龙县	133	—	333	—	—
德格县	1280	—	1333	—	867
白玉县	333	—	667	—	3000
石渠县	—	—	1333	—	—
色达县	133	—	667	—	—
理塘县	179	—	667	133	133
巴塘县	667	—	—	—	—
乡城县	—	—	333	—	—
稻城县	200	—	1333	267	66
得荣县	133	—	333	567	540
新龙国有林保护管理局	333	—	—	—	333
凉山彝族自治州	**21324**	**—**	**232**	**44865**	**—**
西昌市	726	—	—	2333	—

分县造林完成情况

单位：公顷

单位名称	人工造林	飞播造林	无林地和疏林地新封山育林	退化林修复	人工更新
木里藏族自治县	366	—	—	1633	—
盐源县	1062	—	—	3733	—
德昌县	—	—	—	1967	—
会理县	—	—	—	1967	—
会东县	1987	—	232	1133	—
宁南县	1006	—	—	5333	—
普格县	433	—	—	2033	—
布拖县	—	—	—	2800	—
金阳县	1132	—	—	2800	—
昭觉县	2867	—	—	3467	—
喜德县	5667	—	—	2933	—
冕宁县	1520	—	—	2300	—
越西县	1344	—	—	2333	—
甘洛县	14	—	—	1800	—
美姑县	1667	—	—	3333	—
雷波县	667	—	—	2967	—
凉北林业局	533	—	—	—	—
林业第五筑路工程处	333	—	—	—	—
省长江造林局	**667**	**—**	**4133**	**—**	**—**
省大渡河造林局	**800**	**—**	**4000**	**—**	**—**
贵州	**220402**	**—**	**—**	**59637**	**—**
六盘水市	**2103**	**—**	**—**	**4000**	**—**
钟山区	2103	—	—	—	—
盘州市	—	—	—	4000	—
遵义市	**33400**	**—**	**—**	**6867**	**—**
桐梓县	8333	—	—	667	—
绥阳县	—	—	—	3000	—
正安县	3333	—	—	3000	—
道真仡佬族苗族自治县	3333	—	—	—	—
务川仡佬族苗族自治县	10000	—	—	—	—
凤冈县	1267	—	—	200	—
湄潭县	467	—	—	—	—
习水县	6667	—	—	—	—
安顺市	**14480**	**—**	**—**	**5000**	**—**
西秀区	1333	—	—	2333	—
普定县	2124	—	—	—	—
关岭布依族苗族自治县	5333	—	—	—	—
镇宁布依族苗族自治县	333	—	—	—	—
紫云苗族布依族自治县	5357	—	—	2667	—
毕节市	**94413**	**—**	**—**	**11732**	**—**
七星关区	13414	—	—	1333	—
大方县	13333	—	—	1133	—
黔西县	10000	—	—	—	—
织金县	16000	—	—	—	—
纳雍县	10000	—	—	—	—
威宁彝族回族苗族自治县	21333	—	—	—	—
赫章县	6666	—	—	8666	—

分县造林完成情况

单位:公顷

单位名称	人工造林	飞播造林	无林地和疏林地新封山育林	退化林修复	人工更新
百里杜鹃	1000	—	—	600	—
金海湖新区农办	2667	—	—	—	—
铜仁市	**24367**	**—**	**—**	**4133**	**—**
碧江区	200	—	—	333	—
江口县	167	—	—	—	—
石阡县	2667	—	—	2867	—
思南县	5333	—	—	—	—
印江土家族苗族自治县	6667	—	—	—	—
德江县	1333	—	—	—	—
沿河土家族自治县	1333	—	—	933	—
松桃苗族自治县	6667	—	—	—	—
黔西南布依族苗族自治州	**46974**	**—**	**—**	**9400**	**—**
兴仁市	7711	—	—	—	—
普安县	5333	—	—	—	—
晴隆县	6667	—	—	—	—
贞丰县	10000	—	—	—	—
望谟县	7307	—	—	6067	—
册亨县	6000	—	—	—	—
安龙县	2800	—	—	2666	—
义龙新区	1156	—	—	667	—
黔东南苗族侗族自治州	**1912**	**—**	**—**	**9339**	**—**
黄平县	—	—	—	667	—
三穗县	320	—	—	800	—
镇远县	333	—	—	—	—
岑巩县	—	—	—	667	—
天柱县	—	—	—	667	—
锦屏县	—	—	—	667	—
剑河县	29	—	—	—	—
台江县	467	—	—	667	—
黎平县	—	—	—	4467	—
榕江县	163	—	—	737	—
雷山县	333	—	—	—	—
麻江县	267	—	—	—	—
黔南布依族苗族自治州	**2753**	**—**	**—**	**9166**	**—**
荔波县	—	—	—	800	—
贵定县	—	—	—	2133	—
瓮安县	267	—	—	1133	—
平塘县	683	—	—	1333	—
罗甸县	1003	—	—	1033	—
长顺县	667	—	—	1067	—
龙里县	—	—	—	667	—
三都水族自治县	133	—	—	1000	—
云南	**254181**	**—**	**13316**	**25844**	**205**
昆明市	**7160**	**—**	**—**	**1200**	**—**
西山区	—	—	—	267	—
东川区	3253	—	—	—	—
晋宁区	133	—	—	267	—

分县造林完成情况

单位:公顷

单位名称	人工造林	飞播造林	无林地和疏林地新封山育林	退化林修复	人工更新
富民县	67	—	—	133	—
宜良县	467	—	—	—	—
石林彝族自治县	627	—	—	333	—
禄劝彝族苗族自治县	1433	—	—	—	—
寻甸回族彝族自治县	1180	—	—	—	—
安宁市	—	—	—	200	—
曲靖市	**17374**	**—**	**3953**	**1733**	**—**
麒麟区	276	—	—	400	—
沾益区	710	—	—	—	—
马龙县	343	—	—	—	—
陆良县	1101	—	—	—	—
师宗县	1095	—	—	—	—
罗平县	2487	—	753	333	—
富源县	1823	—	2667	—	—
会泽县	4906	—	533	333	—
宣威市	4633	—	—	667	—
玉溪市	**12023**	**—**	**—**	**4667**	**—**
红塔区	284	—	—	—	—
江川区	233	—	—	—	—
澄江县	2187	—	—	—	—
通海县	316	—	—	—	—
华宁县	880	—	—	—	—
易门县	1421	—	—	—	—
峨山彝族自治县	427	—	—	667	—
新平彝族傣族自治县	3721	—	—	4000	—
元江哈尼族彝族傣族自治县	2554	—	—	—	—
保山市	**11500**	**—**	**241**	**2000**	**—**
隆阳区	4160	—	241	—	—
施甸县	1300	—	—	—	—
腾冲市	473	—	—	2000	—
龙陵县	1920	—	—	—	—
昌宁县	3647	—	—	—	—
昭通市	**80090**	**—**	**3909**	**2266**	**—**
昭阳区	1020	—	—	—	—
鲁甸县	1688	—	—	—	—
巧家县	9180	—	1376	—	—
盐津县	12266	—	—	333	—
大关县	5180	—	1400	—	—
永善县	7607	—	1133	—	—
绥江县	1666	—	—	—	—
镇雄县	22470	—	—	—	—
彝良县	12953	—	—	1333	—
威信县	6060	—	—	600	—
丽江市	**11959**	**—**	**267**	**4600**	**—**
古城区	760	—	—	467	—
玉龙纳西族自治县	1050	—	—	333	—
永胜县	1637	—	—	1667	—

分县造林完成情况

单位:公顷

单位名称	人工造林	飞播造林	无林地和疏林地新封山育林	退化林修复	人工更新
华坪县	3820	—	—	1733	—
宁蒗彝族自治县	4692	—	267	400	—
普洱市	**18625**	**—**	**—**	**—**	**72**
思茅区	2667	—	—	—	—
宁洱哈尼族彝族自治县	481	—	—	—	—
墨江哈尼族自治县	3967	—	—	—	—
景东彝族自治县	1333	—	—	—	—
景谷傣族彝族自治县	1788	—	—	—	—
镇沅彝族哈尼族拉祜族自治县	4173	—	—	—	72
江城哈尼族彝族自治县	189	—	—	—	—
孟连傣族拉祜族佤族自治县	386	—	—	—	—
澜沧拉祜族自治县	2927	—	—	—	—
西盟佤族自治县	381	—	—	—	—
卫国森工局	333	—	—	—	—
临沧市	**15102**	**—**	**—**	**—**	**133**
临翔区	1669	—	—	—	—
凤庆县	4153	—	—	—	133
云县	653	—	—	—	—
永德县	1901	—	—	—	—
镇康县	641	—	—	—	—
双江拉祜族佤族布朗族傣族自治县	4214	—	—	—	—
耿马傣族佤族自治县	1371	—	—	—	—
沧源佤族自治县	500	—	—	—	—
楚雄彝族自治州	**9128**	**—**	**1067**	**1399**	**—**
楚雄市	703	—	67	333	—
双柏县	1037	—	200	—	—
牟定县	771	—	—	—	—
南华县	706	—	67	333	—
姚安县	740	—	—	333	—
大姚县	1055	—	200	—	—
永仁县	181	—	—	—	—
元谋县	2379	—	200	67	—
武定县	912	—	333	333	—
禄丰县	644	—	—	—	—
红河哈尼族彝族自治州	**14045**	**—**	**267**	**6912**	**—**
个旧市	853	—	—	—	—
开远市	522	—	—	333	—
蒙自市	1770	—	—	267	—
屏边苗族自治县	2072	—	—	67	—
建水县	559	—	—	667	—
石屏县	979	—	—	1466	—
弥勒县	2287	—	267	1113	—
泸西县	1344	—	—	467	—
元阳县	1354	—	—	—	—
红河县	1359	—	—	—	—
金平苗族瑶族傣族自治县	697	—	—	—	—
绿春县	24	—	—	133	—

分县造林完成情况

单位:公顷

单位名称	人工造林	飞播造林	无林地和疏林地新封山育林	退化林修复	人工更新
河口瑶族自治县	30	—	—	—	—
芷村林场	162	—	—	966	—
石岩寨有林场	33	—	—	1433	—
文山壮族苗族自治州	**33842**	**—**	**2775**	**—**	**—**
文山县	500	—	—	—	—
砚山县	2026	—	—	—	—
西畴县	1598	—	—	—	—
麻栗坡县	5747	—	—	—	—
马关县	4901	—	265	—	—
丘北县	4009	—	—	—	—
广南县	11309	—	—	—	—
富宁县	3752	—	2510	—	—
西双版纳傣族自治州	**5838**	**—**	**—**	**—**	**—**
景洪市	2125	—	—	—	—
勐海县	3113	—	—	—	—
勐腊县	600	—	—	—	—
大理白族自治州	**6447**	**—**	**304**	**1067**	**—**
大理市	1995	—	—	—	—
漾濞彝族自治县	123	—	—	—	—
祥云县	426	—	—	400	—
宾川县	344	—	67	—	—
弥渡县	132	—	—	—	—
南涧彝族自治县	477	—	—	—	—
巍山彝族回族自治县	40	—	—	667	—
永平县	800	—	171	—	—
云龙县	867	—	66	—	—
洱源县	203	—	—	—	—
剑川县	793	—	—	—	—
鹤庆县	247	—	—	—	—
德宏傣族景颇族自治州	**2169**	**—**	**—**	**—**	**—**
瑞丽市	120	—	—	—	—
芒市	1495	—	—	—	—
梁河县	130	—	—	—	—
盈江县	60	—	—	—	—
陇川县	364	—	—	—	—
怒江傈僳族自治州	**5588**	**—**	**—**	**—**	**—**
泸水县	875	—	—	—	—
福贡县	278	—	—	—	—
贡山独龙族怒族自治县	196	—	—	—	—
兰坪白族普米族自治县	4239	—	—	—	—
迪庆藏族自治州	**3291**	**—**	**533**	**—**	**—**
香格里拉市	633	—	—	—	—
德钦县	533	—	533	—	—
维西傈僳族自治县	2125	—	—	—	—
西藏	**38453**	**14533**	**44000**	**—**	**—**
区本级	**4000**	**—**	**8728**	**—**	**—**
拉萨市	**3792**	**11733**	**2200**	**—**	**—**

分县造林完成情况

单位:公顷

单位名称	人工造林	飞播造林	无林地和疏林地新封山育林	退化林修复	人工更新
昌都市	**4042**	**—**	**939**	**—**	**—**
山南市	**4937**	**2800**	**4087**	**—**	**—**
日喀则市	**18284**	**—**	**16558**	**—**	**—**
那曲地区	**309**	**—**	**—**	**—**	**—**
阿里地区	**811**	**—**	**9908**	**—**	**—**
林芝市	**2278**	**—**	**1580**	**—**	**—**
陕西	**148897**	**20281**	**74940**	**70296**	**—**
西安市	**2268**	**—**	**—**	**—**	**—**
灞桥区	57	—	—	—	—
阎良区	55	—	—	—	—
临潼区	408	—	—	—	—
长安区	167	—	—	—	—
鄠邑区	118	—	—	—	—
蓝田县	696	—	—	—	—
周至县	433	—	—	—	—
高陵区	80	—	—	—	—
西咸新区	252	—	—	—	—
高新区	2	—	—	—	—
铜川市	**2566**	**667**	**2668**	**787**	**—**
市直属单位	193	—	—	—	—
王益区	167	—	—	113	—
印台区	366	—	334	180	—
耀州区	1127	—	667	347	—
宜君县	713	667	1667	147	—
宝鸡市	**1727**	**3457**	**6868**	**6668**	**—**
陈仓区	200	700	1667	1200	—
凤翔县	100	673	—	—	—
岐山县	267	713	667	247	—
扶风县	200	—	—	67	—
眉县	267	—	667	667	—
陇县	193	—	2400	1333	—
千阳县	—	—	—	867	—
麟游县	500	674	1467	1520	—
凤县	—	697	—	267	—
太白县	—	—	—	500	—
咸阳市	**6395**	**1800**	**8000**	**5500**	**—**
秦都区	67	—	—	—	—
三原县	603	—	—	—	—
泾阳县	700	—	467	833	—
乾县	1359	—	866	—	—
礼泉县	200	667	1600	1267	—
永寿县	934	333	1200	—	—
长武县	133	—	467	1466	—
旬邑县	467	267	1600	800	—
淳化县	600	333	800	534	—
武功县	266	—	—	—	—
兴平市	333	—	—	400	—

分县造林完成情况

单位:公顷

单位名称	人工造林	飞播造林	无林地和疏林地新封山育林	退化林修复	人工更新
彬州市	733	200	1000	200	—
渭南市	**15400**	**1667**	**7000**	**6666**	**—**
临渭区	1660	—	1000	333	—
华州区	1067	667	1167	333	—
潼关县	1380	—	667	1167	—
大荔县	1767	—	267	700	—
合阳县	1667	—	333	1000	—
澄城县	1333	—	267	667	—
蒲城县	2153	—	633	1000	—
白水县	1400	1000	667	600	—
富平县	1973	—	666	533	—
华阴市	1000	—	1333	333	—
韩城市	**1333**	**—**	**1600**	**2000**	**—**
延安市	**22143**	**4001**	**15474**	**9732**	**—**
宝塔区	737	—	1000	1333	—
延长县	3587	—	600	933	—
延川县	1893	—	333	—	—
安塞县	1933	667	1333	667	—
志丹县	3580	333	1340	333	—
吴起县	4273	333	1667	1667	—
甘泉县	567	—	467	—	—
富县	1333	—	1000	1333	—
洛川县	740	667	1333	667	—
宜川县	1200	667	1733	933	—
黄龙县	233	667	667	200	—
黄陵县	200	—	667	200	—
子长县	1867	667	1000	133	—
劳山国有林管理局	—	—	667	333	—
桥北国有林管理局	—	—	333	267	—
桥山	—	—	667	400	—
黄龙山	—	—	667	333	—
汉中市	**5194**	**—**	**2400**	**8340**	**—**
汉台区	67	—	—	467	—
南郑区	267	—	600	933	—
城固县	200	—	800	867	—
洋县	333	—	—	933	—
西乡县	1200	—	333	800	—
勉县	467	—	—	1200	—
宁强县	267	—	—	870	—
略阳县	659	—	—	670	—
镇巴县	1067	—	—	533	—
留坝县	400	—	467	600	—
佛坪县	267	—	200	467	—
榆林市	**51599**	**—**	**3000**	**—**	**—**
榆阳区	10299	—	1333	—	—
府谷县	3360	—	—	—	—
横山区	5203	—	—	—	—

分县造林完成情况

单位:公顷

单位名称	人工造林	飞播造林	无林地和疏林地新封山育林	退化林修复	人工更新
靖边县	2680	—	—	—	—
定边县	5993	—	1000	—	—
绥德县	2747	—	—	—	—
米脂县	2000	—	—	—	—
佳县	2000	—	—	—	—
吴堡县	1067	—	667	—	—
清涧县	2667	—	—	—	—
子洲县	3333	—	—	—	—
神木市	10250	—	—	—	—
安康市	**25033**	**4268**	**8068**	**17026**	**—**
汉滨区	4000	667	667	4067	—
汉阴县	2247	—	400	1067	—
石泉县	3273	667	667	1133	—
宁陕县	1353	—	1000	1433	—
紫阳县	1893	667	467	1667	—
岚皋县	3033	667	1333	1400	—
平利县	1867	—	667	1400	—
镇坪县	907	—	1267	733	—
旬阳县	4533	667	933	2133	—
白河县	1927	933	667	1993	—
商洛市	**15039**	**4421**	**5063**	**6910**	**—**
商州区	1733	420	1333	1000	—
洛南县	1613	667	800	1000	—
丹凤县	2200	1333	97	800	—
商南县	2113	667	700	1000	—
山阳县	2867	667	333	1066	—
镇安县	2800	667	800	1000	—
柞水县	1713	—	1000	1044	—
杨凌农业高新技术产业示范区	**67**	**—**	**—**	**—**	**—**
陕西省森林资源管理局	**133**	**—**	**13999**	**6667**	**—**
楼观台实验林场	**—**	**—**	**800**	**—**	**—**
甘肃	**240723**	**—**	**37100**	**33638**	**—**
兰州市	**5720**	**—**	**6800**	**—**	**—**
七里河区	67	—	—	—	—
西固区	67	—	—	—	—
红古区	33	—	—	—	—
永登县	4013	—	5067	—	—
皋兰县	67	—	—	—	—
榆中县	806	—	—	—	—
连城国家级自然保护区管理局	667	—	1733	—	—
嘉峪关市	**67**	**—**	**—**	**—**	**—**
金昌市	**3393**	**—**	**—**	**—**	**—**
白银市	**6852**	**—**	**—**	**1666**	**—**
白银区	387	—	—	—	—
平川区	420	—	—	—	—
靖远县	2312	—	—	133	—
会宁县	2933	—	—	933	—

分县造林完成情况

单位:公顷

单位名称	人工造林	飞播造林	无林地和疏林地新封山育林	退化林修复	人工更新
景泰县	800	—	—	600	—
天水市	**18507**	**—**	**—**	**5634**	**—**
秦州区	3607	—	—	1467	—
麦积区	2173	—	—	667	—
清水县	3727	—	—	200	—
秦安县	2887	—	—	133	—
甘谷县	2413	—	—	100	—
武山县	2800	—	—	3067	—
张家川回族自治县	900	—	—	—	—
武威市	**16687**	**—**	**5000**	**4000**	**—**
凉州区	2540	—	5000	333	—
民勤县	2687	—	—	333	—
古浪县	7333	—	—	2667	—
天祝藏族自治县	400	—	—	—	—
濒危动物保护中心	—	—	—	200	—
石羊河林业总场	3727	—	—	467	—
张掖市	**6373**	**—**	**17367**	**2866**	**—**
甘州区	853	—	—	333	—
肃南裕固族自治县	147	—	—	—	—
民乐县	500	—	—	1200	—
临泽县	2340	—	—	133	—
高台县	1333	—	—	200	—
山丹县	1200	—	17367	1000	—
平凉市	**24646**	**—**	**—**	**5933**	**—**
崆峒区	2806	—	—	—	—
泾川县	1413	—	—	1400	—
灵台县	3420	—	—	1333	—
崇信县	2373	—	—	667	—
庄浪县	5740	—	—	1134	—
静宁县	6334	—	—	667	—
华亭县	2560	—	—	66	—
关山林管局	—	—	—	666	—
酒泉市	**10044**	**—**	**6900**	**1067**	**—**
肃州区	1532	—	—	267	—
金塔县	4873	—	—	667	—
瓜州县	379	—	—	—	—
肃北蒙古族自治县	1354	—	—	—	—
阿克塞哈萨克族自治县	67	—	6633	—	—
玉门市	727	—	—	133	—
敦煌市	1112	—	267	—	—
庆阳市	**65900**	**—**	**—**	**4100**	**—**
西峰区	3334	—	—	—	—
庆城县	10000	—	—	667	—
环县	10600	—	—	67	—
华池县	8500	—	—	833	—
合水县	2266	—	—	400	—
正宁县	3500	—	—	500	—

分县造林完成情况

单位:公顷

单位名称	人工造林	飞播造林	无林地和疏林地新封山育林	退化林修复	人工更新
宁县	9200	—	—	133	—
镇原县	10500	—	—	167	—
子午岭林业管理局华池分局	4000	—	—	—	—
合水林业总场	2667	—	—	666	—
子午岭林业管理局宁县分局	1333	—	—	667	—
定西市	**19299**	**—**	**—**	**6664**	**—**
市直属单位	—	—	—	533	—
安定区	3120	—	—	2333	—
通渭县	5680	—	—	1066	—
陇西县	3240	—	—	133	—
渭源县	3180	—	—	333	—
临洮县	1133	—	—	1333	—
漳县	1366	—	—	600	—
岷县	1580	—	—	333	—
陇南市	**20929**	**—**	**566**	**—**	**—**
市直属单位	200	—	—	—	—
武都区	5740	—	—	—	—
成县	208	—	333	—	—
文县	4660	—	—	—	—
宕昌县	1613	—	—	—	—
康县	67	—	—	—	—
西和县	4227	—	133	—	—
礼县	3387	—	100	—	—
徽县	587	—	—	—	—
两当县	133	—	—	—	—
康南林业总场	107	—	—	—	—
临夏回族自治州	**19007**	**—**	**—**	**333**	**—**
临夏县	1947	—	—	333	—
康乐县	3153	—	—	—	—
永靖县	1393	—	—	—	—
广河县	1006	—	—	—	—
和政县	4180	—	—	—	—
东乡族自治县	3834	—	—	—	—
积石山保安族东乡族撒拉族自治县	3494	—	—	—	—
甘南藏族自治州	**4388**	**—**	**—**	**—**	**—**
合作市	529	—	—	—	—
临潭县	664	—	—	—	—
卓尼县	553	—	—	—	—
舟曲县	1098	—	—	—	—
迭部县	552	—	—	—	—
玛曲县	240	—	—	—	—
碌曲县	400	—	—	—	—
夏河县	352	—	—	—	—
白龙江林业管理局	**15933**	**—**	**467**	**—**	**—**
小陇山林业实验局	**1600**	**—**	**—**	**1142**	**—**
祁连山国家级自然保护区管理局	**—**	**—**	**—**	**100**	**—**
民勤连古城国家级自然保护区管理局	**313**	**—**	**—**	**—**	**—**

分县造林完成情况

单位：公顷

单位名称	人工造林	飞播造林	无林地和疏林地新封山育林	退化林修复	人工更新
甘肃省治沙研究所	**—**	**—**	**—**	**133**	**—**
农林水务局	**1065**	**—**	**—**	**—**	**—**
青海	**38169**	**20000**	**153879**	**82260**	**—**
西宁市	**2209**	**—**	**9000**	**17005**	**—**
市直属单位	594	—	—	5334	—
城西区	134	—	—	—	—
城北区	134	—	—	—	—
大通回族土族自治县	267	—	6667	4668	—
湟中县	—	—	2000	4335	—
湟源县	1080	—	333	2668	—
海东市	**9075**	**—**	**18137**	**31188**	**—**
市直属单位	153	—	—	—	—
乐都区	2440	—	7403	6667	—
平安区	767	—	—	4987	—
民和回族土族自治县	1280	—	2001	6001	—
互助土族自治县	2234	—	7067	7000	—
化隆回族自治县	1534	—	1333	3200	—
循化撒拉族自治县	667	—	333	3000	—
孟达国家级自然保护区管理局	—	—	—	333	—
海北藏族自治州	**1600**	**—**	**28666**	**6668**	**—**
门源回族自治县	67	—	16666	3334	—
祁连县	—	—	8000	2334	—
海晏县	1533	—	2667	1000	—
刚察县	—	—	1333	—	—
黄南藏族自治州	**5017**	**—**	**8133**	**10933**	**—**
州直属单位	910	—	—	—	—
同仁县	2107	—	1000	4600	—
尖扎县	2000	—	1600	6333	—
泽库县	—	—	2733	—	—
河南蒙古族自治县	—	—	2800	—	—
海南藏族自治州	**19200**	**20000**	**39075**	**9467**	**—**
共和县	13400	10000	13800	2667	—
同德县	67	—	2667	1333	—
贵德县	—	—	667	1333	—
兴海县	200	—	667	1000	—
贵南县	5533	10000	21274	3134	—
果洛藏族自治州	**334**	**—**	**37533**	**1633**	**—**
州直属单位	67	—	—	—	—
玛沁县	—	—	4000	300	—
班玛县	200	—	2000	1333	—
甘德县	—	—	10267	—	—
达日县	—	—	16333	—	—
久治县	67	—	1600	—	—
玛多县	—	—	3333	—	—
玉树藏族自治州	**—**	**—**	**5334**	**—**	**—**
玉树市	—	—	667	—	—
称多县	—	—	1334	—	—

分县造林完成情况

单位:公顷

单位名称	人工造林	飞播造林	无林地和疏林地新封山育林	退化林修复	人工更新
囊谦县	—	—	2000	—	—
曲麻莱县	—	—	1333	—	—
海西蒙古族藏族自治州	**67**	**—**	**3334**	**4033**	**—**
格尔木市	—	—	—	333	—
德令哈市	—	—	2000	1000	—
乌兰县	—	—	—	1334	—
都兰县	67	—	667	1366	—
天峻县	—	—	667	—	—
省三江集团本级	**667**	**—**	**4667**	**—**	**—**
省直属单位	**—**	**—**	**—**	**1333**	**—**
宁夏	**58190**	**—**	**5500**	**23342**	**—**
银川市	**5413**	**—**	**333**	**1402**	**—**
市直属单位	1467	—	—	—	—
兴庆区	135	—	—	—	—
西夏区	68	—	—	1069	—
金凤区	70	—	—	—	—
永宁县	194	—	—	—	—
贺兰县	93	—	—	—	—
灵武市	933	—	—	—	—
白芨滩国家级自然保护区管理局	2453	—	333	333	—
石嘴山市	**654**	**—**	**—**	**1533**	**—**
市直属单位	233	—	—	533	—
大武口区	—	—	—	67	—
惠农区	73	—	—	133	—
平罗县	348	—	—	800	—
吴忠市	**12473**	**—**	**3380**	**5667**	**—**
市直属单位	67	—	—	—	—
利通区	673	—	380	733	—
红寺堡区	1880	—	667	667	—
盐池县	2666	—	1333	3400	—
同心县	6200	—	1000	200	—
青铜峡市	967	—	—	667	—
太阳山	20	—	—	—	—
固原市	**28745**	**—**	**333**	**13233**	**—**
原州区	8426	—	—	3947	—
西吉县	6333	—	333	2333	—
隆德县	3566	—	—	1666	—
泾源县	2687	—	—	2007	—
彭阳县	7733	—	—	3280	—
中卫市	**7349**	**—**	**1454**	**840**	**—**
市直属单位	874	—	787	340	—
沙坡头区	431	—	—	67	—
中宁县	671	—	—	433	—
海原县	5373	—	667	—	—
其他单位	**3556**	**—**	**—**	**667**	**—**
新疆	**110169**	**—**	**33134**	**36688**	**2544**
乌鲁木齐市	**581**	**—**	**1333**	**5239**	**—**

分县造林完成情况

单位：公顷

单位名称	人工造林	飞播造林	无林地和疏林地新封山育林	退化林修复	人工更新
天山区	100	—	—	834	—
沙依巴克区	210	—	—	2289	—
新市区	133	—	—	333	—
水磨沟区	17	—	—	200	—
头屯河区	37	—	—	660	—
达坂城区	—	—	1333	400	—
米东区	—	—	—	133	—
乌鲁木齐县	67	—	—	333	—
市直属单位	17	—	—	57	—
克拉玛依市	**607**	**—**	**—**	**—**	**—**
独山子区	107	—	—	—	—
克拉玛依区	500	—	—	—	—
吐鲁番市	**2440**	**—**	**3000**	**2683**	**855**
高昌区	238	—	667	1023	1
鄯善县	715	—	2000	873	187
托克逊县	1487	—	333	787	667
哈密市	**128**	**—**	**—**	**153**	**—**
伊州区	13	—	—	153	—
巴里坤哈萨克自治县	112	—	—	—	—
伊吾县	3	—	—	—	—
昌吉回族自治州	**15275**	**—**	**2667**	**1360**	**—**
昌吉市	600	—	267	200	—
阜康市	1467	—	—	80	—
呼图壁县	291	—	—	33	—
玛纳斯县	3400	—	2000	247	—
奇台县	4735	—	—	67	—
吉木萨尔县	3016	—	200	—	—
木垒哈萨克自治县	1666	—	—	400	—
准东开发区	100	—	200	333	—
博尔塔拉蒙古自治州	**2439**	**—**	**467**	**2100**	**34**
博乐市	467	—	467	1133	—
阿拉山口市	67	—	—	67	—
精河县	1698	—	—	700	34
温泉县	67	—	—	200	—
州直属单位	140	—	—	—	—
巴音郭楞蒙古自治州	**6038**	**—**	**6667**	**4082**	**46**
库尔勒市	1600	—	—	758	—
轮台县	333	—	667	592	—
尉犁县	1812	—	3333	400	—
若羌县	133	—	667	—	—
且末县	967	—	—	933	—
焉耆回族自治县	580	—	—	133	46
和静县	—	—	—	500	—
和硕县	333	—	2000	333	—
博湖县	233	—	—	66	—
巩乃斯国有林管理局	47	—	—	—	—
沙依东园艺场	—	—	—	367	—

分县造林完成情况

单位:公顷

单位名称	人工造林	飞播造林	无林地和疏林地新封山育林	退化林修复	人工更新
阿克苏地区	**17873**	**—**	**13667**	**10205**	**—**
阿克苏市	1733	—	8000	2836	—
库车县	2833	—	—	1866	—
温宿县	3766	—	—	1333	—
沙雅县	2086	—	—	1533	—
新和县	1181	—	5000	635	—
拜城县	2000	—	—	1001	—
乌什县	1500	—	—	892	—
阿瓦提县	1267	—	667	67	—
柯坪县	1507	—	—	42	—
克孜勒苏柯尔克孜自治州	**660**	**—**	**333**	**200**	**—**
阿图什市	281	—	—	—	—
阿克陶县	299	—	333	200	—
阿合奇县	67	—	—	—	—
克州奥依塔克林场	13	—	—	—	—
喀什地区	**54616**	**—**	**—**	**1333**	**—**
喀什市	4605	—	—	—	—
疏附县	3346	—	—	—	—
疏勒县	3333	—	—	—	—
英吉沙县	4811	—	—	—	—
泽普县	300	—	—	—	—
莎车县	9467	—	—	—	—
叶城县	5400	—	—	—	—
麦盖提县	2929	—	—	—	—
岳普湖县	2194	—	—	—	—
伽师县	11926	—	—	1333	—
巴楚县	6200	—	—	—	—
塔什库尔干塔吉克自治县	105	—	—	—	—
和田地区	**2468**	**—**	**2667**	**3734**	**276**
和田市	333	—	—	67	10
和田县	67	—	1333	733	42
墨玉县	667	—	667	1334	—
皮山县	333	—	—	—	6
洛浦县	433	—	667	133	200
策勒县	369	—	—	934	13
于田县	133	—	—	466	5
民丰县	133	—	—	67	—
伊犁哈萨克自治州	**4867**	**—**	**1334**	**2606**	**1333**
伊宁市	267	—	—	267	200
霍尔果斯市	333	—	—	33	—
伊宁县	67	—	—	600	600
察布查尔锡伯自治县	2000	—	—	400	—
霍城县	867	—	334	200	200
巩留县	200	—	667	467	66
新源县	400	—	333	133	167

分县造林完成情况

单位:公顷

单位名称	人工造林	飞播造林	无林地和疏林地新封山育林	退化林修复	人工更新
昭苏县	—	—	—	26	—
特克斯县	600	—	—	200	100
尼勒克县	—	—	—	280	—
新源国有林管理局	133	—	—	—	—
塔城地区	**167**	**—**	**—**	**1166**	**—**
地区直属单位	—	—	—	333	—
塔城市	—	—	—	133	—
乌苏市	33	—	—	67	—
额敏县	67	—	—	200	—
沙湾县	—	—	—	33	—
托里县	67	—	—	200	—
和布克赛尔蒙古自治县	—	—	—	200	—
阿勒泰地区	**1635**	**—**	**999**	**1827**	**—**
阿勒泰市	223	—	—	—	—
布尔津县	153	—	—	334	—
富蕴县	126	—	—	27	—
福海县	405	—	666	—	—
哈巴河县	113	—	—	—	—
青河县	566	—	333	1413	—
吉木乃县	16	—	—	53	—
喀纳斯自然保护区管理局	33	—	—	—	—
区直属单位	**375**	**—**	**—**	**—**	**—**
阿尔泰山国有林管理局	202	—	—	—	—
天山东部国有林管理局	173	—	—	—	—
新疆兵团	**9050**	**—**	**1000**	**1782**	**2316**
第一师	**1627**	**—**	**—**	**—**	**20**
2 团	7	—	—	—	—
3 团	14	—	—	—	—
4 团	182	—	—	—	7
7 团	3	—	—	—	—
9 团	8	—	—	—	—
10 团	13	—	—	—	13
11 团	900	—	—	—	—
12 团	10	—	—	—	—
14 团	39	—	—	—	—
托喀依乡	451	—	—	—	—
第二师	**525**	**—**	**—**	**238**	**173**
21 团	54	—	—	37	5
22 团	13	—	—	23	7
24 团	15	—	—	—	10
25 团	—	—	—	—	22
27 团	12	—	—	5	9
29 团	6	—	—	—	3
30 团	4	—	—	—	—
31 团	38	—	—	133	—

分县造林完成情况

单位:公顷

单位名称	人工造林	飞播造林	无林地和疏林地新封山育林	退化林修复	人工更新
33 团	71	—	—	—	17
34 团	156	—	—	—	—
37 团	16	—	—	40	3
38 团	139	—	—	—	92
223 团	1	—	—	—	5
第三师	**731**	**—**	**—**	**152**	**—**
41 团	3	—	—	—	—
44 团	232	—	—	—	—
45 团	8	—	—	7	—
46 团	51	—	—	135	—
48 团	11	—	—	—	—
49 团	19	—	—	—	—
54 团	254	—	—	—	—
伽师总场	153	—	—	10	—
第四师	**373**	**—**	**—**	**187**	**111**
36 团	55	—	—	—	43
61 团	13	—	—	33	—
62 团	10	—	—	—	—
63 团	3	—	—	8	—
64 团	195	—	—	52	45
66 团	13	—	—	—	16
67 团	26	—	—	—	—
68 团	7	—	—	7	—
69 团	3	—	—	—	—
70 团	—	—	—	8	—
71 团	8	—	—	—	7
72 团	4	—	—	7	—
73 团	—	—	—	33	—
74 团	2	—	—	7	—
75 团	4	—	—	—	—
76 团	10	—	—	7	—
77 团	2	—	—	7	—
78 团	10	—	—	7	—
79 团	8	—	—	11	—
第五师	**131**	**—**	**—**	**15**	**75**
83 团	14	—	—	—	5
84 团	17	—	—	—	2
86 团	4	—	—	—	4
87 团	3	—	—	—	1
88 团	2	—	—	—	2
89 团	—	—	—	—	61
90 团	49	—	—	15	—
91 团	42	—	—	—	—
第六师	**692**	**—**	**—**	**18**	**5**
50 团	50	—	—	—	—

分县造林完成情况

单位:公顷

单位名称	人工造林	飞播造林	无林地和疏林地新封山育林	退化林修复	人工更新
101 团	26	—	—	—	—
102 团	246	—	—	—	—
103 团	28	—	—	—	—
105 团	38	—	—	—	—
106 团	9	—	—	—	—
新湖农场	107	—	—	—	—
芳草湖农场	33	—	—	—	—
红旗农场	43	—	—	—	—
军户农场	12	—	—	—	—
共青团农场	43	—	—	—	—
六运湖农场	7	—	—	18	5
土墩子农场	7	—	—	—	—
奇台农场	43	—	—	—	—
第七师	**549**	**—**	**—**	**—**	**821**
123 团	66	—	—	—	6
124 团	24	—	—	—	4
125 团	20	—	—	—	—
126 团	46	—	—	—	—
127 团	14	—	—	—	—
128 团	107	—	—	—	—
129 团	96	—	—	—	—
130 团	108	—	—	—	806
131 团	22	—	—	—	—
137 团	5	—	—	—	5
奎管处	14	—	—	—	—
奎东农场	18	—	—	—	—
代管 1 团	9	—	—	—	—
第八师	**892**	**—**	**—**	**1053**	**1064**
121 团	7	—	—	5	57
133 团	517	—	—	400	3
134 团	8	—	—	67	85
136 团	4	—	—	—	—
141 团	4	—	—	—	263
142 团	80	—	—	137	50
143 团	16	—	—	—	—
144 团	—	—	—	19	137
147 团	71	—	—	—	205
148 团	63	—	—	82	—
149 团	16	—	—	—	—
150 团	31	—	—	340	200
152 团	—	—	—	3	3
石河子总场	75	—	—	—	61
第九师	**1058**	**—**	**—**	**11**	**16**
161 团	66	—	—	—	—

分县造林完成情况

单位：公顷

单位名称	人工造林	飞播造林	无林地和疏林地新封山育林	退化林修复	人工更新
162 团	17	—	—	—	—
163 团	117	—	—	—	—
164 团	14	—	—	1	—
165 团	7	—	—	—	—
166 团	14	—	—	—	—
167 团	10	—	—	10	—
168 团	—	—	—	—	16
170 团	810	—	—	—	—
团结农场	3	—	—	—	—
第十师	**378**	**—**	**—**	**—**	**—**
181 团	123	—	—	—	—
182 团	3	—	—	—	—
183 团	27	—	—	—	—
184 团	41	—	—	—	—
185 团	44	—	—	—	—
186 团	17	—	—	—	—
187 团	116	—	—	—	—
188 团	7	—	—	—	—
第十一师	**3**	**—**	**—**	**—**	**3**
5 团	3	—	—	—	3
第十二师	**1334**	**—**	**—**	**108**	**—**
47 团	145	—	—	—	—
104 团	248	—	—	—	—
头屯河农场	60	—	—	20	—
三坪农场	171	—	—	19	—
五一农场	229	—	—	69	—
西山农场	233	—	—	—	—
二二二团	248	—	—	—	—
第十三师	**181**	**—**	**1000**	**—**	**28**
红星 1 场	18	—	—	—	4
红星 2 场	1	—	—	—	10
红星 4 场	46	—	1000	—	—
黄田农场	100	—	—	—	3
火箭农场	7	—	—	—	5
柳树泉农场	4	—	—	—	3
红山农场	2	—	—	—	—
淖毛湖农场	3	—	—	—	3
第十四师	**576**	**—**	**—**	**—**	**—**
224 团	254	—	—	—	—
225 团	17	—	—	—	—
皮山农场	255	—	—	—	—
一牧场	50	—	—	—	—
大兴安岭	**2133**	**—**	**—**	**25333**	**—**

附录五

历年主要统计指标

ANNEX Ⅴ

全国历年造林和森林抚育面积(一)

单位:万公顷

年 份	人工造林	飞播造林	新封山育林	更新造林	森林抚育
1949—1952	170.73			2.25	
1953	111.29			1.65	
1954	116.62			3.88	
1955	171.05			3.92	
1956	572.33			9.41	
1957	435.51			5.58	
1958	609.87			39.11	
1959	544.27	0.70		56.03	
1960	413.69	0.70		48.37	
1961	143.23	0.90		15.71	
1962	118.87	1.00		10.63	
1963	151.60	1.41		18.30	
1964	289.32	1.81		20.65	
1965	340.32	2.21		23.89	
1966	435.18	18.15		32.10	
1967	354.10	36.30		30.30	
1968	285.88	55.45		24.00	
1969	275.33	72.60		23.30	
1970	297.65	90.75		32.50	
1971	340.44	112.07		30.75	
1972	347.33	116.24		31.90	
1973	392.55	105.74		35.67	
1974	411.47	88.77		36.20	
1975	443.77	53.61		42.20	
1976	432.31	60.27		42.08	
1977	421.85	57.47		41.64	
1978	412.57	37.06		45.84	
1979	391.03	57.90		40.93	
1980	394.00	61.20		42.19	
1981	368.10	42.91		44.26	
1982	411.58	37.98		43.88	
1983	560.31	72.13		50.88	
1984	729.07	96.29		55.20	
1985	694.88	138.80		63.83	
1986	415.82	111.58		57.74	
1987	420.73	120.69		70.35	
1988	457.48	95.85		63.69	
1989	410.95	91.38		71.91	
1990	435.33	85.51		67.15	

说明:1. 1985 年以前,造林成活率达到 40%即统计造林面积,以后为达到 85%以上统计。
2. 本表自 2015 年新封山育林面积包含有林地和灌木林地封育,飞播造林面积包含飞播营林。
3. 森林抚育面积特指中、幼龄林抚育。

全国历年造林和森林抚育面积(二)

单位:万公顷

年 份	人工造林	飞播造林	新封山育林	更新造林	森林抚育
1991	475.18	84.27	—	66.41	262.27
1992	508.37	94.67	—	67.36	262.68
1993	504.44	85.90	—	73.92	297.59
1994	519.02	80.24	—	72.27	328.75
1995	462.94	58.53	—	75.10	366.60
1996	431.50	60.44	—	79.48	418.76
1997	373.78	61.72	—	79.84	432.04
1998	408.60	72.51	—	80.63	441.30
1999	427.69	62.39	—	104.28	612.01
2000	434.50	76.01	—	91.98	501.30
2001	397.73	97.57	—	51.53	457.44
2002	689.60	87.49	—	37.90	481.68
2003	843.25	68.64	—	28.60	457.77
2004	501.89	57.92	—	31.93	527.15
2005	322.13	41.64	—	40.75	501.06
2006	244.61	27.18	112.09	40.82	550.96
2007	273.85	11.87	105.05	39.09	649.76
2008	368.43	15.41	151.54	42.40	623.53
2009	415.63	22.63	187.97	34.43	636.26
2010	387.28	19.59	184.12	30.67	666.17
2011	406.57	19.69	173.40	32.66	733.45
2012	382.07	13.64	163.87	30.51	766.17
2013	420.97	15.44	173.60	30.31	784.72
2014	405.29	10.81	138.86	29.25	901.96
2015	436.18	12.84	215.29	29.96	781.26
2016	382.37	16.23	195.36	27.28	850.04
2017	429.59	14.12	165.72	30.54	885.64
2018	367.80	13.54	178.51	37.19	867.60
2019	345.83	12.56	189.83	37.02	847.76
2020	300.01	15.15	177.46	38.79	911.58
1949—1990	14728.44	1925.44	—	1379.90	—
1991—1995	2469.95	403.61	—	355.06	1517.89
1996—2000	2076.06	333.06	—	436.21	2405.41
2001—2005	2754.60	353.26	—	190.71	2425.10
2006—2010	1689.80	96.68	740.77	187.41	3126.69
2011—2015	2051.08	72.42	865.02	152.68	3967.56
2016—2020	1825.59	71.60	906.88	170.82	4362.62
1949—2020	27595.52	3256.08	2512.67	2872.80	17805.27

全国历年林业重点

年 别	合 计	天然林资源保护工程	退耕还林工程	京津风沙源治理工程	小 计
1979~1985 年	**1010.98**	**—**	**—**	**—**	**1010.98**
“七五”小计	**589.93**	**—**	**—**	**—**	**589.93**
“八五”小计	**1186.04**	**—**	**—**	**44.12**	**1141.92**
1996 年	248.17	—	—	16.50	231.67
1997 年	244.94	—	—	21.60	223.35
1998 年	271.80	29.04	—	23.16	219.60
1999 年	316.95	47.76	44.79	21.16	203.25
2000 年	309.90	42.64	68.36	28.03	170.88
“九五”小计	**1391.76**	**119.43**	**113.15**	**110.43**	**1048.75**
2001 年	307.13	94.81	87.10	21.73	103.49
2002 年	673.17	85.61	442.36	67.64	77.56
2003 年	824.24	68.83	619.61	82.44	53.35
2004 年	478.06	64.15	321.75	47.33	44.83
2005 年	309.96	42.48	189.84	40.82	36.82
“十五”小计	**2592.56**	**355.87**	**1660.66**	**259.96**	**316.06**
2006 年	280.17	77.48	105.05	40.95	56.68
2007 年	267.83	73.29	105.60	31.51	57.42
2008 年	343.35	100.90	118.97	46.90	76.58
2009 年	457.55	136.09	88.67	43.48	189.31
2010 年	366.79	88.55	98.26	43.91	136.06
“十一五”小计	**1715.68**	**476.31**	**516.55**	**206.77**	**516.05**
2011 年	309.30	55.36	73.02	54.52	126.40
2012 年	275.39	48.52	65.53	54.17	107.18
2013 年	256.90	46.03	62.89	62.61	85.36
2014 年	192.69	41.05	37.86	23.91	89.87
2015 年	284.05	64.48	63.60	22.33	133.64
“十二五”小计	**1318.32**	**255.44**	**302.90**	**217.53**	**542.46**
2016 年	250.55	48.73	68.33	23.00	110.50
2017 年	299.12	39.03	121.33	20.72	94.79
2018 年	244.31	40.06	72.35	17.78	89.39
2019 年	230.83	50.37	47.80	23.08	86.82
2020 年	241.86	47.77	66.89	20.46	87.92
“十三五”小计	**1266.67**	**225.96**	**376.70**	**105.04**	**469.41**
总 计	**11071.94**	**1433.00**	**2969.97**	**943.85**	**5635.56**

说明：1. 京津风沙源治理工程 1993—2000 年数据为原全国防沙治沙工程数据。

2. 自 2006 年起将无林地和疏林地封育面积计入造林总面积，2015 年起将有林地和灌木林地封育计入造林总面积。

3. 2016 年三北及长江流域等重点防护林体系工程造林面积包括林业血防工程 3.67 万公顷造林面积。2017 年林业重公顷，三北及长江流域等重点防护林体系工程造林面积包括林业血防工程 0.55 万公顷造林面积。2019 年林业积合计包括石漠化治理工程 13.07 万公顷，国家储备林建设工程 5.76 万公顷。

4. 个别往年数据有误，所有数据以本表为准。

生态工程完成造林面积

单位：万公顷

三北及长江流域等重点防护林体系工程					
三北防护林工程	长江流域防护林工程	沿海防护林工程	珠江流域防护林工程	太行山绿化工程	平原绿化工程
1010.98	—	—	—	—	—
517.49	**36.99**	—	—	**35.46**	—
617.44	**270.17**	**84.67**	—	**151.86**	**17.78**
134.23	46.40	7.22	—	40.25	3.59
126.61	44.78	6.35	5.67	36.63	3.31
124.40	44.86	6.03	3.99	34.37	5.96
124.54	36.98	4.45	3.21	29.34	4.73
105.32	20.69	5.69	3.07	29.85	6.26
615.09	**193.71**	**29.73**	**15.93**	**170.44**	**23.84**
54.17	16.27	9.09	2.71	14.13	7.13
45.38	11.03	5.57	4.66	7.62	3.32
27.53	10.88	3.86	4.47	5.00	1.62
23.23	11.33	3.02	3.18	3.09	0.98
21.79	6.59	2.27	3.07	2.85	0.25
172.10	**56.10**	**23.80**	**18.07**	**32.69**	**13.29**
32.68	7.87	1.70	2.88	11.47	0.09
38.15	7.64	2.39	1.74	7.39	0.11
49.79	7.23	7.42	3.70	8.03	0.41
125.59	22.21	21.22	8.21	11.92	0.17
92.82	11.88	17.32	6.68	6.92	0.43
339.04	**56.83**	**50.05**	**23.21**	**45.73**	**1.20**
73.78	20.48	20.99	7.23	3.66	0.26
67.87	15.79	14.54	5.16	3.81	
51.86	13.04	11.86	4.40	3.57	0.64
59.63	10.74	9.69	2.69	4.92	2.19
76.60	23.72	18.85	9.66	4.81	
329.74	**83.78**	**75.92**	**29.14**	**20.77**	**3.10**
64.85	21.78	10.87	5.73	3.59	—
62.64	17.40	6.81	4.80	3.14	—
57.30	20.65	4.45	2.55	3.89	—
59.65	17.20	2.68	2.22	5.07	—
56.02	22.83	2.15	3.36	3.57	—
300.45	**99.86**	**26.95**	**18.66**	**19.27**	—
3902.34	**797.43**	**291.12**	**105.02**	**476.22**	**59.22**

点工程造林面积合计包括石漠化治理工程 23.25 万公顷。2018 年林业重点工程造林面积合计包括石漠化治理工程 24.73 万
重点工程造林面积合计包括石漠化治理工程 17.90 万公顷，国家储备林建设工程 4.87 万公顷。2020 年林业重点工程造林面

全国历年林业重点生态工程实际

指标名称		合　计	天然林资源保护工程	退耕还林工程	京津风沙源治理工程	
						小　计
1979—1995 年	**实际完成投资**	**417515**	**—**	**—**	**17432**	**400083**
	其中:国家投资	**196633**	**—**	**—**	**8501**	**188132**
1996 年	实际完成投资	140461	—	—	15741	124720
	其中:国家投资	51939	—	—	4506	47433
1997 年	实际完成投资	186106	—	—	33782	152324
	其中:国家投资	64741	—	—	12247	52494
1998 年	实际完成投资	441717	227761	—	37741	176215
	其中:国家投资	280338	206365	—	10176	63797
1999 年	实际完成投资	713818	409225	33595	35477	235521
	其中:国家投资	501534	351309	33595	8198	108432
2000 年	实际完成投资	1106412	608414	154075	43102	300821
	其中:国家投资	881704	582886	146623	15655	136540
“九五”小计	**实际完成投资**	**2588514**	**1245400**	**187670**	**165843**	**989601**
	其中:国家投资	**1780256**	**1140560**	**180218**	**50782**	**408696**
2001 年	实际完成投资	1771124	949319	314547	183275	303066
	其中:国家投资	1353311	887717	248459	59283	145743
2002 年	实际完成投资	2519018	933712	1106096	123238	316711
	其中:国家投资	2249185	881617	1061504	120022	157582
2003 年	实际完成投资	3307863	679020	2085573	258781	232083
	其中:国家投资	2977684	650304	1926019	239513	136239
2004 年	实际完成投资	3489682	681985	2142905	267666	352661
	其中:国家投资	2981364	640983	1920609	261857	135782
2005 年	实际完成投资	3600892	620148	2404111	332625	192556
	其中:国家投资	3211855	584777	2185928	325408	91292
“十五”小计	**实际完成投资**	**14688579**	**3864184**	**8053232**	**1165585**	**1397077**
	其中:国家投资	**12773399**	**3645398**	**7342519**	**1006083**	**666638**
2006 年	实际完成投资	3527084	643750	2321449	327666	179501
	其中:国家投资	3254930	604120	2224633	310029	85398
2007 年	实际完成投资	3470969	820496	2084085	320929	165879
	其中:国家投资	3027545	666496	1915544	298768	91273
2008 年	实际完成投资	4193747	973000	2489727	323871	337349
	其中:国家投资	3625728	923500	2210195	310795	139275
2009 年	实际完成投资	5075170	817253	3217569	403175	557076
	其中:国家投资	4179436	688199	2886310	355377	209602

完成投资及国家投资情况(一)

单位:万元

三北及长江流域等重点防护林体系工程						野生动植物保护及自然保护区建设工程
三北防护林工程	长江流域防护林工程	沿海防护林工程	珠江流域防护林工程	太行山绿化工程	平原绿化工程	
231652	**77939**	**41990**	—	**32622**	**15880**	—
132779	**27148**	**10930**	—	**8780**	**8495**	—
71169	23114	16548	—	7371	6518	—
30802	7455	2531	—	2085	4560	—
80567	21095	12653	16430	12247	9332	—
34704	7196	2198	502	2853	5041	—
90289	27774	21029	12060	11970	13093	—
37206	11154	3340	1557	5411	5129	—
118754	31384	22897	16463	24232	21791	—
57383	16345	5717	2775	14195	12017	—
143682	31273	31551	14392	23781	56142	—
71602	18427	13768	6831	13327	12585	—
504461	**134640**	**104678**	**59345**	**79601**	**106876**	**—**
231697	**60577**	**27554**	**11665**	**37871**	**39332**	**—**
102468	53406	40026	10678	16169	80319	20917
56163	22736	14425	6499	8832	37088	12109
139272	45837	41164	17657	17151	55630	39261
66512	27942	13839	15481	10920	22888	28460
85437	41442	29155	13136	10436	52477	52406
49105	27758	20127	11083	8097	20069	25609
86645	109028	51946	11922	13048	80072	44465
44014	26017	29705	9797	11268	14981	22133
85231	53607	23029	9134	14620	6936	51452
41252	12808	19704	7039	10095	394	24450
499053	**303320**	**185320**	**62527**	**71423**	**275434**	**208501**
257046	**117261**	**97800**	**49899**	**49212**	**95420**	**112761**
84328	24386	42553	6509	13949	7776	54718
38539	8262	20637	4647	13108	205	30750
94026	13912	37819	3994	13213	2915	79580
48202	9964	23290	2811	6541	465	55464
184078	34916	94009	7142	16804	400	69800
99184	13119	18429	4043	4275	225	41963
270310	101057	140019	23828	21663	199	80097
133198	27000	35953	8979	4422	50	39948

全国历年林业重点生态工程实际

指标名称		合　计	天然林资源保护工程	退耕还林工程	京津风沙源治理工程	小　计
2010 年	实际完成投资	4711990	731299	2927290	382406	570888
	其中:国家投资	3616315	591086	2499773	329166	138550
“十一五”小计	**实际完成投资**	**20978960**	**3985798**	**13040120**	**1758047**	**1810693**
	其中:国家投资	**17703954**	**3473401**	**11736455**	**1604135**	**664098**
2011 年	实际完成投资	5319584	1826744	2463373	250395	664819
	其中:国家投资	4342817	1696826	1949855	223978	394431
2012 年	实际完成投资	5283825	2186318	1977649	356646	630274
	其中:国家投资	4050116	1710230	1545329	321863	380467
2013 年	实际完成投资	5361512	2301529	1962668	378669	569772
	其中:国家投资	4378163	2020503	1557260	357304	354732
2014 年	实际完成投资	6659502	2610936	2230905	106583	1512854
	其中:国家投资	5448154	2204105	1916113	81217	1098931
2015 年	实际完成投资	7056599	2983638	2752809	111595	954103
	其中:国家投资	6299919	2838326	2520733	107268	637340
“十二五”小计	**实际完成投资**	**29681022**	**11909165**	**11387404**	**1203888**	**4331822**
	其中:国家投资	**24519169**	**10469990**	**9489290**	**1091630**	**2865901**
2016 年	实际完成投资	6754068	3400322	2366719	152729	678829
	其中:国家投资	6304925	3334513	2149296	141944	533251
2017 年	实际完成投资	7180115	3763641	2221446	174385	676739
	其中:国家投资	6702046	3615667	2055317	158962	546891
2018 年	实际完成投资	7171963	3956762	2254055	123900	575427
	其中:国家投资	6721782	3870733	2048106	112997	441992
2019 年	实际完成投资	2320342	654331	586684	139606	720683
	其中:国家投资	1854708	626823	568660	122049	419741
2020 年	实际完成投资	2729406	704392	854710	174633	779272
	其中:国家投资	2122998	649045	782842	117333	462441
“十三五”小计	**实际完成投资**	**26155894**	**12479448**	**8283614**	**765253**	**3430950**
	其中:国家投资	**23706459**	**12096781**	**7604221**	**653285**	**2404316**
总　计	**实际完成投资**	**94510484**	**33483995**	**40952040**	**5076048**	**12360226**
	其中:国家投资	**80679870**	**30826130**	**36352703**	**4414416**	**7197781**

说明:1. 2016 年三北及长江流域等重点防护林体系工程投资包括林业血防工程 17507 万元,其中国家投资 14887 万元。
包括石漠化治理工程 107522 万元,其中国家投资 104297 万元;三北及长江流域等重点防护林体系工程投资包括
家投资 90597 万元; 国家储备林建设工程 124522 万元, 其中国家投资 26838 万元。2020 年林业重点工程投资合
2. 个别往年数据有误,所有数据以本表为准。

完成投资及国家投资情况(二)

单位:万元

三北及长江流域等重点防护林体系工程						野生动植物保护及自然保护区建设工程
三北防护林工程	长江流域防护林工程	沿海防护林工程	珠江流域防护林工程	太行山绿化工程	平原绿化工程	
284589	49422	192579	27177	16471	650	100107
68632	19557	33802	12519	4000	40	57740
917331	**223693**	**506979**	**68650**	**82100**	**11940**	**384302**
387755	**77902**	**132111**	**32999**	**32346**	**985**	**225865**
322215	98832	200344	26204	12948	4276	114253
208105	42627	117478	14984	11167	70	77727
325088	99667	165824	25796	13899	—	132938
210938	40869	96239	19977	12444	—	92227
274469	65806	178784	21154	17539	12020	148874
170664	33863	116389	11354	10442	12020	88364
406704	98569	278075	21229	13196	695081	198224
253193	33154	140431	14930	12664	644559	147788
551846	103717	247150	31420	19970	—	254454
370283	85227	138168	23913	19749	—	196252
1880322	**466591**	**1070177**	**125803**	**77552**	**711377**	**848743**
1213183	**235740**	**608705**	**85158**	**66466**	**656649**	**602358**
355827	96009	145345	38195	25946	—	155469
322104	83955	66275	20084	25946	—	145921
397780	129902	95172	31473	22412	—	254075
294678	120732	88841	20611	22029	—	236685
347045	123383	62467	19310	20784	—	154297
272132	106295	27613	13705	20215	—	143657
499630	123090	43256	18913	35794	—	—
274151	93493	16160	15072	20865	—	—
508516	168392	61371	17439	23554	—	—
290494	123792	15110	13525	19520	—	—
2108798	**640776**	**407611**	**125330**	**128490**	**—**	**—**
1453559	**528267**	**213999**	**82997**	**108575**	**—**	**—**
6141617	**1846959**	**2316755**	**441655**	**471789**	**1121507**	**1441546**
3676019	**1046895**	**1091099**	**262718**	**303250**	**800881**	**940984**

2017年林业重点工程投资合计包括石漠化治理工程89829万元,其中国家投资88524万元。2018年林业重点工程投资合计林业血防工程2438万元,其中国家投资2032万元。2019年林业重点工程投资合计包括石漠化治理工程94516万元,其中国计包括石漠化治理工程81314万元,其中国家投资71495万元;国家储备林建设工程135085万元,其中国家投资39842万元。

全国历年木材、竹材及木材加工、林产化学主要产品产量

时期	木材（万立方米）	竹材（万根）	锯材（万立方米）	人造板（万立方米）				木竹地板（万平方米）	松香（吨）
				总计	其中				
					胶合板	纤维板	刨花板		
1949—1977 年	**90947.00**	**210405**	**26285.10**	**500.06**	**324.28**	**143.10**	**32.68**	**—**	**3884994**
1978 年	5162.30	11181	1105.50	62.45	25.22	32.88	4.36	—	282027
1979 年	5438.93	10507	1271.40	77.46	29.24	42.93	5.29	—	297034
1980 年	5359.31	9621	1368.70	91.43	32.99	50.62	7.82	—	327283
1981 年	4942.31	8656	1301.06	99.61	35.11	56.83	7.67	—	406214
1982 年	5041.25	10183	1360.85	116.67	39.41	66.99	10.27	—	400784
1983 年	5232.32	9601	1394.48	138.95	45.48	73.45	12.74	—	246916
1984 年	6384.81	9117	1508.59	151.38	48.97	73.59	16.48	—	307993
1985 年	6323.44	5641	1590.76	165.93	53.87	89.50	18.21	—	255736
“六五”时期	**27924.13**	**43198**	**7155.74**	**672.54**	**222.84**	**360.36**	**65.37**	**—**	**1617643**
1986 年	6502.42	7716	1505.20	189.44	61.08	102.70	21.03	—	293500
1987 年	6407.86	11855	1471.91	247.66	77.63	120.65	37.78	—	395692
1988 年	6217.60	26211	1468.40	289.88	82.69	148.41	48.31	—	376482
1989 年	5801.80	15238	1393.30	270.56	72.78	144.27	44.20	—	409463
1990 年	5571.00	18714	1284.90	244.60	75.87	117.24	42.80	—	344003
“七五”时期	**30500.68**	**79734**	**7123.71**	**1242.14**	**370.05**	**633.27**	**194.12**	**—**	**1819140**
1991 年	5807.30	29173	1141.50	296.01	105.40	117.43	61.38	—	343300
1992 年	6173.60	40430	1118.70	428.90	156.47	144.45	115.85	—	419503
1993 年	6392.20	43356	1401.30	579.79	212.45	180.97	157.13	—	503681
1994 年	6615.10	50430	1294.30	664.72	260.62	193.03	168.20	—	437269
1995 年	6766.90	44792	4183.80	1684.60	759.26	216.40	435.10	—	481264
“八五”时期	**31755.10**	**208181**	**9139.60**	**3654.02**	**1494.20**	**852.28**	**937.66**	**—**	**2185017**
1996 年	6710.27	42175	2442.40	1203.26	490.32	205.50	338.28	2293.70	501221
1997 年	6394.79	44921	2012.40	1648.48	758.45	275.92	360.44	1894.39	675758
1998 年	5966.20	69253	1787.60	1056.33	446.52	219.51	266.30	2643.17	416016
1999 年	5236.80	53921	1585.94	1503.05	727.64	390.59	240.96	3204.58	434528
2000 年	4723.97	56183	634.44	2001.66	992.54	514.43	286.77	3319.25	386760
“九五”时期	**29032.03**	**266453**	**8462.78**	**7412.78**	**3415.47**	**1605.95**	**1492.75**	**13355.09**	**2414283**
2001 年	4552.03	58146	763.83	2111.27	904.51	570.11	344.53	4849.06	377793
2002 年	4436.07	66811	851.61	2930.18	1135.21	767.42	369.31	4976.99	395273
2003 年	4758.87	96867	1126.87	4553.36	2102.35	1128.33	547.41	8642.46	443306
2004 年	5197.33	109846	1532.54	5446.49	2098.62	1560.46	642.92	12300.47	485863
2005 年	5560.31	115174	1790.29	6392.89	2514.97	2060.56	576.08	17322.79	606594
“十五”时期	**24504.61**	**446844**	**6065.13**	**21434.19**	**8755.66**	**6086.88**	**2480.25**	**48091.77**	**2308829**
2006 年	6611.78	131176	2486.46	7428.56	2728.78	2466.60	843.26	23398.99	915364
2007 年	6976.65	139761	2829.10	8838.58	3561.56	2729.85	829.07	34343.25	1183556
2008 年	8108.34	126220	2840.95	9409.95	3540.86	2906.56	1142.23	37689.43	1067293
2009 年	7068.29	135650	3229.77	11546.65	4451.24	3488.56	1431.00	37753.20	1117030
2010 年	8089.62	143008	3722.63	15360.83	7139.66	4354.54	1264.20	47917.15	1332798
“十一五”时期	**36854.68**	**675814**	**15108.92**	**52584.57**	**21422.11**	**15946.12**	**5509.76**	**181102.03**	**5616041**
2011 年	8145.92	153929	4460.25	20919.29	9869.63	5562.12	2559.39	62908.25	1413041
2012 年	8174.87	164412	5568.19	22335.79	10981.17	5800.35	2349.55	60430.54	1409995
2013 年	8438.50	187685	6297.60	25559.91	13725.19	6402.10	1884.95	68925.68	1642308
2014 年	8233.30	222440	6836.98	27371.79	14970.03	6462.63	2087.53	76022.40	1700727
2015 年	7218.21	235466	7430.38	28679.52	16546.25	6618.53	2030.19	77355.85	1742521
“十二五”时期	**40210.79**	**963932**	**30593.39**	**124866.30**	**66092.26**	**30845.74**	**10911.62**	**345642.72**	**7908592**
2016 年	7775.87	250630	7716.14	30042.22	17755.62	6651.22	2650.10	83798.66	1838691
2017 年	8398.17	272013	8602.37	29485.87	17195.21	6297.00	2777.77	82568.31	1664982
2018 年	8810.86	315517	8361.83	29909.29	17898.33	6168.05	2731.53	78897.76	1421382
2019 年	10045.85	314480	6745.45	30859.19	18005.73	6199.61	2979.73	81805.01	1438582
2020 年	10257.01	324265	7592.57	32544.65	19796.50	6226.33	3001.65	77256.62	1033344
“十三五”时期	**45287.77**	**1476905.32**	**39018.35**	**152841.23**	**90651.39**	**31542.21**	**14140.77**	**404326.36**	**7396981.00**
总　计	**372977.33**	**4402775.49**	**152698.32**	**365439.17**	**192835.71**	**88142.34**	**35782.44**	**992517.97**	**36057864.00**

说明：自 2006 年起松香产量包括深加工产品。

全国历年林业投资完成情况

单位:万元

年　份	林业投资完成额	其中:国家投资
1950—1977 年	**1453357**	**1105740**
1978 年	108360	65604
1979 年	141326	91364
1980 年	144954	68481
1981 年	140752	64928
1982 年	168725	70986
1983 年	164399	77364
1984 年	180111	85604
1985 年	183303	81277
“六五”时期	**837291**	**380159**
1986 年	231994	83613
1987 年	247834	97348
1988 年	261413	91504
1989 年	237553	90604
1990 年	246131	107246
“七五”时期	**1224925**	**470315**
1991 年	272236	134816
1992 年	329800	138679
1993 年	409238	142025
1994 年	476997	141198
1995 年	563972	198678
“八五”时期	**2052243**	**755396**
1996 年	638626	200898
1997 年	741802	198908
1998 年	874648	374386
1999 年	1084077	594921
2000 年	1677712	1130715
“九五”时期	**5016865**	**2499828**
2001 年	2095636	1551602
2002 年	3152374	2538071
2003 年	4072782	3137514
2004 年	4118669	3226063
2005 年	4593443	3528122
“十五”时期	**18032904**	**13981372**
2006 年	4957918	3715114
2007 年	6457517	4486119
2008 年	9872422	5083432
2009 年	13513349	7104764
2010 年	15533217	7452396
“十一五”时期	**50334423**	**27841825**
2011 年	26326068	11065990
2012 年	33420880	12454012
2013 年	37822690	13942080
2014 年	43255140	16314880
2015 年	42901420	16298683
“十二五”时期	**183726198**	**70075645**
2016 年	45095738	21517308
2017 年	48002639	22592278
2018 年	48171343	24324902
2019 年	45255868	26523167
2020 年	47168172	28795976
“十三五”时期	**233693760**	**123753631**
总　计	**496766605**	**241089360**

说明:从 2019 年起包含草原投资完成额。

附录六

主要林草产品进出口

ANNEX Ⅵ

2011—2020 年主要林草

产品			2011 年	2012 年	2013 年	2014 年
林产品总计		出口	55033714	58690787	64454614	71412007
		进口	65299100	61948082	64088332	67605223
原木	针叶原木	出口	38	1724	—	289
		进口	4864608	3490359	5114048	5440581
	阔叶原木	出口	6730	—	6656	7773
		进口	3408524	3760576	4203304	6341506
	合计	出口	6768	1724	6656	8062
		进口	8273132	7250935	9317352	11782087
锯材		出口	360493	331346	325737	298200
		进口	5721322	5524195	6829924	8088849
单板		出口	273559	234420	235983	276757
		进口	118568	135155	142005	183822
特形材		出口	377244	359769	334364	355706
		进口	29668	30988	28193	35357
刨花板		出口	56411	66454	93181	136337
		进口	122232	116921	127891	141666
纤维板		出口	1435693	1613657	1523620	1630949
		进口	107114	93740	100575	110055
胶合板		出口	4339929	4795625	5033698	5813258
		进口	119681	119546	103104	131966
木制品		出口	4536235	4854951	5160484	5932432
		进口	156709	274723	500161	715093
家具		出口	17118709	18331201	19440770	22091885
		进口	546457	596047	707904	888821
木片		出口	726	30	57	21
		进口	1159600	1331814	1554275	1545100
木浆		出口	34119	12694	14008	12433
		进口	11852421	10904715	11316770	12004565
废纸		出口	616	691	418	265
		进口	6967452	6275973	5930000	5347795
纸和纸制品		出口	10454553	11800706	14232066	15859260
		进口	5055272	4600238	4373700	4308915
木炭		出口	39094	44428	64472	89129
		进口	44877	58017	62857	62022
松香		出口	593328	268287	272145	296592
		进口	8577	17549	47616	25367
水果	柑橘属	出口	726457	971902	1155959	1170064
		进口	148576	150776	166152	229953
	鲜苹果	出口	914326	959913	1030074	1027619
		进口	115830	92578	67465	46278
	鲜梨	出口	285559	325154	361737	350656
		进口	1043	3793	6041	10148
	鲜葡萄	出口	162273	336036	268561	358756
		进口	324280	425205	514608	602607

产品进出口金额(一)

单位:千美元

2015 年	2016 年	2017 年	2018 年	2019 年	2020 年
74262543	72676670	73405906	78491352	75395411	76469739
63603710	62425744	74983984	81872984	74960493	74246066
—	—	—	—	—	—
3657984	4111591	5138718	5785597	5642349	5463484
4140	29793	30155	23605	15330	6488
4402247	3973686	4781965	5199242	3791450	2937144
4140	29793	30155	23605	15330	6488
8060231	8085277	9920683	10984839	9433798	8400629
206795	194220	204445	180496	165135	149687
7506603	8137933	10067066	10132562	8592147	7646377
283714	280009	382999	481998	524959	537377
162113	157597	156892	192217	228444	249542
293881	234461	213652	189707	143183	127286
41178	51055	36828	45769	84477	158673
114107	120502	97400	106627	94389	162550
141018	184022	241020	242553	234329	257698
1425474	1228476	1146604	1118496	941612	829184
108396	125490	135017	141499	131212	107742
5487696	5275773	5097387	5425910	4393734	4152138
121126	138484	150851	155669	125580	129439
6457198	6308242	6289577	6086516	6001919	6630796
763723	771224	740539	666670	650685	898800
22854641	22209363	22692178	22933444	19919617	20006378
884025	961700	1183797	1256034	1064381	911527
102	823	—	478	198	1120
1693669	1912019	1897517	2263472	2400167	2264548
16818	17267	16600	20375	28759	24767
12701792	12196424	15266065	19513308	16765090	15092258
280	495	385	203	241	513
5283161	4988961	5874652	4294716	1943079	1207981
17097590	16403632	16733385	17599912	20549348	20880808
4046869	3945233	4981667	6203231	5272058	7333464
108964	101677	104079	80387	82425	90680
50057	46031	50264	87121	97657	69562
194439	104297	—	81774	49258	33008
40434	64510	—	84263	78339	96215
1258434	1303841	1071605	1261167	1270393	1577682
267179	354846	552051	633489	594780	495488
1031232	1452932	1456372	1298926	1246333	1449615
146957	123220	115215	117385	219040	138539
442537	487011	—	530066	573050	667737
12935	13300	—	12671	21186	17883
761873	663604	735140	689676	987195	1212695
586628	629772	590728	586352	643520	642852

2011—2020 年主要林草

产品			2011 年	2012 年	2013 年	2014 年
水果	鲜猕猴桃	出口	2803	1592	3026	4646
		进口	81910	138843	121626	195481
	山竹果	出口	1	1	—	—
		进口	145837	196000	231455	158470
	鲜榴莲	出口	4	—	—	—
		进口	234304	399762	543165	592625
	鲜龙眼	出口	2451	2813	2158	3105
		进口	314287	395965	448088	328267
	鲜火龙果	出口	719	1093	736	329
		进口	200154	326473	410163	529932
坚果	核桃	出口	47654	54660	63087	71524
		进口	55204	73373	61000	62120
	板栗	出口	75865	85864	84255	82517
		进口	17893	26937	24578	18360
	松子仁	出口	153902	174671	212315	234068
		进口	21990	22467	26953	53440
	开心果	出口	10889	35959	28830	13482
		进口	116623	134940	80886	66195
干果	梅干及李干	出口	4943	6766	6479	4235
		进口	8274	9718	9745	4251
	龙眼干、肉	出口	1674	1868	1535	1657
		进口	86455	82020	86062	56678
	柿饼	出口	11100	16040	13476	14826
		进口	1	—	—	—
	红枣	出口	22611	26808	24638	28535
		进口	58	70	8	8
	葡萄干	出口	102067	73901	83392	74344
		进口	34943	41525	37881	37952
果汁	柑橘属果汁	出口	19946	11107	11209	10880
		进口	172899	153505	155367	153185
	苹果汁	出口	1081240	1142004	906622	638698
		进口	1087	1383	2269	3209
其他林产品		出口	11779753	11746649	13458864	14520780
		进口	22934371	21942192	19952494	19084585
草产品总计		出口	—	—	—	—
		进口	—	—	—	—
草种子		出口	—	—	—	—
		进口	—	—	—	—
草饲料		出口	—	—	—	—
		进口	—	—	—	—

说明：
1. 原始数据来源：海关总署。
2. 木浆中未包括从回收纸与纸板中提取的木浆。
3. 纸和纸制品中未包括回收纸和纸板及印刷品等。
4. 2004—2008 年以造纸工业纸浆消耗价值中原生木浆价值的比例将从回收的纸与纸板中提取的纤维浆、回收纸与纸板 2004—2006 年取 0.22；2007 年取 0.214；2008 年取 0.221；2009 年取 0.80；2010 年为 0.78；2011 年为 0.8；2012 年为 0. 89；2020 年为 1.0。
5. 2004—2008 年以造纸工业纸浆消耗价值中原生木浆价值的比例将纸和纸制品出口额折算为木制林产品价值，2009—2008 年取 0.26，2009 年取 0.81；2010 年取 0.79；2011 年取 0.81；2012 年取 0.86；2013 年取 0.89；2014 年取 0.89；
6. 将印刷品、手稿、打字稿等的进(出)口额=进(出)口折算量×纸和纸制品的平均价格。
7. 个别往年数据有误，所有数据均以本表为准。

产品进出口金额(二)

单位:千美元

2015 年	2016 年	2017 年	2018 年	2019 年	2020 年
4463	—	7061	9781	13306	19816
266718	145952	350104	411291	454609	450426
—	12932	28	30	92	135
238200	343079	147070	349401	794911	677684
—	—	3	6	7	1
567943	693302	552171	1095163	1604484	2304959
10187	8763	9936	8295	4745	11210
341923	270213	437722	365577	424880	491574
345	538	1781	6422	9038	13161
662882	381121	389512	396649	362140	552933
60735	30301	106052	149973	341261	286002
42335	31916	33817	34107	27409	20941
77858	76939	—	78469	86659	81838
10504	15222	—	19220	13098	8433
258135	272137	243249	184826	233554	258571
64841	88809	96659	30162	9305	26741
10306	9956	—	20762	19859	14226
75964	118898	—	352594	809186	659233
2294	2405	2096	2416	2916	4392
3267	6282	7722	11365	15271	18879
2392	1905	1713	2765	2804	4467
26565	60613	91308	125350	144817	181624
8830	11904	7764	7446	6749	8197
—	2	17	5	3	—
35320	37290	33361	35872	38581	47413
4	16	49	47	94	284
56891	62245	29387	45737	74200	54596
50952	55113	43633	52983	58804	33480
10914	9353	10808	9974	8892	8428
124160	115084	160369	191326	184136	120909
561250	546813	648227	621540	425717	432605
4454	4811	6438	5354	7171	5885
15122709	15176770	16032477	19197274	17139951	16684171
18504906	17208212	20706541	20818572	21470208	22572865
—	—	—	307	979	168
—	—	—	660269	664299	719386
—	—	—	248	317	168
—	—	—	126449	110162	104544
—	—	—	59	662	—
—	—	—	533820	554137	614842

出口额折算为木制林产品价值,2009—2019年按木纤维浆(原生木浆和废纸中的木浆)价值比例折算,各年的折算系数为:为 0. 85;2013年为0. 88;2014年为0. 89;2015年为0. 90;2016年为0. 92;2017年为0. 93;2018年为0. 92;2019年

2015 年按木纤维浆(原生木浆和废纸中的木浆)价值比例折算，各年的折算系数为：2004—2006 年取 0. 27，2007 年取 0. 26，2015 年为 0. 91；2016 年为 0. 93；2017 年为 0. 93；2018 年为 0. 92；2019 年为 0. 94；2020 年为 1. 0。

2011—2020 年主要林草

产品			单位	2011 年	2012 年	2013 年	2014 年
原木	针叶原木	出口	立方米	41	—	—	2042
		进口	立方米	31465280	26769151	33163602	35839252
	阔叶原木	出口	立方米	14339	3569	13128	9702
		进口	立方米	10860568	11123565	11995831	15355616
	合计	出口	立方米	14380	3569	13128	11744
		进口	立方米	42325848	37892716	45159433	51194868
锯材		出口	立方米	544194	479847	458284	408970
		进口	立方米	21606705	20669661	24042966	25739161
单板		出口	立方米	246914	205644	204347	255744
		进口	立方米	200231	342983	599518	986173
特形材		出口	吨	254144	247267	225281	212089
		进口	吨	13442	14108	11818	16072
刨花板		出口	立方米	86786	216685	271316	372733
		进口	立方米	547030	540749	586779	577962
纤维板		出口	立方米	3291031	3609069	3068658	3205530
		进口	立方米	306210	211524	226156	238661
胶合板		出口	立方米	9572461	10032149	10263412	11633086
		进口	立方米	188371	178781	154695	177765
木制品		出口	吨	1876915	1865571	1935606	2175183
		进口	吨	55484	198006	445186	670641
家具		出口	件	289157492	286991126	287405234	316268837
		进口	件	5497244	6368316	7384560	9845973
木片		出口	吨	5094	69	69	42
		进口	吨	6565328	7580364	9157137	8850785
木浆		出口	吨	31520	19504	22759	18393
		进口	吨	14354611	16380763	16781790	17893771
废纸		出口	吨	2853	2067	923	661
		进口	吨	27279353	30067145	29236781	27518476
纸和纸制品		出口	吨	5997827	6444274	7622315	8520484
		进口	吨	3477712	3254368	2971246	2945544
木炭		出口	吨	67463	64192	75550	80373
		进口	吨	188697	167655	209273	219758
松香		出口	吨	231148	167784	133136	122469
		进口	吨	2659	9918	30413	11343
水果	柑橘属	出口	吨	901557	1082217	1041421	979882
		进口	吨	131739	126154	128621	161833
	鲜苹果	出口	吨	1034635	975878	994664	865070
		进口	吨	77085	61505	38642	28148
	鲜梨	出口	吨	402778	409584	381374	297260
		进口	吨	527	2479	3122	7379
	鲜葡萄	出口	吨	106477	152292	105152	125879
		进口	吨	122909	168409	185228	211019
	鲜猕猴桃	出口	吨	1891	934	1478	2175
		进口	吨	43114	51979	48243	62829

产品进出口数量(一)

2015 年	2016 年	2017 年	2018 年	2019 年	2020 年
—	—	—	—	—	—
30059122	33665605	38236224	41612911	44484085	46812777
12070	94565	92491	72327	50632	21764
14509893	15059132	17162103	18072555	14745446	12895217
12070	94565	92491	72327	50632	21764
44569015	48724737	55398327	59685466	59229531	59707994
288288	262053	285640	255670	245820	237442
26597691	31526379	37402136	36642861	37051023	33777539
265447	246424	335140	428288	461487	433465
998698	880574	738810	958718	1244081	1576553
176867	162298	148973	132838	97267	78861
21624	27295	18896	28971	68704	132762
254430	288177	305917	353440	336644	376527
638947	903089	1093961	1065331	1036113	1187368
3014850	2649206	2687649	2273630	2133683	2027544
220524	241021	229508	307631	242180	197920
10766786	11172980	10835369	11203381	10060581	10385333
165884	196145	185483	162996	139251	224023
2269553	2302459	2420625	2392503	2357129	2479406
760350	796138	753180	664333	637822	612121
327246688	332626587	367209974	386935434	353208468	386551287
10191956	11101311	11888758	12246952	10275286	8027567
85	5531	—	230	71	873
9818990	11569916	11401753	12836122	12564718	13525672
25441	27790	24417	24370	38975	35799
19791810	21019085	23652174	24419135	26226052	28787135
631	2142	1394	537	689	1233
29283876	28498407	25717692	17025286	10362640	6892536
8358720	9422457	9313991	8563363	9161090	9053446
2986103	3091659	4874085	6404037	6379417	12541823
74075	68170	76533	60647	49491	50017
172780	159338	170718	298037	329338	287669
85322	58433	—	46950	35256	22754
23357	45857	—	69931	75707	95958
920513	934320	775228	983551	1013842	1045332
214890	295641	466751	533265	567157	434556
833017	1322042	1334636	1118478	971146	1058094
87563	67109	68850	64512	125208	75748
373125	452435	—	491087	470245	539446
7930	8224	—	7433	12849	10384
208015	254452	280391	277162	366496	424918
215899	252396	233931	231702	252312	250499
2007	—	4304	6498	8852	12688
90178	66247	112532	113344	128742	116864

2011—2020 年主要林草

产品			单位	2011 年	2012 年	2013 年	2014 年
水果	山竹果	出口	吨	4	1	—	—
		进口	吨	83573	101141	112945	82798
	鲜榴莲	出口	吨	11	—	—	—
		进口	吨	210938	286510	321950	315509
	鲜龙眼	出口	吨	1704	1894	1892	1754
		进口	吨	338846	323328	365227	326079
	鲜火龙果	出口	吨	430	607	347	179
		进口	吨	339710	469245	538542	603876
坚果	核桃	出口	吨	17952	18024	18189	17571
		进口	吨	22837	27801	28385	26409
	板栗	出口	吨	37767	35081	39046	35594
		进口	吨	9197	10666	11788	9874
	松子仁	出口	吨	9633	11579	10683	11428
		进口	吨	2481	2279	1948	3750
	开心果	出口	吨	5178	11008	5193	3360
		进口	吨	24952	28039	13651	10779
干果	梅干及李干	出口	吨	1157	1522	1504	935
		进口	吨	9065	8269	6838	1613
	龙眼干、肉	出口	吨	264	248	193	216
		进口	吨	77370	58551	64471	35810
	柿饼	出口	吨	4657	6080	5036	5492
		进口	吨	—	—	—	—
	红枣	出口	吨	6873	8522	7784	7822
		进口	吨	37	17	1	1
	葡萄干	出口	吨	47959	30633	36005	30201
		进口	吨	20624	22358	20073	22592
果汁	柑橘属果汁	出口	吨	20541	6102	5661	5265
		进口	吨	78156	61904	70459	69701
	苹果汁	出口	吨	613912	591633	601490	458590
		进口	吨	819	1034	1769	2747
草产品	草种子	出口	吨	—	—	—	—
		进口	吨	—	—	—	—
	草饲料	出口	吨	—	—	—	—
		进口	吨	—	—	—	—

说明：
1. 原始数据来源：海关总署。
2. 表中数据体积与重量按刨花板 650 千克/立方米、单板 750 千克/立方米的标准换算；2004—2006 年纤维板分别按硬
折算标准：密度>800 千克/立方米的取 950 千克/立方米、500 千克/立方米<密度<800 千克/立方米的取 650 千克/
3. 木浆中未包括从回收纸和纸板中提取的木浆。
4. 纸和纸制品中未包括回收的废纸和纸板、印刷品、手稿等。
5. 2004—2008 年废纸、纸和纸制品出口量按纸和纸产品中的原生木浆比例折算，2009—2019 年按木纤维浆（原生木浆
2007 年为 0. 214；2008 年为 0. 221；2009 年为 0. 80；2010 年为 0. 78；2011 年为 0. 80；2012 年为 0. 85；2013 年为 0. 88；
6. 核桃进(出)口量包括未去壳核桃和核桃仁的折算量，其中核桃仁的折算量是以 40%的出仁率将核桃仁数量折算为未
板栗数量折算为未去壳板栗数量；开心果进(出)口量包括未去壳开心果和去壳开心果的折算量，其中去壳开心果的
7. 柑橘属水果中包括橙、葡萄柚、柚、蕉柑、其他柑橘、柠檬酸橙、其他柑橘属水果。
8. 个别往年数据有误，所有数据均以本表为准。

产品进出口数量(二)

2015年	2016年	2017年	2018年	2019年	2020年
—	4133	27	26	104	135
104480	125988	71141	159029	364584	294649
—	—	3	4	7	1
298793	292310	224382	431956	604705	575884
3915	2760	3170	3713	1628	4396
354149	348455	528806	456603	406615	346805
146	240	1092	3990	5136	8048
813480	523373	533448	510844	435716	618371
13660	9151	33826	51157	125343	130329
13137	12380	12334	11114	10238	7470
34590	32884	—	36389	39820	38949
6694	7213	—	7822	6641	3537
13444	13771	16153	12750	10434	11709
4228	6638	12980	3175	539	1818
2596	2082	—	4939	4878	2857
11348	18331	—	54954	114107	104522
469	497	421	544	896	1661
1171	3421	4362	6304	9080	11479
297	291	246	410	530	889
16203	33729	57850	83965	114182	133163
3113	4013	2614	2434	2160	2630
—	—	4	2	1	—
9573	11027	9886	11172	13357	16662
—	4	9	3	15	517
25500	28770	13792	23739	40185	31388
34818	37087	33132	37717	40666	22270
5076	4323	4741	4553	3761	3760
64356	66268	82451	97816	104328	81865
474959	507390	655527	558700	385966	420783
4770	5600	7712	6445	8227	7913
—	—	—	84	110	62
—	—	—	56296	51276	61176
—	—	—	58	79	—
—	—	—	1707104	1627174	1721993

质纤维板 950 千克/立方米、中密度纤维板 650 千克/立方米、绝缘板 250 千克/立方米的标准折算；2007—2019 年纤维板立方米、350 千克/立方米<密度<500 千克/立方米的取 425 千克/立方米、密度<350 千克/立方米的取 250 千克/立方米。

和废纸中的木浆)比例折算，纸和纸制品出口量按纸和纸产品中木浆比例折算，出口量的折算系数：2004—2006 年为 0.22；2014 年为 0.89；2015 年为 0.90；2016 年为 0.92；2017 年为 0.92；2018 为 0.91；2019 年为 0.89；2020 年为 1.0。
去壳的核桃数量；板栗进(出)口量包括未去壳板栗和去壳板栗的折算量，其中去壳板栗的折算量是以 80%的出仁率将去壳折算量是以 50%的出仁率将去壳开心果数量折算为未去壳开心果数量。

附录七

野生动植物进出口

ANNEX Ⅶ

全国野生动植物进出口情况

指标名称	单位	2020 年
一、进出口证明书核发数量	**份**	**35584**
1. 进口	份	27646
2. 出口	份	6702
3. 再出口	份	1236
二、物种证明核发数量	**份**	**12058**
其中:进口	份	7278
出口	份	4488

各办事处野生动植

单位	进出口证明书核发数量(份)						
	合计	进口			出口		
		小计	动物	植物	小计	动物	植物
总　计	**35584**	**27646**	**9516**	**18130**	**6702**	**2168**	**4534**
濒管办北京办事处	1291	1017	128	889	269	180	89
濒管办内蒙古自治区办事处	2	—	—	—	2	—	2
濒管办长春办事处	731	582	130	452	88	2	86
濒管办黑龙江省办事处	12522	12388	6	12382	44	17	27
濒管办上海办事处	12245	10585	7135	3450	1228	924	304
濒管办福州办事处	1276	281	235	46	614	58	556
濒管办合肥办事处	335	88	11	77	241	17	224
濒管办武汉办事处	58	13	5	8	45	32	13
濒管办广州办事处	5347	2552	1803	749	2550	469	2081
濒管办成都办事处	531	11	7	4	520	203	317
濒管办云南省办事处	631	25	—	25	606	207	399
濒管办西安办事处	186	45	45	—	128	6	122
濒管办乌鲁木齐办事处	40	40	—	40	—	—	—
濒管办贵阳办事处	389	19	11	8	367	53	314

说明：北京办事处下辖北京、天津、河北、山西核发点，长春办事处下辖吉林、辽宁核发点，上海办事处下辖上海、浙江、江事处下 辖广东、广西、海南核发点，成都办事处下辖四川、重庆、西藏核发点，西安办事处下辖陕西、甘肃、青海、宁夏核发点，乌

物进出口情况

			物种证明核发数量(份)						
再出口			合计	其中:进口			其中:出口		
小计	动物	植物		小计	动物	植物	小计	动物	植物
1236	**891**	**345**	**12058**	**7278**	**2709**	**4569**	**4488**	**126**	**4362**
5	5	—	827	492	166	326	335	30	305
—	—	—	1	—	—	—	1	—	1
61	—	61	552	166	164	2	386	11	375
90	—	90	105	69	49	20	36	1	35
432	398	34	6885	5333	2097	3236	1552	41	1511
381	376	5	427	151	26	125	276	9	267
6	1	5	555	257	46	211	298	24	274
—	—	—	74	5	3	2	54	—	54
245	111	134	1488	623	157	466	588	10	578
—	—	—	82	2	—	2	80	—	80
—	—	—	134	117	—	117	17	—	17
13	—	13	560	1	1	—	559	—	559
—	—	—	54	54	—	54	—	—	—
3	—	3	314	8	—	8	306	—	306

苏核发点,福州办事处下辖福建、江西核发点,合肥办事处下辖安徽、山东核发点,武汉办事处下辖湖北、河南核发点,广州办
鲁木齐办事处下辖新疆、新疆生产建设兵团核发点。

附录八

世界主要国家林业情况

ANNEX Ⅷ

2020 年世界主要国家森林面积及变化

国家(地区)	森林面积(千公顷)				森林面积变化					
					1990—2000 年		2000—2010 年		2010—2020 年	
	1990 年	2000 年	2010 年	2020 年	年变化量(千公顷/年)	年变化率(%)	年变化量(千公顷/年)	年变化率(%)	年变化量(千公顷/年)	年变化率(%)
非洲										
中非	23203	22903	22603	22303	-30.0	-0.13	-30.0	-0.13	-30.0	-0.13
刚果(金)	150629	143899	137169	126155	-673.0	-0.46	-673.0	-0.48	-1101.4	-0.83
加蓬	23762	23700	23649	23531	-6.2	-0.03	-5.1	-0.02	-11.9	-0.05
苏丹	23570	21826	20081	18360	-174.4	-0.77	-174.5	-0.83	-172.2	-0.89
亚洲										
日本	24950	24876	24966	24935	-7.4	-0.03	9.0	0.04	-3.1	-0.01
蒙古	14352	14264	14184	14173	-8.8	-0.06	-8.0	-0.06	-1.1	-0.01
韩国	6551	6476	6387	6287	-7.5	-0.12	-8.9	-0.14	-10.0	-0.16
印度尼西亚	118545	101280	99659	92133	-1726.5	-1.56	-162.1	-0.16	-752.6	-0.78
老挝	17843	17425	16941	16596	-41.8	-0.24	-48.5	-0.28	-34.5	-0.21
马来西亚	20619	19691	18948	19114	-92.7	-0.46	-74.4	-0.38	16.6	0.09
缅甸	39218	34868	31441	28544	-435.0	-1.17	-342.7	-1.03	-289.7	-0.96
泰国	19361	18998	20073	19873	-36.3	-0.19	107.5	0.55	-20.0	-0.10
越南	9376	11784	13388	14643	240.8	2.31	160.4	1.28	125.5	0.90
欧洲										
芬兰	21875	22446	22242	22409	57.0	0.26	-20.4	-0.09	16.7	0.07
法国	14436	15288	16419	17253	85.2	0.58	113.1	0.72	83.4	0.50
德国	11300	11354	11409	11419	5.4	0.05	5.5	0.05	1.0	0.01
意大利	7590	8369	9028	9566	78.0	0.98	65.9	0.76	53.8	0.58
俄罗斯	808950	809269	815136	815312	31.9	—	586.7	0.07	17.6	—
西班牙	13905	17094	18545	18572	318.9	2.09	145.1	0.82	2.7	0.01
瑞典	28063	28163	28073	27980	10.0	0.04	-9.0	-0.03	-9.3	-0.03
北美洲和中美洲										
加拿大	348273	347802	347322	346928	-47.1	-0.01	-48.0	-0.01	-39.4	-0.01
墨西哥	70592	68381	66943	65692	-221.0	-0.32	-143.8	-0.21	-125.1	-0.19
美国	302450	303536	308720	309795	108.6	0.04	518.4	0.17	107.5	0.03
大洋洲										
澳大利亚	133882	131814	129546	134005	-206.8	-0.16	-226.8	-0.17	445.9	0.34
新西兰	9372	9850	9848	9893	47.8	0.50	-0.2	—	4.4	0.05
巴布亚新几内亚	36400	36278	36179	35856	-12.2	-0.03	-9.9	-0.03	-32.3	-0.09
南美洲										
巴西	588898	551089	511581	496620	-3780.9	-0.66	-3950.8	-0.74	-1496.1	-0.30
智利	15246	15817	16725	18211	57.1	0.37	90.8	0.56	148.5	0.85
哥伦比亚	64958	62736	60808	59142	-222.3	-0.35	-192.8	-0.31	-166.6	-0.28
苏里南	15378	15341	15300	15196	-3.7	-0.02	-4.1	-0.03	-10.4	-0.07
委内瑞拉	52026	49151	47505	46231	-287.5	-0.57	-164.6	-0.34	-127.4	-0.27

说明:资料来源为联合国粮食及农业组织《2020 年全球森林资源评估报告》。

2019 年世界主要国家林产品产量、贸易量和消费量(一)

国家(地区)	原木(千立方米)				锯材(千立方米)			
	产　量	消费量	进口量	出口量	产　量	消费量	进口量	出口量
世界总计	**3969368**	**3973611**	**150068**	**145825**	**488916**	**481782**	**149171**	**156305**
非洲合计	**784386**	**779164**	**2139**	**7361**	**11993**	**17219**	**8423**	**3197**
刚果(金)	91313	91231	16	98	150	130	—	20
加蓬	3209	3165	5	49	901	55	—	847
尼日利亚	76563	75961	2	604	2002	1988	2	16
南非	28323	28528	928	722	2242	2183	159	219
乌干达	49507	49507	—	—	440	440	—	—
亚洲合计	**1165381**	**1242970**	**80754**	**3164**	**139289**	**196525**	**65270**	**8033**
印度	351761	356004	4250	6	6889	8260	1382	11
印度尼西亚	123757	124514	794	36	2640	2553	274	361
日本	30349	32266	3049	1131	9032	14593	5708	147
马来西亚	17208	15981	151	1378	3392	2027	443	1808
韩国	4577	8858	4282	1	2052	4023	1992	22
泰国	33033	33062	39	11	4500	1216	640	3924
越南	57335	59918	2628	46	6000	8422	2657	235
欧洲合计	**814950**	**795829**	**60059**	**79180**	**172151**	**115415**	**44354**	**101090**
芬兰	63964	68840	6323	1447	11390	3015	595	8970
法国	49869	46946	1440	4364	7813	9105	2765	1473
德国	76167	75059	7588	8696	24573	20225	5198	9546
意大利	18367	22118	4177	426	1554	5571	4534	517
波兰	44084	40975	1215	4324	5000	5313	1354	1041
俄罗斯	218400	202374	6	16032	44466	11152	48	33362
瑞典	75500	83484	8870	887	18730	6636	540	12633
北美洲合计	**604297**	**595257**	**6755**	**15795**	**124961**	**117511**	**26876**	**34326**
加拿大	145168	142251	4712	7629	42489	15710	1533	28312
美国	459129	453000	2037	8166	82472	101782	25323	6013
大洋洲合计	**86799**	**51446**	**20**	**35373**	**9377**	**7782**	**703**	**2298**
澳大利亚	36799	30437	5	6368	4635	4988	571	218
新西兰	35969	13310	7	22666	4340	2464	66	1942
巴布亚新几内亚	9605	5852	—	3753	220	108	—	112
拉美和加勒比合计	**513555**	**508945**	**342**	**4953**	**31146**	**27329**	**3544**	**7362**
巴西	266288	265288	25	1025	10240	7643	27	2624
智利	63717	63366	2	353	8151	4499	24	3676
墨西哥	46477	46503	82	56	3362	5490	2141	13
乌拉圭	16037	14109	13	1942	528	282	7	253

说明:资料来源为联合国粮食及农业组织《林产品 2019 年鉴》。

2019 年世界主要国家林产品产量、贸易量和消费量(二)

国家(地区)	人造板(千立方米)				木浆(千吨)				纸和纸板(千吨)			
	产 量	消费量	进口量	出口量	产 量	消费量	进口量	出口量	产 量	消费量	进口量	出口量
世界总计	**357651**	**358796**	**88861**	**37716**	**190351**	**189273**	**67341**	**68419**	**404288**	**401895**	**110451**	**112843**
非洲合计	**3017**	**6509**	**4013**	**521**	**2411**	**2322**	**1059**	**1147**	**3062**	**7752**	**5382**	**693**
刚果(金)	2	6	4	—	—	1	1	—	—	1	13	—
加蓬	42	13	—	29	—	—	—	—	—	3	6	3
尼日利亚	96	444	362	14	23	52	29	—	19	393	381	7
南非	1513	1715	462	261	2221	1255	177	1142	1801	2077	710	434
乌干达	80	37	1	44	—	—	—	—	—	89	90	1
亚洲合计	**196321**	**193613**	**23527**	**26234**	**38322**	**70670**	**39759**	**7410**	**194566**	**200934**	**29359**	**22991**
印度	12286	12993	832	125	3362	4968	1610	4	17284	18866	3113	1531
印度尼西亚	5039	2098	310	3251	8364	4423	1444	5385	11953	7873	772	4853
日本	5130	8630	3643	142	8560	9909	1691	342	25376	25199	1574	1751
马来西亚	4050	2465	1676	3261	131	323	457	265	1750	3032	1670	389
韩国	2579	5144	2600	35	510	2701	2232	41	11376	9563	1100	2913
泰国	7976	2826	306	5456	1143	1544	543	142	5033	4690	1000	1343
越南	2090	1901	1228	1417	540	939	403	4	1742	2550	1597	789
欧洲合计	**90052**	**84768**	**38351**	**43635**	**48573**	**48870**	**18682**	**18385**	**102810**	**89081**	**53240**	**66969**
芬兰	1202	598	382	986	12000	7829	347	4518	9710	722	3005	9293
法国	5294	4934	2458	2818	1626	2768	1708	566	7325	8451	4849	3724
德国	12487	12166	5667	5987	2349	5614	4480	1215	22073	18230	9656	13500
意大利	4248	6179	2839	908	334	3809	3590	115	8901	11033	5320	3188
波兰	11690	11617	3168	3240	1235	2201	1063	97	4860	6697	4321	2484
俄罗斯	17561	12398	1217	6380	8227	6183	147	2191	9106	7164	1240	3182
瑞典	619	1659	1195	154	12074	8398	557	4233	9616	1228	812	9201
北美洲合计	**45932**	**53066**	**18108**	**10973**	**68877**	**57049**	**5698**	**17526**	**77630**	**71838**	**11475**	**17268**
加拿大	11578	5280	2765	9063	16815	7537	398	9676	9473	5209	2434	6698
美国	34353	47781	15337	1910	52062	49512	5300	7850	68157	66627	9039	10569
大洋洲合计	**3042**	**3563**	**1169**	**647**	**2936**	**2306**	**338**	**968**	**3935**	**4030**	**1636**	**1541**
澳大利亚	1732	2676	1014	70	1521	1808	287	—	3213	3215	1124	1121
新西兰	1235	779	113	569	1415	498	49	967	722	747	443	418
巴布亚新几内亚	64	60	3	8	—	—	—	—	—	34	34	—
拉美和加勒比合计	**19289**	**17277**	**3693**	**5705**	**29232**	**8057**	**1806**	**22982**	**22285**	**28261**	**9358**	**3382**
巴西	11808	8263	18	3563	20277	5042	256	15501	10534	9111	598	2021
智利	3199	2280	334	1253	5293	591	18	4719	1015	1121	647	542
墨西哥	1043	2189	1230	84	123	907	788	4	5805	9118	3561	248
乌拉圭	238	83	45	200	2618	25	6	2599	54	121	70	3